위즈덤하우스는
새로운 시대를 이끌어가는
지혜의 전당입니다.

서른살 직장인, 책읽기를 배우다

서른살 직장인
책읽기를
배우다

구본준 · 김미영 지음

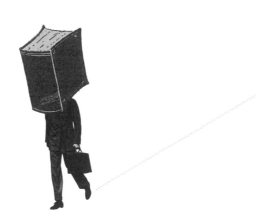

위즈덤하우스

서른살, 직장인 사춘기를 책으로 극복하다

서른살. 익숙해진 일을 즐길 줄 알게 됐지만, 한편으로는 달라지는 것 없이 하던 일을 계속해야만 할 것 같은 불안감도 느끼게 되는 나이. 그래서 미칠 듯이 변화하고 싶은 나이. 그때 나의 인생에 변곡점이 된 것은 다름 아닌 책이었다. 책을 통해서 나는 완전히 다른 삶을 살게 됐다. 인생과 일에 목표가 생겼고, 결국 '출판 담당기자'라는 그 꿈에 도달할 수 있었다.

그 후 우연한 기회로 다른 사람들은 책을 어떻게 활용하고 있는지, 실제 책을 통해서 어떤 교훈을 얻고 어떻게 자기를 계발해서 직업인으로서의 경쟁력을 얻는지, 또 책이 그들의 삶에 어떤 즐거움을 주고 있는지 알아보는 작업을 하게 됐다. 출판 담당기자인 데다 '책'에 대한 책을 출간해본 이력 덕분인지 나에게 직장인의 독서를 통한 자기경영 책을 써보자는 윤미정 기획위원의 제안이 들어온 것이다.

처음에는 그동안의 경험과 스스로 정리해온 책에 대한 개인적인 생각으로 콘텐츠를 구성해볼까 하는 생각이었다. 하지만 직업적 버릇이 어디 가겠는가? 그렇게 나만의 시각으로 단언하기보다는 다른 필자의 목소리를 취재하고 그들과 함께 고민한 내용을 담는 것이 훨씬 더 원고를 풍부하게 만들 수 있겠다는 생각이 들었다. 그리고 평소 책에 대한 관심이 많고, 앞으로 책읽기를 자기계발의 방법으로 삼아야 한다는 나와 비슷한 생각을 갖고 있는 후배 김미영 기자가 이 작업에 동참했다. 그래서 바로 이 책이 나오게 됐다.

우리는 바쁜 일상과 직장생활 속에서도 책읽기로 자기경영을 하고 있는 책쟁이들을 수십 명 만나봤다. 그리고 그들의 경험담 속에서 공통점과 특별함을 뽑아낼 수 있었다. 이런 과정에서 책읽기란 누구에게나 손 쉬운 자기계발 방법인 데다 시간이나 비용 면에서 가장 저렴하면서도 가장 확실한 효과를 낸다는 점을 우리 두 기자와 인터뷰이들의 체험을 통해 공통으로 확인할 수 있었다.

책쟁이들을 찾아 이야기를 듣는 인터뷰는 거의 1년에 가까운 긴 과정이었다. 만나본 책쟁이들은 20대 중반부터 40대 중반까지, 신세대 신입사원부터 이사를 바라보는 중견 간부까지, 월급쟁이부터 자영업자까지 각계각층의 사람들이지만 모두가 우리와 같은 평범한 생활인들이었다.

그들이 말하는 내용들은 직장인, 특히 서른이라는 인생의 정점에 도달한 사람들에게 가장 도움이 될 만한 것이 아닌가 생각했다. 그들은 인생과 경력에서 가장 중요한 지점에 서 있는 사람들이다. 그들이야말로 자기계발에 대해 가장 절실하고 심각하게 고민한다.

서른살. 정체가 시작된 듯한 갑갑함과 '다시 해보자' 하는 뭔가가 꿈틀대는 직장인들에게 우리가 만나본 책쟁이들은 귀중한 경험들을 나눠주었다. 그들은 책읽기를 통해 업무 능력과 글쓰기 능력 향상 등의 자기계발 효과를 서서히 실감하고 있었다. 또한 휴식과 자아발견, 그리고 마음의 위안까지 얻고 있었다. 어떻게 책을 읽고, 왜 읽으며, 책을 통해 무엇을 얻고 있느냐는 질문에 대해서도 실질적이고 효과적인 아주 고마운 답변을 들려줬다. 책읽기는 단순히 지식을 습득하고 정보를 얻는 것 이상을 읽는 이에게 전해주는 묘한 경험이라는 사실 또한 확인시켜줬다.

책으로 인생과 경력을 가꾸고 키우는 이들이 어렵게 체득한 번득이는 책읽기 노하우와 지혜, 깨달음은 우리가 익히 알던 것들을 더욱 분명하고 깊이 있게 만들어준다.

이 책의 1장에서는 책읽기에 대한 책을 쓰게 된 우리의 동기를 담았다. 독서와 관련된 우리 두 사람의 경험담을 통해서 서른살 직장인이 책읽기를 다시 배워야 하는 당위성에 대해서 얘기했다. 우리 스스로 경험했던 것이기에 서른살 직장인에게 선배로서, 그리고 함께 자기계발에 매진하는 대한민국의 직장인 동료로서 더 진솔하게 이야기할 수 있었다.

2장에서는 우리 주변에 있는 평범한 책쟁이들의 이야기를 통해서 책읽기에 대한 시각을 여러 각도에서 살펴봤다. 그들은 어떤 식으로 책읽기를 해왔는지, 자신의 업무와 일상에 책이 얼마나 도움이 되었는지, 왜 평범한 직장인들이 죽어도 책을 읽어야만 하는지에 대해 들려주었다. 그들의 이야기를 조언으로 삼는다면 시행착오를 최소화하면서 좀더 효과적인 책읽기를 할 수 있을 것이다. 이 장은 김미영 기자가 수고해주었다.

3장에서는 인터뷰이들이 공통적으로 말하고 있는 '책읽기를 배워야만 하는 이유'를 정리했다. 즉, 직장인의 자기계발 방법으로 독서가 가진 보석 같은 장점 15가지를 내가 정리했다.

그리고 마지막에는 소위 '책의 구루'라 할 만한 우리시대 대표 지식인 4인이 자신의 독서론에 대해서 인터뷰한 내용 전문을 엿볼 것이다. 그들의 생생한 이야기가 여러분의 책읽기 계획을 실행하는 데 도화선이 되었으면 한다.

인터뷰하는 동안 수고로운 작업을 도맡아 해준 사람은 이 책의 공저자인 김미영 기자다. 김 기자는 실로 꼼꼼한 취재로 책쟁이들을 한명 한명 찾아냈고, 일일이 만나 그들의 귀한 경험담을 꼼꼼하게 기록해 이 책에서 되살렸다. 어떤 영화배우의 표현을 빌자면 나는 윤미정 기획위원과 후배 기자가 차린 성찬에 그저 숟가락을 하나 얹었을 뿐이다.

서른살. 멈춰버릴 듯한 여러분의 미래는 책읽기와 함께 늘 새로움이 공존하는 미지의 세계로 향할 것이다.

구본준

3장 책읽기를 배우어야 하는 15가지 이유 - 구본준

인터뷰 책이 그들을 만들었다 – 구본준

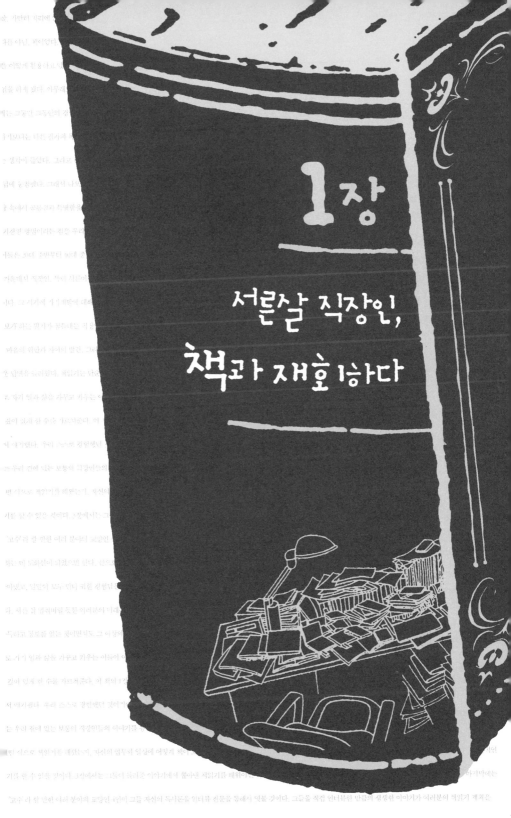

1장

서른살 직장인,
책과 재호 ㅏ다

인생 반전, 책 두 권으로 충분했다

구본준

'책은 왜 읽는가? 또 책읽기란 무엇인가?'

어느 날 새삼스럽게도 그런 생각이 들었다. 처음으로 그 고민을 시작한 직장생활 6년차 때를 떠올려봤다. 대기업에 다니는 동기들로 치자면 늦은 대리, 혹은 이른 과장 정도의 지점에 있었던 2000년이었다. 문득 제대로 책을 읽어봐야겠다는 생각이 들었다. 이유는 아주 단순했다. 그냥 한 살이라도 더 젊을 때 머리에 기름이라도 좀 쳐두자는 생각이었다.

미룰 필요는 없었다. 생각난 김에 나들이 가듯 가벼운 마음으로 대형서점에 들어갔다. 저마다 번쩍거리며 단정하게 열을 지어 있는 책들 앞에서 나는 순간 멍해졌다. 그 넓은 서점은 수많은 책들로 가득했고, 그 속에서 책을 고르자면 며칠 밤을 새도 모자랄 것 같았다. 하지만 뭘 골라야 할지 너무 고민하지 말자고 스스로에게 타일렀다. 어차피 읽어서 좋을 책이란 수없이 많을 테니까.

이중에서 마음이 가는 것을 골라 끝까지 읽는 것을 첫 번째 목표로 삼았다. 마음 편하게 거의 본능적으로 손에 끌리는 책을 고르기로 했다. 그날 집으로 돌아오는 내 손에는 두 권의 책이 들려 있었다.

서른살, 미치도록 변화를 꿈꾸던 그때

나는 대학졸업 후 처음으로, 아니 더 솔직히 말하자면 평생 처음으로 주체적인 독서를 경험했다. 당시 내 손에 들려 있던 두 권의 책은《20세기의 역사》, 그리고《신화, 그림으로 읽기》란 책이었다.

《20세기의 역사》는 내가 생각해도 쉽게 고르지 않을 법한 책이었다. 너무 두꺼웠기 때문이다. 그런데도 제목이 끌려서인지 그냥 손이 갔다. 어떤 책인지 대충 살펴보니 경제와 역사, 각종 문화 장르의 20세기 역사를 그 분야 전문가들이 요약해놓은 책이었다. 괜찮은 교양 참고서로 삼으면 좋겠다 싶었다.

솔직히 대학시절에도 교양서나 인문서를 거의 읽지 않아 기억나는 책이라곤 참고서와 수험서뿐이었다. 참고서 말고는 읽은 책이 없으니 이런 참고서 같은 책이 오히려 친숙했다. 내용은 어려워보였지만 한번 읽어나 보자고 생각했다. 다 읽지 못하더라도 일단 제목과 생김새가 폼이 났고, 그래서 책꽂이에 인테리어용으로라도 놓겠지 싶어 그 두꺼운 책을 골랐던 것이다.

미술 저술가인 이주헌 저자의 책《신화, 그림으로 읽기》를 고른 이유는 솔직히 더 한심했다. 우선《20세기의 역사》가 좀 어려워보이니 이번에는 그림도 많고 쉬워보이는 책을 고르고 싶었다. 신화 이야기라 좀 한가하게 시간 보내기에도 좋을 것 같아서 이 책을 추가한 것이다. 게다가 미술책이면 품위가 있어 보이지 않는가? 그리고 책을 쓴 저자가 '이주헌'이란 점도 컸다. 같은 회사 출신 선배이니 아는 사람 책 사주자는 것도 다소나마 동기가 됐다.

이런 이유로 두 권의 책을 들고 나는 다시 책읽기를 시작했다. 숙제로 봐야 하는 책도 아니고 필독도서도 아닌 책, 스스로의 의지로 골라 산 책을 마침내 읽어보기로 한 것이다.

결과는 어땠을까? 서점에서 생각했던 것과 달리 실제로 이 두 권의 책은 정말로 재미있었다. 우선《20세기의 역사》는 결코 생각처럼 난해하지 않았다. 다소 어렵기는 했지만 읽는 데 무리는 없었다. 처음에는 더디게 넘어가던 책장도 점차 빠른 속도로 넘겨졌다. 마치 영어공부를 할 때와 비슷했다. 영어공부를 처음 시작할 때는 모르는 단어들이 너무 많아서 독해 속도가 느리다가 점차 나무가 아닌 숲을 보게 되어 더 빨리 읽을 수 있게 되는 것처럼 말이다.

가장 큰 재미는 교양상식의 핵심을 체크해놓은 글을 읽으면서 지식이 정리되는 듯한 느낌이었다. 어렴풋이 알던 각 분야를 족집게 과외 하듯 배우는 기분이랄까? 교양서라는 게 참고서와 크게 다를 게 없다는 생각도 들었다. 내용은 참고서처럼 쏙쏙 정리되어 있고, 문체는 잘 쓴 소설처럼 매끄러워 술술 잘 읽혔다. 물론 이해가 안 되는 대목들도 있었지만 새로운 지식이 머릿속에 입력되는 그 순수한 즐거움 때문에 괴롭지 않았다. 나중에 다른 책들과 비교해보니 이 책을 쓴 필자들의 문장력은 대단한 수준이었다. 어려운 이야기를 전문가의 잘 쓴 글로 담아낸 이 책을 만난 것은 내게 실로 큰 행운의 선물이었다. 덕분에 나는 어려운 전문서에 대한 막연한 공포와 불안을 떨칠 수 있었다.

《20세기의 역사》는 기자인 내게 피와 살이 되는 교양을 주었다. 기자가 아니더라도 이 시대를 살아가는 교양인이라면 누구나 꼭 알아야 할 것들을 담고 있었다. 신문이나 방송에서 신자유주의를 떠드는데, 그러면 신자유주의를 낳은 오리지널 자유주의는 무엇인지 솔직히 이전의 나는 잘 몰랐다. 자유주의란 어떤 경제적 관점이며, 여기서 뻗어나온 신자유주의는 그럼 자유주의와 어떻게 다른지 이 책을 보면서 처음 알았다. 그때 그때 대면하게 되는 온갖 상식과 개념들 중에서 큰 관점에서의 이해 없이 막연하게 아는 척만 하고 대충 넘어가는 것들이 얼마나 많은가? 이 책은 바로 그런 것들을 잘 정리해주고 있었다.

만만하게 쉬면서 읽자고 골랐던 《신화, 그림으로 읽기》는 어땠을까? 나는 생각보다 묵직한 이 책의 내용에 완전히 빨려들어 밑줄까지 쳐가며 읽기 바빴다. 이주헌 저자의 문체는 참 간결하고 이해하기 쉬웠다. 그런데도 담겨 있는 정보와 교양상식의 수준은 엄청났다. 어린 시절 초등학생용으로 읽은 그리스 신화의 내용을 어렴풋한 기억으로 되살려가며 그림과 함께 서양문화 상식들을 새롭게 내 머리에 입력하는 재미에 폭 빠졌다. 그리고 놀랐다. 내가 책과 멀리 떨어져 사는 동안 책들이 얼마나 재미있게 진화했는지 깨달았기 때문이다. 저 머나먼 서양의 명화들이 우리나라 필자의 책 속에 생생하게 인쇄되어 그 속에 얽힌 오만가지 이야기들을 속삭이고 있었다. '어렵고 딱딱했던 서양문화사를 이렇게 편안하게 접할 수도 있구나'라며 책을 읽는 내내 감탄했다. 내가 대학시절 읽어야 했던 어려운 필독서들과는 달랐다.

지금 생각해보면 나는 운이 아주 좋았던 것인지도 모르겠다. 나중에 주변 사람들을 살펴보니, 이런 식으로 독서 예찬론자가 된 나와는 매우 다른 절차를 밟았다. 갑자기 불현듯 독서를 결심한 그들 중에는 나처럼 한 권을 다 읽어보자는 소박한 결심마저도 제대로 지키지 못한 경우가 적지 않았다. 그래서 나는 그때 내가 선택한 두 권이 내게 필연, 아니 운명이었다고 믿는다. 그야말로 이 두 권의 책이 시냅스처럼 나와 책의 세상을 만나게 해주었다.

가장 중요한 것은 나도 책을 읽을 수 있다는 걸 깨달은 점이다. 책이 세상에 존재하는 가장 재미있는 도구라는 것도 함께 알았다. 너무나 당연한 이런 사실을 몸소 체험하기 전까지는 몰랐다. 독서의 당위성에 대해서 부정하는 사람이 세상에 어디 있을까? 하지만 그것을 진실로, 그리고 온몸으로 깨달은 사람은 극히 드물고 나도 이전에는 진정 몰랐다.

이 두 권을 계기로 나는 다시 책읽기를 시작했다. 시험을 잘보기 위해서가 아니라 자신을 위해서. 그게 바로 내 나이 서른살 때였다.

'책읽기란 무엇인가?' 라는 물음에 나는 아직 확실하게 답할 수는 없다. 그러나 이 경험을 통해서 막연하게나마 감을 잡을 수는 있을 것 같다. 나는 비로소 독서에 대해서 충실한 고민을 시작했고 또 다른 책을 읽으려 시도하며 더 구체적인 답을 찾아 나섰다. 그러다 깨달은 것은, 책을 계속 읽어보니 그 답이 무엇인지는 몰라도 좋다는 점이었다. 굳이 답을 따져야 한다면 책을 읽고 있는 것 자체가 바로 답이라고 말하고 싶다. 그것이 바로 독서이자 독서의 매력이란 것을 깨달았던 것이다.

그 후 나는 자신을 '독서하기 이전의 나'와 '독서하는 나'로 나누게 됐다. 왜냐하면 그날을 계기로 책은 내 삶의 모든 것이 되었기 때문이다. 그 변화는 나 스스로도 믿기 어려울 정도다. 심지어 지금도 당황스럽다. 결혼이나 취업보다도 나를 크게 변화시킨 것이 바로 책읽기다. 두 권의 책으로 책읽기가 제법 재미있다고 느끼게 된 뒤 내게 찾아온 변화는 서서히 진행됐지만 그 영향력은 실로 강력했다. 그저 '틈날 때마다 책을 읽는 것'이란 굉장한 것이었다.

실용독서와 취미독서에 대하여

처음에 책을 읽기 시작했을 때는 기자라는 내 직업에 직접적인 도움이 될 것 같은 교양이나 상식에 국한시켜 책을 골랐다. 그래도 즐겁고 신이 났다. 아는 것이 늘어가기 때문이었다. 새롭게 알아가는 즐거움은 분명 뿌듯하고 신나는 일이었다.

여기서 한 가지 짚고 넘어가야 할 것이 있다. 독서에 대한 묘한 경외감이 있어서인지 직접적으로 지식이나 단순한 메시지를 전달하는 실용적인 자기계발서에 대해 편견을 가진 사람들도 간혹 있다. 독서의 묘미에 빠지기 위해서는 책에 대한 이러한 지나친 신성함보다, 책이란 만만하고 부담 없는 것이라는 태도가 훨씬 유리하다는 점을 말하고 싶다. 그래서인지 참고서 스타일의 책을 좋아하는 점은 오히려 내게 독서의 폭을 넓혀주었다. 너무 가볍다며 악평을 받는 실용서마저도 읽어보면 다 도움이 됐다.

아주 단순하고 기술적인 실용서지만 야마구치 신이치가 쓴 《성공하는 사람의 보고습관》은 내게 정말 중요한 교훈과 영향을 준 책이었다. 또한 내가 절대 읽지 않을 장르로 생각했던 종교서적에 대한 고정관념을 깨준 일본 학자 나카자와 신이치의 《카이에 소바주》시리즈도 나를 키워준 최고의 책으로 꼽고 싶다. 무엇을 읽든 내게 감동을 주는 책이야말로 진정한 자기계발서라는 것을 깨달은 것이 독서가 준 최고의 선물이었다. 책을 읽는 것은 생각보다 즐거웠고, 책을 읽으면서 내가 성장하는 것을 느끼는 것은 더더욱 즐거웠다.

나의 경우에는 편견 없이 독서를 시작했다는 점도 다행이었지만 본격적으로 책에 전략적으로 접근하게 된 계기가 있었던 것이 좋은 기회였던 것 같다. 나는 경제부로 옮겨가면서 업무 파악을 위해 다시 책을 찾았다. 이 업무에 책만큼 도움이 되는 것도 없었다. 기자들이라고 모두 경제를 잘 아는 것은 아니기 때문에 나와 같은 초짜 경제부 기자에게는 경제지표나 경제용어는 거의 제3세계 언어처럼 생경했다. 경제상식이나 개념을 최대한 빨리 머리에 입력하는 방법은 아무리 생각해봐도 책 말고는 없었다. 이제 와서 경제 과외선생을 둘 수도 없는 노릇이니 좋은 책을 검색해서 닥치는 대로 읽기로 했다.

경제부 발령을 받자마자 서점으로 달려가 각종 경제입문서들과 경제·경영 관련 도서들을 모조리 골라왔다. 서점을 뒤져보니 책은 놀랍도록 많았다. 경제기사나 금융기사를 읽는 법에 관련된 책부터 정보기술용어사전, 연초에 나오는 각종 경제전망서들, 국내외 언론의 경제특집을 묶어 펴낸 책들까지 경제부 기자에게 도움이 될 것 같아 보이는 책은 헤아릴 수 없을 만큼 많았다. 일반 직장인들에게 도움이 될 듯한 마케팅 서적도 어찌나 다양한지 커다란 책꽂이 하나를 채우고도 남았다. 정보를 찾으려는 의지만 있다면 이미 내가 궁금해할 모든 분야가 책으로 나와 있으므로 잘 찾아 읽으면 된다는 것을 이때 실감했다. 출퇴근 시간에 지하철에서 읽었던 이 책들이 없었나면 아마 나는 경제부 기자로 낙제점을 받았을 것임에 틀림없다.

처음 책과 친해지기 시작해 어느 정도 독서습관이 몸에 배게 되었지만, 특정 분야의 책을 집중적으로 읽은 것은 그 이전의 책읽기와는 완전히 다른 새롭고 유익한 경험이었다. 또한 업무에 직결되는 경제 관련 책을 주로 읽다보니 또 다른 변화가 자연스럽게 따라왔다. 즐기기 위한 책에도 눈을 돌리게 된 것이다. 그래서 고른 분야가 어릴 적 즐겨 읽었던 추리소설이었다.

책읽기를 본격적으로 시작한 뒤로 나는 소설책은 전혀 읽지 않았다. 뒤늦게 독서를 시작했으니 책을 통해서 얼른 지식을 쌓아야 한다는 강박이 있었다. 머릿속에 담을 지식이 너무나 많아 그걸 배우기에도 부족한 시간에 취미독서를 하는 것이 왠지 아깝다고 생각했다.

어차피 하루 24시간 중에서 책을 읽을 수 있는 시간에는 한계가 있고, 이 제한된 시간에 내게 실질적인 이익이 되는 책을 읽자는 생각이었다. 물론 이런 성격의 독서습관은 지금도 남아 있다. 하지만 다시 읽기 시작한 추리소설은 필요에 의한 실용서가 주지 않는 즐거움을 실감하게 해주면서 때때로 실용적인 목적 없이도 책을 찾는 계기가 되었다. 마치 공부하다가 잠시 산책을 나가듯 교양과 지식을 쌓다가 즐거움을 찾기 위해서 또 책을 찾았다. 이런 책들과의 만남은 출퇴근을 즐겁게 해주었다. 그 뒤 독서의 3할 정도는 추리소설 중심의 문학책들로 비중을 늘렸다.

목표를 찾고 꿈을 실현하고

독서로 나를 길들여간 2년가량의 시간이 지난 후에 나는 이전까지 단 한 번도 생각해보지 않은 계획을 세우게 됐다. 책을 소개하는 문화부 출판 담당기자가 되겠다고 마음먹은 것이다. 내 독서량은 점점 늘어나고 있었고, 어차피 읽는 책이니 그걸 소개하는 일을 하면 일거양득이 아니겠느냐는 생각이었다. 책을 공짜로 읽을 수 있다는 점 또한 매력적이었다는 걸 부인하진 못하겠다.

그러나 직장에서 부서를 바꾸는 게 쉽지도 않고 금방 되는 것도 아닌 것은 신문사 역시 마찬가지다. 일반 대기업보다는 업무 변경이 쉬운 편이지만 당연히 그 업무에 적합하다는 인정을 받아야 가능하다. 신문사에서는 매년 두 번 봄과 가을에 정기 인사발령을 하는데,

그때 원하는 부서를 써내는 소원수리를 한다. 처음부터 내가 원하는 출판 담당으로 바로 갈 수는 없었지만, 1년가량 지나서 나는 일단 문화부로 터를 옮겼다. 문화부에서 반년 동안 다른 업무를 하면서 내 진짜 희망은 출판 담당이란 것을 동료들과 부서장에게 인식시키려고 노력했다. 준비된 출판 담당기자로 인정받기 위해서 책을 계속 열심히 읽었음은 물론이다.

그리고 2003년 5월, 나는 마침내 출판 담당기자가 됐다. 문화부장이 출판 담당을 내게 맡긴다고 말했을 때 얼마나 기뻤는지 모른다. 기자가 됐지만 꼭 어떤 분야의 전문기자가 되어야겠다는 확실한 목표가 없었던 내가 처음으로 원하는 업무가 생겨 열심히 노력한 결과 이를 맡게 된 순간이었다.

그전까지 이것저것 해보고 싶은 분야는 많았지만 사실 꼭 이거다 싶은 것은 없었다. 그러다 책읽기를 시작하면서 비로소 진정한 내 꿈이 생겼다. 책을 소개하는 기자가 되는 꿈 말이다. 그리고 그걸 내 힘으로 이룬 것이다! 출판 담당기자가 될 준비를 한다는 심정으로 더 꾸준히 책을 읽었기 때문에 이를 성취할 수 있었다고 생각하니 더욱 기쁘고 스스로가 대견했다.

책 소개 업무를 하면서 나는 기자가 된 이후로 가장 행복한 시간들을 보냈다. 책 읽는 것 자체가 즐거움이고 공부고 자기계발인데 이 일을 월급까지 받으면서 하게 됐으니 얼마나 즐거웠는지….

더 큰 이점도 있었다. 전에는 내가 좋아하고 흥미 있는 분야의 책만 읽었다. 그러나 출판 담당기자가 되니 내가 잘 모르는 분야나

별로 좋아하지 않는 분야의 책도 반 의무적으로 읽게 됐다. 이 일을 맡지 않았다면 영영 읽지 않았을 책들을 접하면서 인식의 지평을 넓히고, 지식의 도로망을 넓고도 촘촘하게 머릿속에 깔 수 있었다. 누구도 모를 것이다. 세상의 많은 부분이 새롭게 보이는 그 카타르시스를 말이다.

책과 친해진 뒤 나는 지식정보의 생산유통 종사자로서 진정한 코페르니쿠스적 변화를 겪었다. 꿈도 못 꿨던 출판 담당기자가 되고, 매일같이 책을 읽고 분석하고 생각하고, 그 생각을 다시 정리해 기사로 쓰고, 책을 쓴 사람과 책을 만든 사람, 책을 파는 사람 그리고 책을 읽는 사람들을 만나보고 이야기를 나눴다. 책의 독자로만 있던 시절엔 몰랐던 것, 또는 알면서도 실감하지 못했던 것들을 하나하나 배워갔다.

그렇게 또 몇 년을 책과 더불어 살면서 내 삶과 정체성도 조금씩 변해갔다. 여전히 어쭙잖은 독서가의 수준을 뛰어넘지 못한 내게 과분한 기회들이 찾아왔다. 책에 관심이 많은 기자로 알려지면서 출판에 대한 글을 써달라는 요청들이 오기 시작했다. 그런 글을 쓰기 위해 다시 취재하고 책을 읽으면서 내 지식과 생각을 조금씩 더 단련할 수 있었다.

출판 전문지에 출판과 책에 대해 글을 쓰게 된 것은 내가 생각해도 놀라운 일이었다. 그러나 진짜 놀라운 변화는 내가 독자에서 필자로 변한 것이다. 출판사로부터 책을 쓰지 않겠느냐는 제안을 처음 받았던 순간은 아마 평생 잊지 못할 것이다. 책을 한 권 쓰고 나니 그 뒤로 책을 쓰게 될 일이 생각보다 자주 찾아왔다. 2005년 처음으로 책을 쓰겠다는 용기를 낸 뒤로 어린이책 일곱 권과 일반교양서 한 권, 자기계발서 한 권을 썼다. 그리고 이제 이 책을 쓰고 있다.

책읽기를 배우려는 생각, 왜 못했을까?

김미영

내가 기자가 된 것은 2000년이었다. 매일 생기는 이슈들을 기사로 써 인터넷뉴스로 올리는 게 나의 일이었다. 아침부터 저녁까지 쏟아지는 뉴스들을 보고 새롭게 가공하고 덧붙여 다시 쓸 만한 것, 새롭게 써야 할 것을 찾아 발 빠르게 기사로 만들어야 했다. 기자가 된 뒤로 눈앞에 떨어지는 지시에 따라 일을 배우고 익혀 쫓아가기 바빴다.

그렇게 정신없이 지내는 사이, 나는 9년차가 되어 있었다. 생각할수록 지금 내가 9년차란 사실이 놀랍다. 내가 사회생활을 시작할 때 9년 위 선배는 언니나 오빠가 아니라 거의 삼촌, 이모처럼 보였다. 세대가 다르고 업무 수준에서 차원이 다른 세계의 선배들이었다. 그런데 내가 어느새 그 연배가 되어 있다. 과연 지금의 나는 내가 신입 시절 8~9년차에 꿈꿨던 그런 모습인 걸까? 스스로 자문해보지만 자신이 없다.

기자란 직업도 나를 주눅 들게 한다. 남들은 내가 기자니까 모든 걸 다 알 거라고 생각한다. 회사도 내게 높은 지식 수준을 요구한다. 만나는 취재원들 역시 내가 국내정치나 세계경기 같은 시사문제부터 대중문화와 연예인 가십에 이르기까지 백과사전을 머리에 집어넣고 다닐 거라고 여긴다.

기자가 된 직후부터 이런 부담 때문에 늘 책으로 머리를 채워야 한다는 생각을 갖고 살고 있다. 신문만으로는 해결이 안 되는 고차원적인 지식들이 필요하기 때문이다. 지식을 기반으로 하는 이런 직종에서는 특히나 종합적이고 잘 정리된 차원 높은 지식들이 중요한 법이다. 따라서 어떤 분야를 제대로 이해하려면 책을 읽어야 한다.

처음 기자가 됐을 때는 떨어지는 일을 처리하기에도 바빠 책을 제대로 읽지 못했지만 3~4년이 지나면서 점점 독서의 필요성을 절감하게 됐다. 문제는 이런 필요성을 심각하게 느끼면서도 좀처럼 책을 읽지 못한다는 점이었다.

물론 내가 노력을 하지 않은 건 아니다. 3년차가 되면서 다시 대학시절처럼 공부하겠다고 마음을 먹었고, 책읽기를 개인적인 목표로 세워왔다. 목표는 항상 1년에 50권을 읽는 것이었다. 1년이 52주, 1주일에 한 권씩이면 될 것 같아 50권으로 정했다. 대학시절에도 1년에 50권 읽기 목표를 연초마다 세웠다. 그리고 두 번이나 목표 달성에 성공하기도 했다.

기자는 다른 직장인들보다 책을 읽어야 할 필요성도 크고 책읽기에 더 유리한 환경이다. 주변의 동료기자들 대부분이 책을 읽어야만 지식이 배양된다는 것을 잘 알고 있었고, 그래서 책읽기를 업무의 일부로 생각하고 있었다. 그런 선후배들을 보면서 자극을 받았다.

그러나 그냥 읽는 것만으로도 즐거웠던 대학시절과 달리 직장생활을 하면서 책을 읽기는 힘들었다. 핑계 같지만, 그 이유는 내 나이가 독서하기엔 힘든 인생의 변환기에 있던 탓이라고 생각한다. 결혼과 출산 같은 개인사에서 중차대한 일들이 이어졌고, 업무 면에서도 몸으로 부딪치며 시행착오를 겪는 시기를 거쳐야 했다. 그런 상황 속에서 짬 내서 책을 읽는다는 것은 아무래도 쉽지 않았다. 책은 좀 여유로워지면 읽기로 하고 우선은 일이나 확실히 배우자고 마음먹고 거기에 모든 신경을 쏟았다.

이젠 어느 정도 내 업무에 익숙해졌다. 그런데 오히려 독서를 못한 아쉬움과 부족함이 더욱 크게 다가온다. 업무 단계가 높아질수록 책으로 내면에 지식과 사고력을 갈고닦아 축적해놓았어야 했다는 아쉬움을 절감하고 있다.

결론은 그래서 또 다시 책을 읽어야 한다는 평범한 진리로 되돌아갔다. 나는 다시 1년에 50권을 읽겠다고 결심했다. 대학시절과 달라진 점이 있다면 무조건 50권을 읽자는 도전의식보다는 '도대체 책을 어떻게 읽어야 하는가?' 라는 문제의식이 커진 점이었다.

직장인으로서 나는 어떻게 책과 만나야 하고 책을 통해 무엇을 얻고 익혀야 하는 것일까? 독서계획을 세우면서 예전에는 하지 않았던 물음을 던져봤다. 어떤 분야의 책을 읽는 게 좋을지, 그런 책들로는 어떤 것들이 있는지 꼼꼼하게 따져보기로 했다.

예전에는 관심이 가는 대로 책을 읽었다. 그런데 일단 도서 선정

작업을 해보니 이게 보통 일이 아니었다. 하루 정도면 될 거라 생각했던 것이 오판이었다. 제대로 따져보기 시작하니까 며칠이 걸릴 정도로 방대한 작업이었다. 내가 읽어야 할 책을 찾는 것은 지금 나는 어떤 상황인지를 정확하게 분석해야 가능한 일이었기 때문이었다. 나 김미영이란 자연인, 그리고 직업인으로서의 김미영을 스스로가 알아야 했다.

자연인으로서의 나는 누구이며, 내게는 어떤 것들이 필요한지 살펴보는 것은 순수한 나 자신과 대면해야 하는 작업이었다. 내면으로 들어가 살펴보면 살펴볼수록 내겐 필요한 것들이 많았다. 거의 모든 것을 다 갖춰야 할 것 같았다.

직업인으로서 9년차 기자인 내가 읽어야 할 책들을 찾는 것도 쉽지 않았다. 내게 필요한 덕목, 부족한 능력, 그리고 발전시켜야 할 나의 강점을 객관화해서 이 부분들을 책으로 보강해야 했다.

이 어려운 작업은 사실 무척 재미있었다. 어려워서 더 재미있던 것인지도 모르겠다. 스스로 자신에 대해 추리하듯 뜯어보고 비판해볼 일이 없었기에 더욱 그랬을 것이다. 이렇게 스스로 찾은 내 장단점을 종합해보고 직업인으로서 내게 필요한 항목을 뽑아낸 다음, 주변의 독서가들에게 책읽기에 대해 물어보기 시작했다. 책을 추천받고 책 읽는 법에 대해 조금씩 이야기를 나누는 과정에서 내 책읽기와 다른 사람의 책읽기 사이의 공통점과 차이점을 발견할 수 있었다.

가장 관심이 가는 부분은 책으로 자신을 어떻게 계발할 것이냐 하는 점이었다. 책읽기에 대해 고민하면서 더욱 절실하게 든 생각은 독서가 평범한 직장인들에게 매우 중요한 문제라는 것이다. 직장생활을 하면서 자기를 발전시킬 수 있는 방법이 현실적으로는 독서 외에는 없기 때문이다. 가장 간단하고 가장 빤한 방법이지만, 가장 실천하기 어렵고 또한 효과적인 기술을 찾기 쉽지 않은 것이 독서를 통한 자기경영이란 생각이 들었다. 나 역시 실제 그런 어려움을 겪고 있었다.

문득 남들은 어떤지, 책의 고수들은 어떤지 알고 싶어졌다. 남들과 비슷한 평범한 생활인이지만 책으로 자신을 키우고 벼리는 사람들은 얼마나 되고 이들은 어떻게 책을 읽고 있는지 궁금했다. 그런 차에 선배인 구본준 기자와 이 책을 위해 책쟁이들을 찾아서 인터뷰할 기회가 생겼다.

나는 본격적으로 이런 이들을 찾아 나서게 됐다. 그들에게서 책에 대해 한 수 배워보고 싶었다. 직업이 다르고 나이는 달라도 책으로 자기를 가꾸는 책읽기 선배들을 찾아다니는 우리의 여행은 그렇게 시작됐다. 낮에는 기사를 쓰고 밤에는 책쟁이를 만났다.

여행처럼 즐겁게 시작한 취재는 예상보다는 훨씬 어려웠고 또 오래 걸렸다. 그러나 독서고수들을 만나 이야기를 듣다보면 새로운 교훈과 깨달음을 정신없이 받아 적게 되었다. 그 즐겁고 행복한 취재여행 이야기를 이제부터 펼쳐놓고자 한다.

직업인으로서 당신은 어떤 수준인가?

재미있지도 않은 우리의 경험들을 이렇게 주저리 늘어놓은 것은 책 읽기가 직장인에게 얼마나 중요한 부분인지 꼭 이야기하고 싶었기 때문이다. 책읽기를 시작하고 싶지만 주저하는 사람들에게, 책읽기가 필요하다고 느끼지만 너무 어려울 것 같아 포기하고 만 사람들에게, 또 책읽기에 대해 전혀 관심이 없는 사람들에게 말이다.

책읽기를 시작하는 것은 인생에서 가장 즐겁고 자랑스러운 변화다. 책이 사람을 얼마나 바꾸는지, 책이 어떤 내적 변화와 성숙, 그리고 충만함을 주는지 경험해보지 않은 사람들은 모를 것이다.

생각해보면 처음에 아무 생각 없이 책이나 사보자고 하는 행동이 모든 책읽기의 시작이다. 우연히 스친 생각이 바로 삶을 통째로 바꾸는 계기가 된다.

많은 독서가들이 책과 새로운 차원의 인연을 맺고 책에 빠져들게 되는 까닭은 책을 읽는 것이 즐거운 동시에 책을 읽어야만 한다고 진정으로 자각하기 때문이다. 책읽기를 시작하는 것은 그 사람이 진정으로 태어난 순간이라고 할 수 있다. 취직하고 독립하는 것이 사회인으로서의 1차적 탄생이었다면, 자신을 계발하고 키우고 위로하고 채찍질하기 위해 책을 읽어야 한다는 사실을 자각하는 것은 사회인으로서의 2차적 탄생이다.

책과 친해진 것은 인생경영과 자기계발에 대한 생각을 통째로 바꿔놓는다. 책을 읽어 그 효능을 알게 된 덕분이다. 전에는 인생경영과 자기계발이란 단어에 관심도 없던 사람들이 책읽기를 시작하면서 저절로 그것들에 관심을 가진다. 외국에 유학을 다녀온 것도 아니고 학문을 연구하는 것도 아닌 직장인이 지식산업 종사자로서 조금이라도 더 열심히 살아가려면 과연 어떻게 해야 할까? 아주 단순하게 말해, 우리 스스로 자신을 키우기 위해서 무엇을 할 수 있을까? 자신을 키우는 가장 쉬운 방법은 무엇일까?

도대체 책 말고 다른 답이 있을 수 있을까? 아무리 생각해도 없다. 책이란 것은 생활인으로서 우리가 할 수 있는 가장 손쉽고 저렴하고, 그럼에도 불구하고 가장 효과적인 자기계발법이다. 우리의 직업이 기자가 아니었다고 해도 마찬가지냐고 묻는다면 우리는 "역시 그렇다"고 답할 것이다. 어떤 일을 하고 있다고 해도 자기계발의 본질은 다를 바가 없기 때문이다.

사람은 과연 무엇으로 이루어지는가? 단언컨대, 지식과 경험이다. 이 둘은 공통점이 있다. 책과 떼려야 뗄 수 없다는 점이다.

우선 경험을 보자. 사회적 존재로서의 한 사람을 이루는 요소인 경험이란 자기의지가 없는 상태의 수동적인 경험과는 의미가 다르다. 스스로 고민하고 나름의 논리를 정립하며 자신에게 맞는 방법을 강구하여 행한 주체적인 경험들이야말로 진정한 의미의 경험이다. 그런데 이 세상 누구도 이런 경험을 충분히 소유할 수는 없다. 따라서 남들의 경험을 가져와 각인시킨 간접경험이 필요하다. 책읽기는 남의 경험을 싼 가격에 사오는 것이다. 이것은 최소의 노력으로 자신의 경험을 늘리는 방법이다.

여기서 중요한 점은 직접경험은 스스로 축적하는 데 시간적인 한계가 있지만 간접경험은 시간적인 한계를 크게 보완해줄 수 있다는 점이다. 그렇기 때문에 경험을 쌓는 가장 손 쉬운 방법이 독서란 것은 더 말할 필요가 없디. 남이 경험한 바를 그저 보고 들으면 뇌는 것이다. 그래서 책읽기는 다른 사람의 인생과 생각을 사는 행위라고 말한다.

그리고 또 한 가지. 책에 대해 기사를 쓰고 분석하다보니 새삼 실감하게 되는 게 있다. 책의 미디어적인 속성과 강점에 대한 것이다. 이는 사람을 이루는 지식의 측면과 연결되는 부분이다. 한번 상상해보라. 굉장히 똑똑한 경제부 기자가 있다. 이 기자가 살펴보니 잘되는 기업들에게는 어떤 공통점이 있었다. 남들보다 먼저 경쟁자가 없는 시장을 개척하는 기업들이 높은 이익을 올린다는, 너무나 당연해보이지만 중요한 점을 발견한 것이다. 그래서 그 기자는 자기가 포착한 공통점에서 새로운 개념을 만든다. 경쟁이 치열해 피가 흐르는 붉은 바다가 아니라 싸움 없는 푸른 바다에 먼저 뛰어드는 기업이

승리할 수 있다는 것이다. 이런 이론에 '블루오션'이란 이름을 붙일 수도 있다.

이런 보도가 나가면 다른 언론들도 따라서 보도하기 쉽다. 이렇게 언론보도가 이어지면 전문가들도 주목한다. 흥미로워 관심을 가지다 제대로 학문적 접근을 하자는 학자도 나올 수 있다. 경쟁자를 피해 새로운 시장을 창출해 스스로 가격결정권을 독점하며 많은 이익을 올린 기업들의 사례들을 모으고 다시 분석해 이런 경영방식을 경영학적으로 '블루오션 경영'이라고 유권해석을 내린다.

우리가 일반적으로 생각하는 새로운 지식, 개념의 등장은 이런 흐름을 가진다. 언론에선 표면으로 드러나는 현상을 일차적으로 감지해 보도하고 이런 것들이 축적되면 전문가가 이를 제대로 연구하기 시작해 새로운 개념이 나오게 된다는, 그런 자연스러워보이는 과정이다.

그런데 과연 그럴까? 결론부터 말하면 결코 아니다. 현실에선 거의 대부분 정반대다. 그 순서가 거꾸로 흐른다. 이 블루오션 전략이란 말이 대중적으로 확산된 과정을 보면 이런 지식과 개념의 전달 순서를 잘 알 수 있다.

'김위찬'이란 영민한 학자가 세계적으로 잘나가는 기업들의 특성과 공통점이 경쟁을 피해 블루오션을 개척한 것임을 깨닫고 이를 책으로 내는 것이 가장 먼저다. 이렇게 《블루오션 전략》이란 책이 나오면 가장 먼저 신문들이 책을 소개하는 기사를 쓴다. '이런 새로운 책이 나왔다' '참고하라'는 것이 바로 출판기사의 존재의미다. 신문에서 보도가 나오면 대개 그 다음에야 비로소 방송이 주목한다. 정보

전달량에 시간적 제한은 물론 뉴스에 딸리는 시각 이미지가 없으면 보도하기 어려운 방송의 미디어적 특성 탓이다. 《블루오션 전략》이란 책이 나와 신문이 떠들고 사람들이 책을 많이 사게 되면 방송이 이를 다시 트렌드로 소개한다. 이런 식으로 블루오션이란 개념이 더 넓게 확산된다. 정말 많이 확산돼 주목받는다면 그때는 방송에서 특집을 다루거나 지은이의 특강도 기획한다.

어떤 개념이 확산되는 과정은 대부분 이렇다. 앞서 우리가 막연하게 생각했던 순서와는 정반대다. 우리는 최신정보와 개념을 얻는 방법에 대해 제대로 알아야 한다. 가장 느려 보이는 매체, 가장 낡은 미디어로 여겨지는 책이 실제로는 가장 빠른 매체다. 새롭게 쏟아지는 수많은 정보와 지식은 대부분 책으로 처음 알려지게 된다. 그것노 신문이나 방송의 단편적이고 요약된 정보들과 달리 상당한 분량의 자료와 설명이 곁들여진 정제된 형태로 첫선을 보이는 것이다.

신문들이 책을 소개하는 이유 역시 이런 책의 속성 때문이다. 책이란 가장 빨리 새로운 지식을 전달하는 매체다. 신문의 책 기사들이란 시중의 책들 중에서 독자들이 알아두면 좋을 지식과 견해를 다룬 것들을 골라 내용을 정리해놓은 것이다. 책의 가치와 의미에 대한 평가 이전에 책 기사는 이런 새로운 정보를 전달하는 뉴스의 기능을 한다. 뉴스의 소스가 '책'이라는 점을 우리가 굳이 인식하지 않을 뿐이다. 왜 책 기사를 읽는지 생각해보면 너무나 당연한 이야기다.

바로 이런 책의 속성 때문에 서점은 한 사회의 지식과 정보, 문화의 최전선이 된다. 새로 나온 책들을 직접 사서 읽어보지는 않더라도 제목 정도는 파악해두는 것이 그런 점에서 아주 중요하다. 자기 분야에서 새롭게 등장하는 책은 무엇이며, 그 책은 어떤 내용인지 알아야 한다. 서점을 자주 찾아가거나 책 기사 또는 인터넷서점을 검색해 주기적으로 점검하는 것은 그 자체만으로도 정보의 습득과 관리 차원에서 필수적이고 고차원적인 작업이다. 평범한 직장인이 적어도 한 달에 한 번은 서점을 둘러봐야 하는 이유가 바로 여기에 있다. 최신의 정보와 관점은 늘 책을 통해서만 등장한다. 기자로 오래 근무할수록 책의 이런 속성에 대해 더욱 절감하게 된다. 그러면서 우리는 자기계발과 지식경영에 대해서 더욱 깊이 고민하고 좀더 치열하게 노력해야겠다는 반성을 되풀이할 수밖에 없었다.

혹시 '당신들은 지식을 다루는 기자이니 그래야겠지만 보통 직장인들이 그렇게까지 해야 할 필요가 있겠냐?'고 생각하는 분도 있을지 모르겠다. 그러나 오히려 우리와 같은 기자보다는 일반적인 직장인, 생활인이 독서를 통한 자기경영에 더욱 관심을 가져야 한다. 그 이유는 기자는 지식을 다루지만 그 지식과 직접 이해관계를 맺는 당사자가 아니기 때문이다. 우리는 그냥 전달자일 뿐이다. 그렇게 전달하는 정보를 활용해 실제 자신의 일과 이익에 접목하는 사람들일수록 책의 동향에 항상 관심을 기울여야 한다.

아무리 단순하고 뻔한 정보나 지식이라도 그 지식을 남들보다 얼마나 빨리 접하느냐에 따라 중요한 차이가 생긴다. 매번 식당을 차리지만 잘 안 돼서 업종을 변경하던 사람이 있다고 하자. 그가 한 유명 요리사의 생생한 경험을 담은 책을 읽고 식당경영의 요령을 알게 된다면 왜 여태 그 책을 안 읽었나 후회할 것이 틀림없다. 이런 지식이나 경험을 책 말고 달리 얻을 수 있는 방법이 있다면 책을 읽지 않아도 된다. 그러나 현실에서 책 이외의 통로는 찾기 어렵다. 게다가 그 정보를 구하는 비용이 책처럼 적게 드는 방법은 절대 없다. 직업인으로서 필요한 지식을 습득, 경영하는 데도 현실적으로 책 이상의 방법은 없는 셈이다.

모든 것에 경영이 중요한 시대다. 한번 스스로에게 물어보자. 나를 하나의 회사라고 가정할 때, 나라는 회사에 최고지식경영자(CKO, chief knowledge management officer)가 있는가? 만약 나라면 지식경영자가 없는 기업에 투자하겠는가? 그런 기업이 이런 경쟁시대에 살아남겠는가?

직장인이든 자영업자든, 직업인으로서 나는 일종의 자기경영의 결과물인 상품이다. 회사와 회사원의 관계를 뒤집어 생각해보면 회사원은 고용시장에 자신을 내놓은 상품이며 회사는 그 상품들 가운데 자기에 맞는 상품(직원)을 골라 구매하는 소비자이기도 하다. 나라는 상품을 인력시장에 내놓을 때를 대비해 당신은 어떻게 자신의 가치를 높일 수 있을까? 나를 키우는 방법들 가운데 독서를 빼놓을 수 있겠는가?

책을 통한 성장과 계발을 경험하면서 그리고 오래 책을 읽고 다루며 깨달은 것은, 책은 전문가보다 보통 사람들에게 더 요긴한 수단이란 점이다. 전문가들은 전문성의 대가로 얻는 경제적 여유, 그리고 각종 다양하고 특별한 방법으로 자기의 전문성과 능력을 주기적으로 업데이트할 수 있다. 그리고 그들은 그 다양한 방법들 중에서도 특히 책을 주시하고 읽는 사람들이다. 그게 자기에게 얼마나 중요한지 알기 때문이다. 그런 중요함을 알기 때문에 그 사람이 바로 전문가가 된 것인지도 모른다.

그러면 보통 사람들은? 현실적으로 책뿐이다. 그러나 서글퍼할 일은 전혀 아니다. 책은 자기경영에 보탬이 되는 지식만을 주지 않는다. 지식을 습득하고 자기계발하는 요소들을 주는 것 이상으로 내적 충만함, 책 읽는 자체의 쾌감, 현실을 직시하게 만드는 예지, 그러면서도 잠시나마 현실을 잊게 해주는 쾌락까지 준다. 한권 한권 읽으면서 얻는 경험을 통해 책이 주는 이 여러 가지 소득과 기능을 조절하고 관리하는 법을 깨닫는다면 누구나 자기계발과 자기경영의 달인이 될 수 있다고 확신한다.

2장

책읽기로 미래를 가꾸는 사람들

— 김미영

책쟁이 찾아 삼만 리

책은 어떻게 읽는 것이 좋을까? 책의 고수들은 누굴까? 책에 대한 이야기를 들어보기 위해서는 일단 책벌레들을 찾아야 했다. 가장 단순무식한 방법이 가장 좋은 방법이라고 했던가? 일단 기본적인 검색부터 시작했다. 해당 분야 책을 찾아보는 것이다. 우선은 책읽기에 대한 책을 찾아봤다.

독서에 대한 책은 예상 이상으로 많았다. 요즘 세상에 온갖 틈새 주제를 다루지 않는 책이 없다고 하는데 독서에 대한 참고도서들을 보니 수긍이 갔다. 'OO독서법' 또는 'OO리딩'이란 제목으로 내가 머릿속에서 꺼낼 수 있을 법한 주제들은 모두 나와 있었다. 저자들도 매우 다양했다. 외국 학자부터 평범한 직장인까지 저마다 자신만의 책 읽는 법을 책으로 설파하고 있었다.

이 수많은 독서법 책들 중에서 평이 좋고 검증된 스테디셀러들, 요즘 인기 좋은 책들을 골라 읽어봤다. 내용은 천차만별에 극과 극이었다. 물론 상당한 부분이 겹치기도 했다. 여러 독서법 책을 보면서 안타까운 것은 책을 너무 엄숙하게 대하고 있거나, 꼼꼼하게 따져가며 읽으라고 강권하거나, 또는 지나치게 책을 도구로 보거나, 속독과 다독에만 의미를 두는 듯한 과장된 독서법을 권하는 책들이 대부분이란 사실이었다. 실제 나처럼 책과 제대로 사귀어보고자 하는 사람들이 고민하는 부분, 아주 사소하지만 생활 속에서 헷갈리기 쉬운 부분, 그리고 평범한 직장인들에게 책이 주는 의미와 재미 등을 다루는 책은 별로 없었다.

실제로 독서고수들을 찾아 나서기로 결심한 것도 기존 독서에 대한 참고서들이 이런 한계와 아쉬움을 지니고 있기 때문이다. 기자를 하면서 내가 중요하게 깨달은 것은 진짜 중요한 정보, 교훈, 느낌을 얻으려면 문서나 책, 전화보다도 직접 관계자를 만나 이야기를 듣는 것 이상의 방법이 없다는 점이다. 책처럼 개인의 내면에 관한 것은 직접 만나 일 대 일 커뮤니케이션으로 이야기를 나누지 않으면 진짜 미세하면서도 소중한 부분을 접할 수 없다는 것이 9년째 기자로 일하면서 깨달은 철칙이다.

그래서 독서고수들이 쓴 책을 읽어본 다음에는 독서고수들을 직접 만나 이야기를 들어보기로 결심했다. 여러 독서 관련 책을 읽고 난 뒤 이런 확신은 더욱 강해졌다. 추상적이고 막연하고 딱딱한 글이 아니라 책쟁이들의 체험을 직접 들어보면서 책읽기와 독서 자기경영의 요령과 실체를 배우기로 마음먹었다. 이제 그들을 찾아내 만나볼 차례다.

역시나 가장 무식한 방법이 가장 확실한 법이다. 무턱대고 주변에 "책을 열심히 읽는 사람 좀 소개시켜달라"고 부탁하고 다니기 시작했다. 그러나 그것만으로는 당연히 부족했다. 그래서 우선 만나야 할 책쟁이들을 그룹으로 구분해봤다. 찾아낸 책쟁이들을 크게 분류해보면 다음과 같이 셋으로 나눠볼 수 있었다.

- 독서클럽 운영자들
- 독서에 대한 책을 쓴 사람들
- 다른 모든 방법으로 알아낸, 독서로 자기를 경영하는 직장인들

첫 번째와 두 번째에 해당하는 독서가들을 찾는 것은 어렵지 않았다. 인터넷으로 검색해보면 되니까. 그러나 세 번째, 즉 책으로 자기경영을 하는 독서고수들을 찾기란 쉬운 일이 아니었다. 그만큼 책을 열심히 읽는 직장인들이 드물다는 이야기일 수도 있다. 지인들에게 수십 통의 전화를 걸어 독서광을 소개해달라고 부탁하고 각 인터넷 독서클럽 운영자들에게 인터뷰할 만한 독서달인을 추천해달라는 부탁의 메일을 보냈다. 서서히 응답 메일이 날아오면서 직장인 독서광들의 이름과 연락처가 모이기 시작했다.

책 읽을 시간 없는 사람은 없다

신성석

여러 독서가들의 연락처를 받고 한참 고민한 끝에 첫 번째 만날 고수를 골랐다. 직장인으로서 제대로 책을 읽으려는 나의 개인적인 목적도 있느니만큼 직장인들의 속마음을 가장 잘 알 법한 독서가를 고르기로 했다.

나와는 뭐가 다른지, 어떤 계기로 독서광이 됐고 어떤 방식의 독서로 자기를 계발하고 있는지 직접 들어보기로 했다. 그렇게 해서 뽑아낸 인터뷰 대상 1호가 신성석 씨였다.

신성석 씨는 인터넷 독서클럽 '직장인을 위한 책읽기(bizbook. cyworld.com)' 운영자로 최근에 《직장인을 위한 전략적 책읽기》《읽어야 이긴다》《성공한 리더는 독서가다》 등 독서 관련 도서를 저술한 책읽기의 베테랑이라 할 수 있다. 신씨가 운영하는 직장인 독서클럽은 2003년에 생겨서 벌써 6년째 이어지고 있는 온라인 모임이다. 전화로 인터뷰를 요청하자 신씨는 흔쾌히 시간을 내줬다.

가장 소득 없는 핑계, '시간 없음'

첫 대면한 신씨는 그야말로 깔끔한 외모의 직장인이었다. 올해 나이는 서른일곱, 10년차 직장인으로 현재 NHN에서 글로벌 게임사업 팀장으로 일하고 있다.

독서클럽을 운영할 정도면 책벌레일 것은 예상했지만 신성석 씨를 직접 만나보니 너무나 놀라웠다. 그가 1년에 읽는 책은 줄잡아 150~200권, 즉 이틀에 한 권 이상을 읽는다는 이야기다. 시간을 잡아 늘리기라도 한단 말인가?

"어떻게 그렇게 많이 읽을 수 있나요?"

나는 놀라움을 감추지 않고 그에게 물었다. 곧 그의 명쾌한 대답이 돌아왔다.

"책 읽는 시간을 확보하는 아주 간단한 제 원칙이 있습니다. 밤 10시대에 하는 텔레비전 드라마를 안 보는 겁니다. 대신 그 시간에 책을 읽죠. 해보면 예상보다 훨씬 더 많이 읽게 됩니다."

당연한 이야긴데도 듣고 보니 새삼스러웠다. 드라마는 매일 보는데 책은 왜 매일 못 보느냔 말이다. 어차피 빼낼 수 있는 시간은 뻔하다. 그의 시간 확보 방법에 대해 좀더 물어봤다.

"직장인이 책을 읽으려면 무조건 출퇴근 시간이 최고죠."

그는 딱 잘라 말했다. 그러고는 한 가지를 더 주문했다.

"그리고 지하철에서 무가지를 읽지 마세요."

뜻밖이었다. 무가지가 일반종합지보다는 가볍고 기사의 질도 떨어지는 건 사실이지만 그래도 연합뉴스 등을 받아 싣는 것이라 주요

시사뉴스를 접하는 데는 그만큼 도움이 되는 것도 없을 것 같은데 말이다. 더군다나 신문을 잘 읽지 않는 요즘 젊은 세대들은 이렇게 무가지로라도 읽는 것이 나쁠 건 없지 않을까?

신씨는 이렇게 설명했다.

"신문을 안 읽는 사람이면 무가지를 읽는 게 분명 도움은 될 거예요. 하지만 인터넷으로 뉴스를 자주 검색하고 있다면 무가지는 별 의미가 없어요. 전날 인터넷으로 다 본 뉴스들을 인쇄된 것으로 또 보는 거잖아요. 무가지 대신 책을 읽는 게 훨씬 가치 있죠."

"하지만 지하철을 타지 않고 차를 가지고 다니는 사람들은 어떻게 하죠?"

"차로 다녀도 얼마든지 책을 읽을 수 있어요."

"운전을 해야 하잖아요?"

"요즘에는 오디오북이 많이 나와 있습니다. 운전하면서 틀어놓으면 돼요. 책을 듣겠다는 목표를 갖는 게 중요하죠."

책을 읽겠다고 마음만 먹으면 얼마든지 방법은 있다는 것을 새삼 알 수 있었다. 왜 오디오북 같은 게 있다는 것을 평소엔 생각조차 못했던 걸까?

"텔레비전 시청을 줄이는 게 가장 중요해요. 책 읽는 시간과 목표, 이 두 가지를 확실히 정하면 그 다음에는 생각보다 쉽게 풀립니다. 예를 들어, '밤 11시부터 1시간씩만 읽자'고 정하고 시작하는 거예요. 1주일만 하면 습관이 될 거예요."

정말 그 정도만 하면 습관이 붙을 수 있는지 궁금했다. 신씨는 생각의 전환을 강조했다.

"이런 점을 한번 생각해보세요. 사람들이 무의식적으로 리모컨을 누르면서 채널을 돌리는 시간이 하루에 거의 30분 정도 된다고 하더라고요. 그렇게 리모컨 누르는 시간만 절약해도 독서할 시간은 나온다고 생각해보자는 거예요."

대단치 않은 말일 수도 있겠지만 내겐 대단하게 들렸다. 내가 1년 동안 리모컨 누르는 데 들인 시간은 얼마일까 생각해보니 그의 말에 절로 고개가 끄덕여졌다. 뭐든지 생각하기 나름인 것 같다.

신씨는 하루에 2시간을 책 읽는 데 활용한다고 했다. 출퇴근할 때 지하철 안에서 1시간, 집에 돌아와 텔레비전 드라마 보는 시간 대신 1시간, 이러면 1주일 평일 5일 동안 꼭 10시간이 나온다. 10시간이면 책 한 권을 충분히 읽을 수 있다.

그러나 1년은 52주, 산술적으로는 50권 정도를 읽을 수 있는 시간이다. 아무리 속독으로 읽어도 100권 이상은 불가능해보인다. 역시나 신씨는 주말에 책을 많이 읽는다고 한다. 이쯤 되면 약간 질린다. 지나치게 책을 붙들고 사는 것처럼 보인다고 솔직히 말했다. 신씨는 웃으며 질문으로 역공을 해왔다.

"그렇다고 주말에 다른 좋은 시간 활용법이 있는 것도 아니잖습니까?"

"음….."

"물론 주말을 몽땅 책으로 보낼 수야 없죠. 잠깐이라도 주말에 책을 읽는 마음이 중요하다고 생각해요. 평일에 열심히 일했으니 주말에는 쉬고 놀고 자야 한다고 생각해버리는데, 그렇게 보내고 남는 2시간 정도만 책을 읽자는 거죠. 그렇게만 하면 한 달에 2~3권을 더 읽을 수 있어요."

'목표를 정하고 습관을 만들라' '책 읽을 시간은 얼마든지 짜낼 수 있다'

이 두 가지 교훈을 책 읽을 시간 확보의 가르침으로 받아들이고 다음 질문을 던졌다.

경제경영서와 인문서의 황금비율

직장인들이 시간 확보의 문제 외에 독서를 시작하는 데 가장 어려움을 겪는 부분은 아마도 도서 선정에 대한 것이리라. 과연 어떤 책을 어떻게 읽어야 피가 되고 살이 되는지 그에게 들어보고 싶었다.

일단 신씨의 독서패턴을 물었다. 신씨는 전체 독서의 70퍼센트를 경제경영서를 읽는 데 할애한다고 한다. 나머지 30퍼센트는 인문서를 읽는다. 책 읽는 방식은 철저한 다독주의. 정독을 하더라도 잊어버릴 수 있으므로 최대한 많이 읽어서 가능한 한 기억에 많이 남기자는 주장이었다.

그가 독서를 시작한 것은 직장생활 초기부터였다. 처음에는 거의 실용서 위주로 읽었는데, 3년쯤 지나면서 체계적으로 읽는 수준으로 업그레이드되었다고 한다.

"막연하게 실용서를 우습게 보시는 분들이 많은데, 저는 실용서로 자신을 많이 바꿀 수 있었어요. 자기계발서를 통해서 자기가 부족한 점을 깨닫는 효과가 예상 외로 커요. 세세한 기술을 익히기 전에 자신이 부족한 점은 무엇이고, 이를 개선하는 게 가장 중요한 사실이라는 점을 알게 되는 거죠. 실용서가 가벼워보여도 자기 자신을 바로 보는 시각을 갖게 되는 중요한 변화의 시작점이 될 수 있어요."

이것저것 온갖 실무지식이 필요한 젊은 직장인들에게 실용서는 독서를 시작하는 데 좋은 길잡이가 될 수 있다고 그는 강조했다. 실제 그는 생활에서 새로 접하게 되는 여러 가지 항목들을 책으로 미리 읽어보는 것이 습관화되어 있었다. 인터뷰 보름 전에 첫 딸이 태어났는데 출산 전부터 아내와 함께 임신과 육아에 대한 책을 읽었다고 한다.

"아내와 함께 읽으니까 책이 가정생활에서 중요한 활동으로 자리 잡게 됐어요. 책이 우리 가족에게 주는 장점과 의미를 서로 공유한다는 느낌과 기분이 정말 소중해요."

그가 보기에 책을 읽어서 생기는 가장 중요하고 놀라운 효과는 바로 '통찰력'이다. 통찰력은 책을 읽으면서 절로 얻는 보상이지만 장기적이고 계획적인 독서로 이를 훨씬 더 많이 키울 수 있다고 한다. 실용서는 그런 과정의 일부로 전체 독서 속으로 녹아든다.

"독서를 하면서 얻은 이런저런 지식들로 큰 그림을 그려보는 것이 독서가 주는 가장 좋은 점이에요. 그렇게 마음속에 그려보는 큰 그림에 지금 진행되는 상황을 비교해보면서 지금이 올바른지 아닌지 판단할 수 있는 시각을 갖게 됩니다."

초보 팀장인 그에게 책의 이런 효과는 무척 중요하게 작용한다고 한다. 리더나 관리자의 위치로 접어들면서 새로운 경험과 영역을 만나면 실감하는 내용들이다. 그는 요즘 리더십, 조직관리, 팀 내 커뮤니케이션, 동기부여 등에 대한 책들을 읽고 있지만, 당장 써먹을 요령을 얻기 위한 것은 아니라고 말한다.

"책이 정답을 가르쳐주지는 않아도 기준은 제시해주거든요. 이 길이 맞는지 아니면 다른 길로 가야 하는지, 간다면 어떤 식으로 가야 하는지를 여러 사례들을 통해 보여주니까요. 직장인에게 독서가 주는 최고 이점은 간접경험이에요. 능력을 향상시키기 위해서는 직장에서 직접경험하는 것 이상의 지식과 기술, 경험이 필요한데 결국 독서 외에는 이를 공급받을 방법이 없어요."

신씨는 스스로 알게 된 간접경험 체득법을 들려줬다. 바로 특정 분야의 책을 집중적으로 읽는 것이다.

"누구나 그렇겠지만 경제경영서는 대학을 졸업한 뒤에 읽기 시작했어요. 경제경영서나 실용서는 사실 비슷비슷한 경향이 강해요. 그래서 비슷한 책들을 한꺼번에 읽으면 바로 흐름을 알 수 있죠. 전략에 대한 책 한두 권 읽는다고 뭐가 달라지겠느냐 싶으실 텐데, 실제 읽어보면 제법 달라집니다. 전략 관련 도서를 많이 읽으면 회사 전략이나 다른 회사들의 고민거리 같은 것들이 조금씩 보이죠. 겉으로 드러나는 것들의 이면에 대해서 생각하는 힘이 커진다고 할까? 바닥에 깔리는 것들을 보는 힘을 키우는 거죠."

그는 이렇게 철저히 전략적이고 실용적으로 책에 접근하기 시작했는데 이후 점점 인문서에 대한 관심이 커져갔다고 한다. 인문서,

특히 고전이 오히려 실용적인 도움을 많이 준다고 강조했다.

"고전이 실용적이라는 게 생소하게 들릴 수도 있어요. 그런데 따져보면 우리가 늘 겪는 문제들이 사람들과의 문제잖아요. 사람에 대한 것이라면 인문학이나 고전 책들에 더 많이 있어요. 그래서 읽다보면 생각보다 훨씬 재미있죠. 자기계발서는 인간관계에 대해 구체적이고 실제적으로 알려주는데, 인문서들은 인간관계에 대해 근본적인 부분을 다뤄요."

신씨는 실용서를 많이 읽다보면 자연스럽게 인문서를 찾게 될 거라고 설명했다. 쉽고 도움이 되는 실용적인 책을 읽을 때도 있지만 어렵고 진도가 안 나가도 하루 한 페이지를 읽는 식의 책읽기를 하고 싶을 때도 있는 법이다. 자연스럽게 다른 책도 읽고 싶어지므로 책읽기의 패턴을 달리하여 이책 저책을 병행하게 된다는 것이다.

신씨는 무작정 어려운 책, 딱딱한 고전을 붙잡고 씨름하기보다는 고전을 정리해준 책들을 찾아보는 것도 좋은 방법이라고 권했다.

"저는 구본형 저자의 《사람에게서 구하라》가 좋았어요. 쉽게 접할 수 있는 책이면서 고전에서 보이는 사람에 대한 지혜를 읽을 수 있거든요. 이런 책들이 많이 나오면 좋겠어요."

책읽기에 도전하는 직장인들이 도서를 선정할 때 또 주의해야 하거나 흔들리지 말아야 할 점이 있는지 물었다. 그는 "베스트셀러를 무시하라"고 했다.

"베스트셀러나 요즘 뜨는 소설을 읽지 않으면 '내가 독서 트렌드에 뒤처지나보다' 하는 생각이 들기 쉬운데 이런 생각 자체를 버리는 게 중요해요. 절대 그렇지 않거든요. 그런 책들은 본질적인 도움을 준다기보다는 요즘 관심거리인 책들일 뿐이에요. 차라리 빤한 자기계발서가 더 확실한 도움을 줄 수도 있어요. 요즘에는 우화 소설 방식의 자기계발서들이 많이 나오는데 그런 식으로 관심 분야를 찾아 시작하는 것이 좋을 거예요. 쉬운 책을 보다가 스테디셀러로 나가면 실패할 가능성이 줄어들어요. 베스트셀러보다는 스테디셀러를 눈여겨보세요."

책읽기를 시작한 이들에게 그가 주로 권하는 스테디셀러 4권을 추천했다. 우선 책과 친해지기 좋은 책으로는 검증된 베스트셀러인 《배려》를 권했다. 또 직장인 대부분이 막막해하는 마케팅 입문서로는 《마케팅 천재가 된 맥스》를 추천했다. 우화 형식이어서 전체를 세세히 가르쳐주지는 않지만 개념을 효과적으로 일러준다고 했다. 《새로운 미래가 온다》는 빠르게 바뀌는 세상에서 개인이 어떤 능력을 갖춰야 하는지 살펴보게 해준다고 추천했다. 해외근무에 관심이 많은 이들에겐 동서양 사고방식 차이를 들여다보는 책인 《생각의 지도》가 좋다고 꼽았다.

한 권의 책을 여러 시각으로 읽는 법

마지막 질문은 자연스럽게 그가 만든 독서클럽에 대한 것으로 이어졌다. 아무리 책을 좋아해도 인터넷 독서클럽까지 만든다는 것은 쉽지 않아 보였다.

신씨가 클럽을 개설한 것은 똑같은 책을 놓고도 사람마다 전혀 다른 교훈, 다른 느낌을 얻는다는 것을 깨달았기 때문이라고 한다.

"유통에 대한 책을 한 권 읽었는데, 제가 그 책을 읽고 느낀 것하고 실제 유통분야에서 일하시는 분이 느낀 것이 많이 다르더라고요. 저는 이 부분이 좋았는데 그분은 전혀 다른 부분이 좋다고 하셔서 무척 놀랐어요. 그런데 이런 차이는 실제로 그 책에 대한 이야기를 나눠보지 않고는 알 수가 없어요. 같은 책을 읽은 다른 사람들과 이야기를 해보면 예상보다 많은 것을 들을 수 있습니다. 그런 이야기들이 제게 새로운 지식과 시각을 가르쳐주는 거죠. 책 한 권을 놓고 여러 명이 이야기를 하다보면 마치 여러 권을 읽은 것 같은 느낌이 들어요. 그런 경험을 하고 나서 독서클럽을 만들었어요."

신씨는 2003년 지금의 독서클럽인 '직장인을 위한 책읽기'를 만들었다. 기존 독서카페들은 문학을 주로 다루고 있었고, 회원의 폭이 넓어 읽는 책의 주제와 목적도 너무 넓게 퍼져 있다는 생각이 들었다. 그래서 자신처럼 경제경영서에 관심이 많은 직장인들이 주축이 되어 그들에게 필요한 책을 다루는 클럽을 만들게 됐다. 당시만 해도 실용도서를 중심으로 한 독서카페는 없었다. 신씨가 이 독서클럽을 만들자 비슷한 갈증을 느꼈던 회원들이 모여들어 이제는 제법 유명 독서클럽이 됐다.

인터뷰는 그리 길지 않았다. 하지만 첫 인터뷰라는 긴장감으로 두 어깨가 뻐근한 느낌이 들었다. 단기속성 과정으로 책에 대한 족집게 강의를 단숨에 듣고 난 것 같았다.

인터뷰를 마치고 생각해봤다. 실용서란 것이 예상 외로 많다는 것은 이미 알고 있었다. 그러면 나는 그런 책들을 얼마나 읽어봤을까? 사실 나는 실용서를 제대로 읽어본 적이 없다. 그러면서도 실용서는 빤한 책, 날림으로 만든 책, 사람을 도구로 보게 만드는 반인성적인 책이라고 넘겨짚어왔다는 생각이 들었다.

따지고 보면 실용서처럼 사람들에게 확실하게 도움을 주겠다는 목적으로 만들어진 책도 없다. 게다가 오랫동안 많은 사람들이 찾는 실용서라면 분명 장점이 많을 것이나. 신씨는 그렇기 때문에 책을 고를 때는 베스트셀러가 아니라 스테디셀러를 찾아보라고 권했다. 실용서를 읽으면 인문서도 자연스럽게 읽게 될 것이라는 신씨의 이야기는 특히 솔깃하게 들렸다.

매년 한 분야의 전문지식인이 되는 법

신성석 씨의 독서법 가운데 직장인들이 쉽게 벤치마킹해볼 만한 것이 있어 소개한다. 보통 책읽기 습관을 들이기 위해 시작을 어떻게 하느냐를 고민하다가 포기해버리는 경우가 많은데, 이 방법을 활용하면 꾸준히 독서습관을 들일 수 있을 것이다.

신씨는 매년 특정 분야를 정해서 관련 도서들을 찾아 한꺼번에 여러 권을 구입해 몰아서 본다. 특정 분야에서 전문지식인이 될 수 있는 집중적 독서법으로, 책읽기 초보자에게 동기부여적인 측면에서 효과적인 방식이다. 그 구체적인 방법은 다음과 같은 단계를 따른다.

- · 특정 분야 결정하기
- · 분야 스테디셀러 찾아 읽기
- · 분야 전문가 리스트 확보
- · 그 전문가들의 대표 저서 읽기
- · 분야 신간을 읽고 현재 트렌드와 이슈 파악하기

신씨의 경우, 매년 임의로 한 분야를 결정한다. 뚜렷한 기준을 가진 것은 아니지만 자신이 관심이 있는 분야를 결정하는 것이 더

끈기 있게 책을 읽을 수 있는 방법이다.

지난해 그는 '심리학'을 주제로 잡았다. 심리학 분야 스테디셀러 인《스키너의 심리 상자 열기》를 보면서 심리학에 관심이 높아져 골랐다. 이 책을 읽으면서 그는 심리학을 다양한 분야에 적용할 수 있을 것 같다는 생각이 들었다. 심리학 분야 스테디셀러를 찾아서 읽고 그 분야 전문가 리스트를 만들어 그들의 내표 서서도 찾아 읽어보았다. 그리고 분야 신간을 읽고서 심리학계 현재 트렌드와 이슈를 파악했다. 시대순으로 개론서를 나눠서 같이 읽는 것도 효과적인 실용독서법이다.

독서모임으로 사람을 배우다

김창근

신성석 씨와 인터뷰하면서 놀랐던 것이 있다. 책읽기도 쉽지 않은데 온라인 독서클럽에 가입하는 것은 물론 오프라인 독서모임까지 찾아다니는 열성적인 직장인 독서가들이 생각보다 훨씬 많다는 점이다. 아무리 좋아도 책이란 본래 혼자서 조용히 즐기는 것인데, 도대체 독서모임에까지 나가는 이유는 뭘까? 잘 모르는 사람들끼리 모여서 책을 주제로 이야기하는 것은 과연 어떤 즐거움을 주는 걸까?

특히 어느 정도 직장생활을 한 30~40대 이상의 책쟁이들이 아니라 오히려 20~30대 초반 젊은 직장인들이 독서모임 회원의 주를 이루고 있다는 점도 흥미로웠다. 한창 직장생활 적응에, 연애에, 다른 온갖 새로운 즐길거리에 시간을 쪼개기에도 바쁠 시기에 책읽기라는 고전적이기 짝이 없는 취미에 빠지는 젊은이들이 많다는 것이 새삼 놀라웠다.

독서모임에서는 보통 읽을 책을 미리 정한 후 그 책에 대해 이야기한다. 대학시절 선배들에게 말로만 듣던 80~90년대 세미나 모임이 연상되는 방식이다. 이런 모임에 열성적으로 참여하는 요즘 젊은 세대들은 어떤 이들인지, 무엇을 이야기하면서 어떤 교훈을 얻어가는지 한번 만나서 들어보기로 했다.

인터넷에서 우선 대형 독서클럽들을 뒤지고 회원들을 섭외했다. 그렇게 해서 젊은 독서가 김창근 씨를 만났다. 김씨는 싸이월드 독서클럽 '책이랑, 책으로 만나는 사람과 사람들(withbooks.cyworld. com)' 운영자에게서 소개받은 사람이었다.

이 클럽을 처음 접하고서 가장 놀랐던 것은 회원들의 숫자였다. 무려 6만 6천여 명! 김창근 씨는 이 모임의 하부조직인 '강남 직장인 독서토론 모임' 운영자를 지냈다. 조직이 워낙 크다보니 그 정도로 세분화되었다고 한다.

김씨를 만나기 전 나는 멋대로 김씨를 한번 상상해봤다. 경제신문사 직원, 30대 초반이란 나이에 책읽기에 열심인 사람이라면 무서울 정도로 자기계발을 하는 빈틈없는 신세대 직장인의 전형이 아닐까? 아니면 독서모임의 운영자까지 지내며 전면에 나선 것으로 볼때 오히려 책읽기에서 낭만을 추구하는 사람?

텍스트만 읽는 갈증을 토론으로 풀다

실제로 만나본 그는 미혼의 서른살 청년이었다. 예상대로 건실한 직장인이었다. 책읽기로 훌륭한 사회인이 되겠다는 긍정적인 의지가 한눈에 느껴졌다. 그 또래의 독서가들처럼 실용서를 많이 읽는 사람이기도 했다.

일단 나는 김씨에게서 3년 동안 강남 직장인 독서토론 모임의 운영자를 맡았던 이야기를 듣고 싶었다. 그는 당시에 독서클럽이 막 생겨나기 시작하던 때라 인터넷으로 검색해보고 가입했다고 말했다. 인터넷 독서카페는 온라인에 감상평을 써서 올리거나 다른 사람들의 것을 읽으며 배우는 것은 많지만 직접 만나 대화하는 것은 활성화된 편이 아니었다. 반면 독서클럽은 오프라인 모임이 주된 활동이라서 재미있을 것 같아 바로 가입했다는 것이다.

그가 운영자로 있는 독서토론 모임의 회원들은 매주 모여서 독서토론을 한다. 매주라니, 바쁜 직장인들이 그렇게 자주 만날 수 있을지 의문이 생겼다. 게다가 토론을 매주 한다고 하면 모임이 좀처럼 쉽게 유지가 되지 않을 것 같았다. 하지만 이야기를 들어보니 꼭 그런 것만은 아니었다.

이 모임의 토론은 어떤 특정한 책을 정해서 이야기하는 것이 아니라 주제를 정하는 점이 특징이다. 회원들이 주제를 정하면 그 주제에 맞는 책을 각자 골라서 읽은 뒤 매주 모임에 나와 서로에게 추천해주는 방식이다. 이런 점에서 다른 독서토론 모임들과는 차이가 있었다. 누구나 부담 없이 책을 들고 나와서 자기가 읽은 책을 권하고, 다른 사람들이 읽은 책을 소개받는 것이 바로 이곳에서의 '토론'이었다.

물론 우리가 생각하는 일반적인 토론을 할 때도 있다. 매달 마지막 주 모임에서는 그렇게 서로 추천한 책들을 읽어본 뒤 각자 생각을 나누는 토론에 가까운 이야기를 나눈다.

"'이 책 가지고 토론해봐!'라고 하면 정말 부담스럽고 무섭죠. 발표를 해야 한다는 생각을 하니까요. 그런 부담스럽고 힘든 토론을 하지 말자는 겁니다. 저희는 그냥 매주 모여서 좋은 책을 서로 소개해줍니다. 책 읽는 사람들에게 가장 즐거운 게 자기가 읽고서 좋았던 책을 남들에게 소개하는 거잖아요. 자기가 주제에 맞게 읽은 책을 들고 나와서 난 이래서 좋았다는 식으로 느낌을 편하게 전하는 것이 목적입니다."

마지막 주 독서토론도 부담 없이 1시간 정도 이야기하는 것으로 끝낸다고 한다. 이야기를 듣고 보니 그 정도면 누구나 한번 해볼 수 있겠다 싶었다. 책을 고를 때 항상 어려운 것이 '내가 제대로 된 책을 고르는 것인가?'라는 불안감 때문인데, 이런 모임이 있다면 좋은 책을 추천받기 쉬울 것 같다는 생각도 들었다. 실제 이런 장점 덕분에 독서토론이란 딱딱하기 짝이 없는 취지와 부담스러울 수 있는 모임 횟수에도 불구하고 2년 넘게 이 시스템이 이어지고 있다고 한다. 모임은 매주 선착순 15명을 신청받는데 이 이상이 모이면 장소 확보 등이 어렵기 때문이다. 매주 수요일 7시에 모여 10시쯤 끝난다.

모임에서 서로 소개할 책 주제는 김씨가 주로 정하는 편이라고 한다. 때로는 '봄' '노란색' 등 추상적인 것을 정할 때도 있다. 인터뷰 바로 직전 모임에서 정한 주제는 '갈증'이었다고 한다.

"추상적으로 정해도 모임에 나올 정도의 분들이면 어떤 식으로든 책을 정해서 읽고 오셔서 추천을 해주세요. 지난번에는 '갈증'을 주제로 자기계발서나 여행서를 들고 오신 분들이 여럿 계셨어요. 그 만큼 자기계발에 대한 갈증, 여행에 대한 갈증이 있다는 이야기죠. 갈증이 강할 때 찾아서 읽고 좋았던 책인 만큼 확실히 추천할 만한 책들이 많았어요. 그런 점이 좋아서 계속 모임에 나가고 모임 운영자 까지 하고 있습니다."

김씨는 사람들이 독서클럽까지 나오는 이유도 바로 갈증 때문일 것이라고 말한다. 모임에는 각자 자기가 관심 갖는 분야에 대한 갈증 이 작용한다는 것이다. 그 역시 그런 갈증을 적극적으로 해소하려는 사람이었다. 주말에 별 약속이 없으면 김씨는 혼자 커피숍에 앉아 서 너 시간씩 책을 읽는다고 한다. 그는 정말 책에 대한 갈증이 대단해 보였다.

직장인에게 독서는 쉼터다

독서모임에 대한 이야기를 들었으니 이번엔 김창근 씨 개인의 독서생활에 대한 이야기로 옮겨봤다. 실용서를 많이 읽는 젊은 독서 가임에는 틀림이 없지만 그럼에도 그는 책의 실질적인 쓸모와 도움 에 대해서는 슬쩍 언급하는 정도에 그치고, 오히려 정서적 측면을 집 중적으로 이야기했다. 한창 자기계발에 목을 맬 서른의 직장인으로 서는 의외의 모습이었다. 독서모임에 열심히 참여하는 것 역시 실질 적인 실용성보다는 정서적 측면에서 좋은 자극이 되기 때문이라고 한다.

김씨는 책을 천천히 정독하는 스타일이었다. 물론 '○○년 안에 ○○원 벌기' 식의 실용서도 직장생활을 위해 읽지만 주로 읽는 분야는 이와는 다른 교양서들이다. 그는 역사서 같은 묵직한 책들과 기분전환을 위한 소설을 교대로 읽는다. 이렇게 두 가지 책을 번갈아가며 읽는 것이 그의 독서원칙이었다.

출퇴근용 책은 자연스럽게 소설로 정해졌다고 한다. 그는 특히 일본소설을 즐긴다. 대신 2~3시간씩 시간을 내서 제대로 읽는 독서 시간에는 역사서나 철학책 같은 어려운 책들을 읽는다.

이런 책들은 당장 자기계발과는 상관없어 보여도 오히려 직장인으로 살아가는 데 훨씬 더 즉각적이고 확실한 효과를 준다는 것이 김씨의 지론이다. 바로 '감정순화'라는 효과다. 삶 속에서 겪게 되는 다양한 스트레스가 만만찮은데 소설 등을 읽음으로써 이를 씻어내는 것이 가장 확실한 독서의 즐거움이라고 김씨는 강조했다. 그래서 남들에게 추천하는 책도 주로 소설이라고 한다.

김씨는 젊은 나이에도 독서에 대한 주관과 철학이 분명했다. 그것이 바로 책이 그에게 준 커다란 힘처럼 보였다. 그가 이렇게 열심히 책을 읽는 본질적인 이유를 물었다. 그는 '여유' 때문이라고 대답했다.

"제가 실용서를 읽기는 하지만 좋아하지 않는 것은 삶을 빡빡하게 만드는 측면이 있어서거든요. 항상 빠르게 살아야 한다는 강박관념도 부담스러워요. 회사생활을 하더라도 자기만의 삶을 찾는 게 중요하다는 생각을 늘 합니다. 그런 점에서 취미가 필요한데 책 읽는 것이 제겐 취미가 되어준 거죠. 책을 읽으면서 가장 좋은 것은 책을 읽으면 읽을수록 여유가 생기는 점이에요. 책을 읽으면 그나마 있던 시간이 줄어든다고 생각하기 쉬운데, 오히려 시간의 여유가 더 많이 생겨요. 그런 점에서 책은 제 생활을 찾게 해주는 중요한 취미이기도 합니다."

김씨는 많은 직장인들이 소설은 당장 쓸모가 없고 자기계발서는 무게감이 떨어지는 것 같다면서 꺼리는데, 오히려 이런 책들이 처음 독서를 시작하게 해주는 효과가 크다고 강조했다. 앞서 만났던 신성석 씨의 말과 일맥상통하는 부분이다.

"사람들은 정말 시간이 없잖아요. 그런데도 읽기 시작하려면 어떻게 해야 할까요?"

내가 생각해도 답이 없는 질문 같았다. 그런데 그의 대답이 내 뒤통수를 쳤다.

"마음의 여유란 게 책을 읽을수록 더 많이 생겨요. 책을 안 읽으면 내 생활이 없어져요. 책을 읽지 않을 때는 시간 여유가 더 없었어요. 그런데 오히려 책을 읽을수록 제 생활을 더 많이 갖게 됐어요. 책을 읽으면 여유가 생겨서 마음가짐이 달라지거든요."

그의 얼굴에는 확신이 가득했다. 나보다 어린 후배가 아니라 진지한 선생님과 면담하는 기분이 들었다.

남들에게 추천하는 독서요령이 있다면 귀띔해달라고 그에게 부탁했다. 김씨가 권한 책과 친해지는 방법은 어린 시절 좋아했던 책을 어른이 되어 다시 읽는 것이었다. 새롭게 독서를 시작하는 사회생활 초년병들에게 특히 이 방식은 효과적일 듯했다. 김씨 자신이 그렇게 다시 읽은 책은 《나의 라임오렌지나무》였다고 한다.

"어릴 때 좋아했던 책을 다시 읽어보세요. 읽기 전에는 어린 시절로 되돌아가는 듯한 흥분과 기대감을 줘요. 무척 행복한 순간이죠. 그런데 막상 읽기 시작하면 놀라게 되죠. 어릴 때 읽었던 느낌과 지금 읽은 느낌이 완전히 다를 수가 있거든요. 그럴수록 책에 대한 생각이 달라지게 돼요. 생각에 따라 처지에 따라 같은 책이라도 매우 다르게 다가오는 것을 실감하면서 무척 많은 걸 느끼게 됩니다."

책을 통해서 여유를 찾는 그의 모습에서 힘들고 고단한 우리 직장인들의 모습을 엿볼 수 있었다. 그리고 그런 각박함을 이겨내는 가장 손쉽고 확실한 방법이 독서란 점도 확인할 수 있었다. 책읽기 자체가 삶 속에서 윤활 작용을 해주는 중요한 수단이란 점을 김씨는 몸소 체험하고 있었다. 책으로 여유를 되찾고, 그 여유로 다시 한번 생활 속에 윤기를 보충하는 것이다.

김씨와의 만남은 또한 독서모임에 대해서도 다시 한번 생각해보게 만들었다. 앞서 말했지만, 책을 추천받는 가장 좋은 방법이 바로 독서모임이란 점이 마음을 잡아당겼다. 직접 책을 읽은 사람들과 이야기하는 것은 남이 쓴 독후감, 블로그 서평만으로는 부족한 부분을 해결해준다. 나 역시 주변 사람들에게서 그런 자극과 정보를 얻지만 이를 습관화, 상시화하려는 생각까지는 못했다. 독서모임에 나가는 것에 대해 막연히 '너무 유난스럽지 않을까?'라고 생각한 내 자신이 우스웠다.

김씨와 인터뷰를 마치고 돌아오는 길, 나는 책읽기 스승에는 나이가 없다는 생각을 했다. 다른 것은 나보다 어린 후배에게 배우면 마음이 좀 편치 않을 수도 있을 텐데, 책의 경우에는 달랐다. 그가 권한 책들을 받아 적는 것 자체가 즐거웠다. 에쿠니 가오리의《냉정과 열정 사이》를 읽은 공통점만으로도 처음 만난 김창근 씨와 즐겁게 수다를 떨 수 있었다. 바로 그런 느낌 때문에 사람들은 독서모임에 가는 것이리라.

군대 가서 책 읽은 이야기

장혁종

책벌레들은 다 비슷한 걸까? 두 책쟁이들을 만나서 든 생각이었다. 그들은 무척이나 비슷해보였다. 차분하고 조리 있었다. 생각이 뚜렷했고 펼쳐나가는 이야기에 흔들림이 없었다. 제일 인상적인 것은 미리 생각을 해놓았을 리도 없는데 질문에 척척 근사한 대답이 나오는 점이었다. 그런 점에서 우리가 흔히 책벌레라고 예상하면 떠오르는 인상을 크게 넘어서지 않았다.

그러나 원래 그런 스타일들만 책벌레가 될 수 있는 것이 전혀 아니었다. 세 번째 인터뷰를 한 장혁종 씨를 만난 뒤 나는 어떤 성격을 가지고 있든 책벌레가 될 수 있다는 것을, 누구나 책과 한번 친해지기만 하면 생각보다 쉽게 책벌레가 될 수 있음을 실감했다.

누구나 독서광이 될 수 있다

올해 스물아홉살로 고등학교 지리 교사 4년차인 장혁종 씨는 차분한 책상물림 스타일이 아니었다. 오히려 에너지가 넘치는 활동가 타입에 가까웠다. 차분히 방에 앉아 책을 읽는 모습보다는 열심히 자연을 누비거나 왕성하게 단체활동에 참가할 것 같았다. 그런데 책벌레에다 교사라는 직업도 의외였다.

그러나 교사라면 왠지 책과 친할 듯한, 아니 친해야만 할 것 같은 직업 아닌가? 그러니 책벌레가 될 법도 싶었다. 그런데 그것도 아니라고 한다. 그는 책읽기에 대해 인터뷰를 하게 된 것이 무척 재미있어 웃음까지 나온다고 말했다. 그는 책에 빠져들기 전까지 일생 동안 읽은 책이 5권 정도였을 정도로 책과는 지독하게 담쌓은 사람이었다. 그랬던 그가 이젠 책벌레가 되어 인터뷰를 하는 게 자신이 생각해도 놀라워서 웃음이 난다는 것이었다.

그러면 어떻게 그는 갑자기 책과 친해지게 된 것일까? 대답은 의외였다. 여자인 나로서는 전혀 짐작조차 어려운 '군대'가 바로 그 계기였다. 그는 군대에서 책과 가까워지게 됐다고 한다. 군대 가서 축구한 이야기는 많이 들었어도 군대 가서 책 읽었다는 이야기는 처음이었다.

장씨가 군에서 맡은 보직은 운전병이었다고 한다. 문제는 운전병이 그에겐 무척 괴로운 보직이었다는 점이다. 운전병 업무의 특징은 어디를 가든지 대기하는 시간이 많은 것이다. 남들은 그만 한 보직이 없다고 부러워했지만 에너지가 넘치는 그에게는 무료하게 기다리며 시간을 보내기가 정말 힘들었다고 한다. 군용차에는 텔레비전은 물론 라디오조차 없었다. 잠도 없는 편이어서 낮잠 자기도 쉽지 않았다. 하도 지루해서 그가 자연스럽게 집어든 것이 바로 책이었다. 목적은 오로지 '시간 때우기'.

그는 정말 책읽기밖에 할 것이 없어서 아무 책이나 읽기 시작했다고 한다. 그런데 너무나 심심했던 탓인지 전에는 지겹고 따분하기만 했던 책이 무척 재미있었다. 내무반에 있는 책을 하나하나 읽어가기 시작했다. '생각보다 책이란 게 읽을 만하다' '나 같은 사람도 책을 읽을 수 있다'는 것을 서서히 깨닫게 됐다. 그러다가 그가 작정하고 책읽기에 빠져들게 만든 책이 나왔다. 지금은 국회의원이 된 홍정욱 씨가 하버드 유학생 시절 쓴 《7막 7장》이었다. 책 한 권이 사람 한 명을 바꾸는 순간이었다. 그가 스물두살 때였다.

"워낙 책을 안 읽었기 때문이었는지는 모르겠지만 그때 한방 맞은 느낌이었어요. 그전까지만 해도 저는 다른 사람에게 관심이 없었어요. 제 자신에게만 관심이 있었죠. 남들에게 관심이 없으니까 더 책을 안 읽었던 건지도 모르겠어요. 아마 군대가 아니었으면 그 책을 읽지도 않았겠죠. 읽을 게 없어서 읽었는데 처음으로 다른 사람의 삶, 다른 사람의 이야기를 간접적으로 본 거예요. 그러면서 제 삶과 비교를 하게 된 거죠."

비교는 자각을 낳았다. 책의 주인공 홍정욱과 비교해본 운전병 장혁종의 삶은 너무도 답답했다. 자기 스스로 그렇게 답답한 삶을 만든 것이었다. 장씨는 그때 실존적 반성을 했다. 그리고 지금까지와 다르게 살자는 결심을 했다. 당장 새로운 변화가 몸에 뱄다. 책을 읽는 것이었다. 장르를 불문하고 내무반에 있는 책을 닥치는 대로 읽으면서 장씨는 책벌레가 되어갔다. 독서 속도가 점점 빨라지면서 하루에 한 권을 읽을 정도가 됐고, 소속 중대에 있는 책을 거의 다 읽는 바람에 옆 중대까지 책을 빌리러 다녀야 했다.

오래 지나지 않아 '내 인생의 두 번째 책'이 찾아왔다. 이번에는 소설이었다. 움베르토 에코가 쓴 《장미의 이름》이었다.

"《장미의 이름》은 지금의 저를 만들어준 책이에요. 이 책을 읽은 뒤 저의 책읽기가 바뀌었어요. 책을 제대로 읽도록 이끌어준 고마운 책입니다."

《장미의 이름》은 영화로 만들어졌을 만큼 유명한 소설이다. 추리소설 형식이어서 누구나 흥미를 갖게 되는 책이다. 그럼에도 불구하고 이 책은 인내심을 테스트하는 것처럼 어려워 읽다가 포기하게 되는 책으로도 악명이 높다. 중세 기독교 어휘들이 난무하기 때문이다. 장씨에게도 당연히 어려웠다. 그러나 장씨는 이 책과 싸움하듯 버티고 버티면서 다 읽었다. 다른 책을 읽는 것보다 몇 배나 되는 시간을 들인 마라톤 같은 책읽기였다.

그런데 뜻밖에도 어려운 책을 읽어냈다는 성취감보다 책을 읽은 뒤 남은 불만스러움과 아쉬움이 더 많았다. 다 읽었는데 내용을 이해할 수 없었던 것이다. 자존심이 상한 20대 초반의 씩씩한 대한민국 군인 장씨에게 오기가 불끈 치솟았다. 다시 한번 읽어보자고 도전장을 냈다. 이번에는 성경책까지 옆에 끼고 참고해가며 읽기 시작했다.

두 번째 이 책을 읽게 되자 앞서 느끼지 못한 재미를 느끼는 새로운 경험이 시작됐다. 분명 다 읽었는데도 처음 읽을 때 보이지 않았던 부분들이 눈에 들어온 것이다. 보면 볼수록 '아, 이런 게 있었네' '이래서 그 다음 이야기가 이렇게 됐던 것이었군'이라면서 고개를 끄덕이게 됐다. 당연히 더 재미가 있었다. 결국 장씨는 이 책을 네 번이나 읽었다. 읽을 때마다 느낌이 달라지는 재미에 읽고 나면 다시 읽고 싶은 마음이 반복됐다.

"내가 도전하고자 목표를 정해서 처음으로 성공했던 경험이었어요. 그 다음부터는 어려운 책을 읽는 게 두렵지 않았어요."

이후 장씨는 움베르토 에코의 책을 모두 찾아서 읽게 됐다. 그뿐만 아니라 책에 대한 생각도 완전히 바뀌었다. 아니, 새로 정립됐다. 그는 가리지 않고 책을 읽기 시작해서 거의 모든 것을 책을 통해 배워보자고 결심했다.

일상을 재편한 독서습관

군대에서 만난 책은 그를 새롭게 바꿨다. 어려울 때에도 책이 힘이 되어주었다. 임용시험 준비로 힘들고 괴로울 때 마음을 잡으려고 달려든 것은 그가 운영하는 독서클럽 '책이 마르기 전에'다.

"독서클럽을 만들겠다는 생각보다는 혼자 꾸준히 독후감을 올려보자는 것이 발단이었어요. 사람들이 들어와서 제가 읽은 책에 대해서 쓴 글을 올리거나 논평을 달아놓는데, 같은 책을 놓고 남들이 쓴 것을 비교해보니까 참 재미있었습니다. 제가 그 책에서 못 본 것을 얻는 거죠."

그렇게 조금씩 정성을 더 쏟아 관리하면서 클럽은 점점 덩치가 커졌고, 장씨가 독특하고 재미있는 소설책을 추천한다는 입소문이 퍼지면서 지금은 회원이 3,200명에 이르게 됐다.

장씨는 책으로 자기 자신의 모든 것이 바뀌었다고 말했다.

"한국사회에선 얌전한 사람이나 책을 읽는 것이라고 여기는 경향이 있어요. 저는 얌전하지 않거든요. 노는 것도 좋아하고 성격이 매우 활발합니다. 그런데 책을 읽고 난 뒤에 제가 얌전한 사람들의 이미지까지 얻게 됐어요. 저는 사실 그대로인데 제게 진지한 면까지 새롭게 더해진 거죠."

처음에는 그가 인터넷 독서클럽을 한다니까 웃었던 친구들이 이제는 그에게 책을 추천해달라고 부탁한다. 그가 생각해도 대단한 변화다. 독서는 그의 직업에도 아주 직접적인 도움이 되고 있다. 지리 교사로서 수업에 가장 크게 보탬이 되는 것이 바로 책이다.

"독서의 좋은 점은 다양하게 생각이 뻗어나가게 되는 점이라고 봐요. 저는 원래 한 가지만 생각하고 한 가지 일만 할 수 있었는데, 책으로 다양한 것을 접하면서 생각이 여러 곳으로 펼쳐지는 거죠."

이런 것들은 지리 수업에서 아주 중요한 밑천이 된다고 한다. 장씨는 지리 교사인 만큼 세계 여러 나라의 문화나 역사에 대한 책들을 찾아 읽는다. 이런 이야기들을 수업시간에 활용하면 학생들의 지리에 대한 흥미를 높일 수 있기 때문이다. 이렇게 책에서 읽은 세계 각

국의 역사 이야기나 유명한 위인들의 이야기를 수업 레퍼토리로 많이 활용한다. 해줄 이야기가 너무 많아서 다 못할 정도라고 한다.

이런 경험은 그를 더욱 책에 빠져들게 한다. 그는 모든 책에서 장점만 보인다고 한다. 외국어 수업은 물론 운동을 할 때도 책을 통한 공부를 곁들인다.

"책 쓴 사람들이 대단한 이유는 자기 생각뿐만 아니라 방대한 자료를 모아서 핵심만 추려주기 때문이라고 생각해요. 독자는 저자처럼 방대한 자료를 토대로 분석하지 않아도 저자의 생각과 메시지, 그가 전하는 정보를 책 한 권으로 얻을 수 있으니 좋죠."

장씨는 시간을 정해 책을 읽는다. 하루 독서시간은 무려 2시간 30분. 아침 7시부터 1시간, 점심시간에 빨리 식사를 하고 남는 30분, 밤에 잠들기 전 1시간 동안 책을 읽는다. 여기에는 이유가 있다. 이렇게 정해서 읽는 것이 생활에 틀을 잡아주기 때문이다. 책읽기를 도구로 생활을 규칙적으로 유지하려는 전략이다.

그는 서평 역시 꾸준하게 쓴다. 서평을 쓸 때의 원칙은 분명했다. 일단 읽은 책에 별점을 매긴다. 장씨의 별점 기준은 이렇다. 만점은 별 5개로 '최고의 책'이다. '추천할 만한 책'은 별 4개, 별 3개는 '보통'이다. 2개는 '너무했다', 1개는 '쓰레기'다. 책을 고를 때 먼저 한 번 걸러내기 때문에 별 1개는 거의 없고 대부분 4개를 준다고 한다. 처음에는 별점을 매기는 게 유치하다는 생각도 들었지만, 이렇게 하면 책에 대한 자신의 주관적 판단을 나중에도 한눈에 확인해볼 수 있기 때문에 좋다고 한다.

독후감을 쓸 때도 원칙이 있었다. '줄거리는 두 줄을 넘지 않는다'는 아주 간단한 것이었다. 줄거리를 길게 쓰는 것은 기억력 테스트일 뿐이라고 생각한다. 자기감정과 깨달음을 충실히 적는 것이 중요하고 또 그것이면 족하다고 생각한다.

독서생활의 밀도와 강도 면에서 장씨는 앞서 만난 두 책벌레들을 능가했다. 책을 지나치게 읽는다 싶을 정도였다. 군대 가기 전까지 책을 전혀 읽지 않았던 사람이 정말 맞나 싶었다. 그는 왜 이렇게까지 책읽기에 빠져드는 걸까? 그를 책으로 계속 잡아끄는 게 뭔지 궁금했다.

장씨는 "망설임이 없어진 점"이라고 말했다. 여기서 망설임은 그를 위축되게 만들었던 많은 상처들, 열등감, 자신감 부족 등 누구나 짊어지고 살아가는 심리적인 굴레 같은 것들이었다. 그런 망설임들을 극복하게 되는 것, 그게 바로 장씨가 계속 자신을 바꿔나가는 책읽기의 매력이었다.

"책을 통해 지식이 넓어지고 간접경험하며 망설이지 않게 돼요. 어떤 일을 시작하거나 선택할 때 주저하지 않고 제 주관대로 선택할 수 있게 됐어요. 그런 변화가 저를 바꾸고 저 자신을 보는 사람들의 시선도 바꿔준 것, 그게 가장 큰 변화라고 할 수 있어요. 지방대를 나왔다고 무시하던 사람들이 저를 다시 다른 모습으로 봐주는 것이 저를 자신 있게 만들어준다고 할까요? 처음에는 그렇게 바뀐 시선이 부담스러웠는데 이젠 자연스러워졌어요. 저 스스로도 책으로 확실하게 더 알찬 사람이 되었다는 자신감이 생겨서겠죠."

가장 소중한 가족들이 그런 그를 인정해주는 것도 빼놓을 수 없는 행복이다. 장씨의 두 부모님 역시 모두 교사다. 부모님 모두 장씨의 독서클럽에 가입해 아들의 글을 보며 흐뭇해하는 것이 장씨에겐 큰 즐거움이 되고 있다.

"부모님은 제가 책을 많이 읽는 줄 모르셨어요. 최근에 말씀드렸거든요. 대단하다고 놀라시면서 저를 기특해하세요."

장씨는 최근 새로운 꿈이 생겼다고 한다. 책을 읽지 않았으면 절대 생기지 않았을 꿈이다. 바로 여행작가가 되는 것이다. 그는 남미로 여행을 떠나 남미여행책을 쓰려고 준비를 시작했다.

장씨를 보면 꿈이 꿈을 물고 이어지는 것 같았다. 우리는 책이 사람을 바꾸는 것은 신문에나 나는 대단한 사람들만의 이야기라고 생각하기 쉽다. 그러나 평범한 삶 속에서 실제 그런 경우가 있다는 것을 장씨를 통해 확인할 수 있었다. 책은 보통 사람을 위인전 주인공으로 만드는 것이 아니라, 시험 성적을 높여주기도 하고 주변 사람들에게 호감을 얻을 수 있게 해주기도 하며 사는 재미를 업그레이드해주기도 하는 것이었다. 장씨는 앞으로도 그런 사실을 계속 입증해낼 의지로 똘똘 뭉친 에너자이저였다.

젊은 독서가의 실용서 예찬론

|

손종수

젊은 책벌레들을 만나는 일은 즐겁고 유쾌했다. 무엇보다 그들을 만나면 긍정적 에너지가 느껴졌다. 나도 그들의 패기 바이러스에 전염되는 듯했다. 인생의 출발선에 선 만큼 용기와 의지가 대단했다.

'나는 사회생활 초년병 때 왜 그리 쑥스러워하고 수줍어했나.'

이렇게 나 자신을 절로 반성하게 될 때가 한두 번이 아니었다. 그들을 만나보면서 깨달은 점은 20~30대들이 실용서에 가장 관심이 많고 적극적으로 소비한다는 점이었다. 오랜 입시와 취업 준비로 참고서 같은 책들이 가장 친숙한 탓도 있을 것 같았다. 그러나 한편으로는 예전처럼 대가족, 그리고 선후배 간의 끈끈한 정이 중시되던 풍토가 개인주의로 바뀌면서 직장생활 속에서 생기는 가려운 부분을 멘토들 대신 실용서들이 해결해주고 있는 게 아닌가 생각해보았다.

기성세대들은 실용서가 너무 뻔하고 얇은 책들이라면서 혀를 차지만, 그건 하나만 알고 둘은 모르는 단순한 생각이다. 속물적이고 지나치게 기능적인 실용서의 폐단을 모르는 신세대 직장인들은 없었다. 실용서의 한계와 문제점을 피해 필요한 정보와 문제의식을 섭취하는 그들의 모습에서 오히려 더 프로와 같은 느낌이 들었다. 이런 당찬 독서가 중 대표적인 사람이 젊은 나이에 일찌감치 사업가로 나선 손종수 씨였다.

▌ 실용서로 성격까지 바꾼다

스물아홉살로 미혼인 손씨는 얼마 전까지 논술학원의 팀장을 하다가 소규모 투자회사를 차려 운영중이다. 손씨는 책으로 지식을 얻겠다는 목표의식이 뚜렷했고 다양한 독서모임에 나가 활동하며 실용서에 대한 생각도 확실했다. 그리고 평생 책읽기에 대한 큰 그림을 구상하는 꿈 많은 20대였다.

책에 빠져든 뒤 책 읽는 느낌을 공유하고 독서광들과 교류하기 위해 독서클럽 '젊은 독서가의 세상 바꾸기(cometoread.cyworld.com)'를 만들어 운영하는 적극적인 모습은 역시 앞서 만난 젊은 책벌레들과 비슷했다.

"책을 읽기 시작하면 처음에는 외로워요. 주변을 돌아봐도 책 읽는 사람이 적으니까요. 책을 읽으면서 자기처럼 스스로 배우는 사람들과 만나보고 싶다는 생각이 강해지게 돼요. 좀 건방진 말이겠지만, 그냥 매일 밥이나 같이 먹는 사람들만 보면 솔직히 하향평준화되는 느낌을 지울 수가 없어요. 자기계발 욕구도 줄어들고요. 그래서 외로움을 나눌 사람들끼리 만나는 통로를 마련하기 위해서 독서클럽을 만들었어요. 인터넷으로, 오프라인으로 직접 만나보는 경험이란 정말 특별했어요."

손씨는 책이 사람을 바꿀 수 있다고 확신하고 있었다. 그 자신이 책으로 많이 바뀌었기 때문이다. 그래서 실용서를 주로 읽는다. 누구나 아는 것들을 부풀려서 책으로 낸 것이 실용서라고 치부하기 쉽지만 괜찮은 실용서는 분명 삶을 바꾸는 분명한 비결을 알려준다고 한다. 그런 비결들로 자기 자신을 바꿔나가는 중이라고 손씨는 실용서 예찬론을 폈다.

"제 자신이 책으로 성격이 바뀌었어요. 자기 성격을 바꾸겠다고 생각하면 카운슬링보다 책을 읽는 게 더 낫다고 봅니다. 주변에 있는 가까운 사람이 제게 충고를 해주면 사실 잘 받아들여지지 않잖아요? 하지만 같은 내용을 책에서 읽으면 내가 바뀌어야겠다는 생각이 더 강하게 생겨나요. 스스로 깨닫게 되니까 바꾸려고 하는 거죠. 책은 다른 사람의 말보다 훨씬 더 강한 자극과 충격을 줘요."

손씨가 어려운 결심을 해 사업을 시작하게 된 것에도 독서로 성격이 바뀐 사실이 중요하게 작용했다고 한다. 그는 여러 가지 책을 통해 자기 성격을 스스로 원하는 쪽으로 바뀌갈 수 있다고 말했다.

그가 자기를 바꾼 책으로 맨 맨저 꼽은 것은 《성공하는 사람들의 7가지 습관》이었다. 이 책을 통해 그는 원하는 삶을 살 수 있다는 긍정적인 희망을 얻었다고 말했다. 그 다음으로 꼽은 책은 《카네기 인간관계론》. 그는 이 책으로 일과 사람의 관계에서 스트레스 받지 않는 법을 배울 수 있었다고 했다. 신씨는 이 책을 읽고 자신감이 지나쳐 다소 오만해보이기도 하는 자기 성격을 반드시 고쳐야 한다는 결심을 하고 이를 실제 시도했다고 한다.

이밖에 《월가의 영웅》에서 투자에 관한 영감을 얻었고, 시오노 나나미의 《로마인 이야기》에서는 인생의 역할모델을 찾았다고 한다. 그가 본받고 싶어하는 사람은 바로 율리우스 카이사르다. 카이사르란 인물 속에 담긴 로마제국의 '개방과 관용'이라는 강점에 매료됐다는 이야기였다. 포용할 것은 포용하면서 자기 목표를 이뤄나간 카이사르처럼 자신의 인생을 경영하는 것이 그의 목표다.

이런 경험들을 통해 손씨는 세상을 긍정적으로 보게 되었고, 또한 예전보다 겸손해질 수 있었다고 한다. 세상을 알수록 겸손해지는 법이라는 것이다.

'오호, 20대에 이런 이야기를 하다니.'

손씨는 자기처럼 이제 세상을 막 배워나가는 20대 또래들에게는 실용서가 가장 필요하다고 생각했다. 눈치나 시행착오로 사회생활을 배우는 데는 한계가 분명하며, 그렇게 깨달을 때까지 치러야 하는 비용이 너무 크다고 지적한다. 그는 사회생활에 도움이 되는 실용서로 《직장예절》을 예로 들었다. 손씨 자신이 이 책을 읽지 않았다면 직장생활에 필요한 예절에 크게 신경 쓰지 못했을 것이다. 또 알 듯 모를 듯 확신이 서지 않는 예절에 대한 지식을 배우지 못했을 거라고 그는 말했다.

실제 손씨는 실용서를 통해서 온갖 분야를 섭렵하고 있었다. 책으로 나온다는 것이 놀라울 정도로 다양한 책들이 이미 있고, 읽어보면 건질 것이 틀림없이 나온다는 게 그의 지론이다.

"몸담고 있는 조직에서 전화받는 법은 물론이고, 종이컵에 인스턴트 커피를 타는 것에 대한 책도 있어요. 《완벽한 한 잔의 커피를 위하여》란 책입니다. 찾아보면 내게 필요한 거의 모든 것들을 다룬 책들이 나와 있으니 우리는 그것을 알아내서 읽기만 하면 되는 거죠."

그는 실용서가 가진 한계도 분명 있지만 실제 도움을 주는 점 자체만으로도 그 효과가 크다고 강조했다.

"이런 것들은 정확하게 가르쳐주는 사람이 없는 데다 모르면 욕먹게 되는 부분이잖아요. 이런 것을 가르쳐줄 멘토나 선배도 부족하고…. 선배들을 봐도 이런 부분을 배우지 못한 채 고참이 된 분들이 많은 것 같아요. 제 후배가 저를 보고 그렇게 생각한다면 얼마나 끔찍하겠어요? 찾아보면 이렇게 가려운 곳을 긁어주는 책들이 이미 다 나와 있으니 그걸로 어느 정도 해결이 가능합니다."

책은 생존의 무기, 전투적으로 임하라

손씨는 "책 읽는 것은 생존의 문제"라고 잘라 말한다.

"성실은 기본이어야 하는 세상이라고 생각해요. 열심히 사는 것 말고 또 다른 것이 있어야죠. 책으로 배우고 실천하는 것이 바로 플러스 알파를 만드는 히든카드라고 봅니다."

그런 만큼 책을 읽는 그의 태도도 전투적이다. 가능한 거의 모든 시간에는 책을 읽겠다고 늘 다짐한다. 물론 그도 책을 읽기 싫은 날이 있다. 그럴 때마다 그는 빌 게이츠를 떠올린다고 한다.

"빌 게이츠는 주중에 30분씩, 주말에는 서너 시간씩 책을 읽는답니다. 제가 아무리 바빠도 빌 게이츠만큼 바쁘진 않잖아요."

그는 '책 재미있게 읽는 법'을 들려줬다. 다른 이들도 대부분 이 방식을 많이 쓰는데 직접 해보면 예상보다 훨씬 더 재미있을 거라고 적극적으로 권했다. 바로 '지은이와 대화하며 읽기'다.

"궁금하게 느껴지는 점을 머릿속으로 물어보는 거예요. 가장 중요한 것은 '저자가 왜 이 책을 썼을까?' 의문을 가지는 거죠. 그냥 읽었으면 지나칠 부분들이 이런 방식으로 읽으면 눈에 보이게 돼요."

손씨에겐 또 다른 책읽기 요령이 있었다. 새로운 분야와 친해지는 비결이다. 그가 권하는 요령은 바로 '잡지'다. 새로운 분야에 입문하는 가장 좋은 방법으로 그 분야의 잡지를 먼저 읽어보라는 것이다. 손씨는 관심 가는 새로운 분야가 생기면 입문서와 함께 잡지를 먼저 들춰본다. 잡지는 1년치를 읽는 것이 기본이다. 과월호를 찾아 이렇게 1년치를 읽어보면 개론서 5~6권 못잖은 도움을 얻을 수 있다고 한다. 일반 단행본 서적보다 지루하지도 않고 흥미로운 부분을 골라 읽으면서 기본 개념을 익힐 수 있는 점이 잡지의 매력이라고 손씨는 강조했다. 그 분야별 흐름의 최전선에서 벌어지는 화제와 이슈를 파악할 수 있는 것도 빠질 수 없는 장점이라고 했다.

젊은 나이지만 그는 책에 관한 한 여러 가지 요령을 터득하고 나름의 독서철학을 세우고 있었다. 지나치게 책을 수단이자 전투 무기로 보는 것 같다는 생각도 들었다. 그러나 역시 책을 좋아하는 사람이 매정하고 차가울 리는 없는 법. 그는 책 선물을 무척이나 즐기는 사람이었다. 주변 사람들에게 독서를 권하면서 선물로 주려고 《카네기 인간관계론》과 《행복론》을 수십 권 사놓았다고 한다. 신씨는 책만큼 선물로 좋은 아이템이 없다고 즐겁게 말했다. 선물용 책에도 그만의 철학이 있었다. 책 내용 자체가 평소 쉽게 깨닫지 못하는 것이거나, 알면서도 지키지 못하는 내용을 담은 것을 골라 선물하는 것이다.

책 이야기라면 뻔할 것 같지만 직접 책벌레들을 만나서 이야기를 듣다보면 뭔가 달라도 다른 이야기를 접하게 된다. 손씨를 만나고 돌아오면서 나는 "사람은 그 사람이 읽은 것으로 이루어진다"는 말을 다시 한번 떠올렸다.

지독한 활자중독자

정유경

우리나라 문화산업계를 먹여 살리는 이들은 전적으로 젊은 여성들이다. 연구도 그렇고 출판도 마찬가지다. 책을 꾸준히 사는 소비자들은 단연 여성, 그것도 젊은 여성들이다. 그런데 이상하게도 주변에서 수소문해 찾아낸 책벌레들 중에는 남성들이 많았다. 왜 그런지 조금 의아해하면서 젊은 여자 책쟁이를 찾아 나섰다. 이번에는 내가 평소 지켜봐온 사람, 잘 알고 평가할 수 있는 사람으로 정했다. 같은 회사에서 2년 동안 살펴본 후배 기자 정유경 씨다.

책은 스승이요, 친구요, 오락기다

2006년 말 입사한 유경 씨는 신문사 문화부 기자로 사회생활을 시작했다. 신문사를 다녀보지 않은 사람들은 잘 이해하지 못하겠지만, 다른 직장을 다니다 신문사에 들어가서 내가 가장 놀랐던 것은 사람 잡을 것 같은 노동 강도였다. 휴일 개념도 없고 야근도 당연한 것으로 여기는 분위기였다. 얼핏 여유로울 것 같은 문화부도 예외가 아니었다. 살아남으려면 취재 분야에 대한 인맥과 전문성으로 승부하는 길뿐이다. 전문성을 키우는 방법으로 독서가 최선임은 두말할 필요도 없다.

그런데 문제는 기자들 역시 책을 읽기가 쉽지 않다는 점이다. 하루 단위로 코앞에 떨어지는 지시며 시시 때때로 벌어지는 뉴스를 좇아야 하고 퇴근시간도 늦은 데다 퇴근 이후에도 취재원과의 만남이 잦아 책을 읽을 시간을 확보하기가 무척 어렵다. 그런 악조건 속에서 얼마나 많은 독서를 하느냐가 기자들 사이에서는 승부를 가르는 관건이 된다. 일찍부터 꾸준히 읽은 기자와 읽지 않은 기자의 차이는 몇 년 사이면 엄청나게 벌어진다.

유경 씨는 책읽기에 대한 의무감이 강한 기자들 사이에서도 책벌레에 속한다. 책을 늘 끼고 산다. 후배지만 실로 존경스러울 정도다. 그런데도 그녀가 이 정도의 책벌레인 줄을 처음에는 몰랐다. 유경 씨가 책을 엄청나게 좋아한다는 것을 알게 된 것은 같이 떠난 여행길에서였다.

한번은 여자 동료들끼리 동남아 여행을 다녀왔다. 돌아오는 비행기에서 유경 씨는 전자사전을 꺼내서는 장장 4시간 동안 그것을 들여다보고 있었다. 기내식을 먹을 때 빼고는 자리도 한번 떠나지 않고 내내 그 모습이었다. 나는 유경 씨의 학구열이 정말 대단하다고 생각했다. 어쩌면 저렇게 열심히 단어를 외울까 싶었다.

"유경 씨, 사전 보면서 영어단어를 외우면 잘 외워져?"

"영어단어요? 아, 아니에요. 책을 읽고 있는 거예요."

"무슨 책? 줄곧 사전만 봤잖아."

"전자사전에 책을 다운받아 왔거든요. 요즘에는 텍스트북을 전자사전으로 다운받아서 볼 수 있어요. 여행갈 때 책을 가지고는 가야 하는데 서너 권만 넣어도 짐이 무겁잖아요. 이렇게 해오면 짐을 줄일 수 있어요."

일행 모두는 놀라고 말았다. 그리고 깨달았다. 전자사전으로도 책을 읽을 수 있다는 것, 우리는 구세대였다는 것, 그리고 후배 유경 씨가 진정한 활자중독증 환자라는 사실을. 전자사전으로 책을 읽을 수 있디는 것은 알았지만 실제 전자사전으로 책을 읽는 사람을 본 것은 유경 씨가 처음이었다(그 뒤 지하철에서 전자사전으로 책 읽는 사람을 간혹 발견할 수 있었다. 역시 알고 나면 더 잘 보이기 시작하는 법이다).

그 뒤로 관찰해보니 유경 씨는 꿀꿀해도 책을 읽고, 즐거울 때도 책을 읽으며, 업무에 필요한 정보가 있어도 당연히 책을 먼저 뒤져보는 스타일이었다. 새로운 취재거리를 맡게 되면 일단 책부터 산다. 나중에 물어보니 취업 준비할 때도 이력서 쓰는 법에 대한 책까지 샀다고 한다. 지금은 오히려 업무 때문에 책을 덜 읽는 편이라고 하면서도 그녀는 언제나 책을 넣어 뚱뚱해진 가방을 연약한 체구로 낑낑대며 메고 다닌다.

20대 젊은 여성 독서가를 찾던 터였기에 그녀를 취재 대상으로 찍었다. 날을 잡아 취재임은 밝히지 않고 우선 가볍게 책 이야기를 시작했다. 유경 씨가 들려주는 독서생활에는 30대인 내가 몰랐던 또 다른 책읽기의 세계가 있었다.

유경 씨는 책이 자기에겐 과외선생이나 마찬가지라고 했다. 지금은 사회부 기자인 유경 씨가 회사에서 얼마 전까지 맡았던 분야는 음악으로, 그녀는 클래식과 대중음악 기사를 썼다. 음악광이 아니었던 유경 씨가 이전까지는 막연하게만 접했던 음악 분야를 실제 업무로 맡게 되니 열심히 음악을 듣고 음악계 사람을 만나는 것 이외의 관련 분야 공부 방법은 결국 책읽기밖에 없었다.

그녀는 기사를 쓰기 위해서 이슈가 되는 문제를 다룬 책들을 찾았다. 분야 전반을 이해하면서 큰 그림을 그릴 수 있기 위해서는 역시 어떤 식으로 이 분야의 판도가 이뤄져 있고, 어떤 주장과 쟁점들이 현재 논의되고 있는지를 파악하는 것이 급선무였다. 그러나 아쉽게도 이런 점들을 일목요연하게 정리하는 식의 책은 좀처럼 없었다. 이 부분은 결국 분야 책들을 여러 권 동시에 읽고 비교하면서 스스로 파악해야 했다.

"어떤 특정한 시각에 빠지지 않게 된다는 점에서 그런 식의 독서가 오히려 효과는 더 좋았던 것 같아요. 책을 읽다보면 자기 맘에 드는 저자의 주장을 그대로 자기 것으로 받아들이기 쉬워요. 그런데 기자는 그러면 안 되잖아요. 오히려 책을 읽고도 확신이 들지 않거나 자신이 없어서 여러 책들을 읽는 것이 입체적으로 이해하는 데 더욱 도움이 됐어요. 대신 훨씬 많은 시간과 노력이 필요하죠."

그녀는 책으로 한 분야를 알아나가는 나름의 요령이 생겼다고 한다. 우선 유효한 개론서를 탐색한다. 어떤 분야든 기본적인 개념과 용어를 초기에 익히는 것이 우선이므로 개론서로 전체 그림을 그리며 사전을 갖춰 용어를 익히는 것이 필수다. 유경 씨는 "고교시절 과목별 공부를 하던 것과 크게 다르지 않으면서도 주체적으로 정리하고 분석해야 한다는 점에서는 책으로 하는 업무 공부가 좀더 어려운 것 같다"고 평했다.

그러나 이런 공부 이전에 유경 씨는 확실히 책을 즐기는 스타일이었다. 가방을 보면 알 수 있다. 여성들이 책을 들고 다닐 때 가장 고민스러운 것은 어떤 가방을 고르느냐 하는 것이다. 책을 가지고 다니려면 가방이 큼직해야 하는데, 그러면 스타일을 살리기가 어려워지는 탓이다. 그래서 멋을 내느냐, 책을 들고 나가느냐는 집을 나설 때 늘 고민이다. 유경 씨는 늘 큼직한 가방을 선택한다. 스타일이 좀더 죽더라도 책을 들고 다니는 것이다.

"작은 가방을 못 사는 게 스트레스예요. 우리나라는 책이 너무 커서 가방에 넣고 다니기가 나쁜 게 문제죠. 크게 멋 낼 일이 없으면 고민하다가 눈 딱 감고 그냥 큰 백을 들고 나오는 거죠. 대신 책을 살 때 자간이 너무 넓게 편집된 책들은 절대 안 사요. 성의도 없어보이고 들고 다니기에도 나쁘거든요. 우리나라도 외국처럼 들고 다니기 좋은 가볍고 작은 책들이 많아졌으면 좋겠어요."

유경 씨는 심심하니까 책을 가지고 나가곤 하지만 멋 내기 위해 가지고 나가지 않을 때가 많아졌으면 좋겠다면서 웃었다.

유경 씨의 독서생활을 보면 늘 궁금한 것이 있었다. 누군가에게는 골치 아프고 심지어 수면을 유도하기까지 한다는 책이 그녀에게 는 꽤나 재미있는 것처럼 보이기 때문이다.

"유경 씨는 책으로 공부만 하는 게 아니라 즐길거리로 잘 활용하 는 것 같아요."

"실은 스트레스가 많아지니까 책을 더 찾게 되는 면도 커요."

유경 씨는 직장에 들어온 후로 책이 더 소중해졌을 때가 '화가 났을 때'라고 말했다. 스트레스를 푸는 데 책이 가장 쓸모 있었다고 한다.

"화가 날 때 책을 보면 그 기분을 잠깐 잊어버리게 돼서 좋아요. 영화도 좋기는 한데 영화관에 가야 하고 시간과 돈을 더 많이 써야 하잖아요. 책은 펼치기만 하면 그동안은 현실을 잊을 수 있어서 가장 손쉽고 경제적인 오락기라고 할까, 하하."

유경 씨의 가방이 책으로 뚱뚱해지는 데는 그만 한 이유가 있었 다. 유경 씨가 큰 가방에 책을 잔뜩 넣어가지고 다니는 것을 보면 기 특해서 커피라도 권하고 밥이라도 사줘야 할 듯했다.

"짬이 났을 때 심심하면 못 견디는 스타일이거든요. 그럴 때를 늘 대비해요. 핸드폰 오락을 다운받거나 MP3 플레이어도 함께 챙기 는데 책만은 못하더라고요. MP3는 지겹고 오락은 흔들리면 못하니 까. 결국 책이 제일 편해요."

유경 씨는 책이 있어 안심이 된다는 점도 독서의 좋은 점으로 꼽 았다. 책이라는 확실한 자기계발 도구가 있어 마음이 편하다는 것이 다. 생각해보니 그렇다. 책을 읽으면 내가 뭔가를 한다는 마음의 평화를 얻을 수 있다. 그녀는 책을 읽는 것을 그저 공부로만 여기는 나와는 달랐다. 유경 씨에게 책은 참고서요, 오락기요, 카운슬러요, 또 신경안정제였던 것이다.

유경 씨와 이야기하면서 여러 용도의 책들을 좀더 접해볼 필요가 있겠다고 생각을 했다. 30대들은 책을 너무 경건하게 보는 경향이 있는데, 유경 씨는 진지하게 접하는 책들은 물론 가지고 놀 책들, 마음을 풀고 싶을 때 보는 책들, 친구들에게 선물할 책들 등 용도별 책읽기의 스펙트럼이 넓었다. 그것이 바로 20대의 힘 같았다.

특히 '놀이 도구로서의 책'이란 개념은 기성세대들에겐 좀처럼 낯선 최신 프로그램 같은 개념이다. 요즘 한창 미니벨로 자전거에 빠진 유경 씨는 최근 《서울을 여행하는 라이더를 위한 안내서》를 재미있게 봤다고 한다. 오락을 위한 공부니 더욱 즐거운 독서였을 터다.

4년차 직장인 여성이 책 읽는 법

유경 씨와 만나 실컷 책 이야기를 하고 돌아오면서 무척 부러운 생각이 들었다. 그러면서 궁금증도 생겼다. 유경 씨 또래들이 책을 열심히 읽기는 훨씬 힘들다. 나 자신이 그랬으니까. 취업과 결혼, 직장과 가정의 '초기 세팅'에 정신이 없어 허겁지겁 치여 살다가 30대가 되었다. 그리고 이제야 책을 읽어보겠다고 이렇게 나선 것 아닌가? 그런데 유경 씨는 어떻게 책읽기에 몰입할 수 있는 걸까? 이틀 뒤 마감을 마치고 나서 유경 씨를 찾아갔다.

"유경 씨는 결혼도 해야 하고 직장업무도 익혀야 할 시기인데 책 읽기가 힘들지 않아요?"

그녀는 "아직은 괜찮다"고 웃으며 답했다. 취직해서 열심히 일만 배우면 되고 아직 결혼 생각은 없으므로 자유롭게 책을 읽을 수 있다고 했다. 하지만 자기가 생각해도 주변 사람들을 보면 연애에 결혼에, 그리고 직장을 옮길까 말까 고민이 많아 책읽기가 쉽지 않아 보인다고 한다.

유경 씨는 자신이 책을 많이 읽는 이유 중 하나가 연애를 하고 있지 않기 때문이라고 살짝 털어났다. 연애가 시작되면 왜 책 읽고 오락하고 있겠느냐며 농담을 했다.

"20대 여성의 목표 1순위는 취직인데, 일단 취직을 했으니까 그 다음은 직장생활과 결혼이 생활의 우선순위라고 생각해요. 저도 가끔 자기계발서를 들춰봐요. 그런데 읽어보면 책 같지가 않아요. 직장인들의 자기위안을 위한, 뭐 불안감을 떨치는 수단 정도라고 할까요? 힐러리나 오프라 윈프리 이야기 같은 것들도 마찬가지 같았어요. 단지 조급함을 해소하기 위한 책인 거죠. 불안감이나 조급함을 없애려고 책을 읽을 바에는 차라리 오락을 위한 책읽기가 더 낫다고 생각해요. 소설도 좋고 만화도 좋고."

자기계발서에 대해서는 다소 부정적인 입장을 가지고 있는 듯한 유경 씨는 가끔씩 몰아서 어린이책을 본다고 한다. 막상 해보면 무척 즐거움을 주는 책읽기라고 내게도 꼭 시도해보라고 권했다.

직장생활 4년차면 이제 슬슬 직장과 업무에 대해 어느 정도 이해를 끝내고 자기 주관과 철학으로 스스로 다져나갈 시기다. 자기 커리어와 인생을 구상하면서 자기계발을 본격적으로 시행하기 시작할 시점이다. 유경 씨도 그런 단계였다. 현재 그녀가 자기계발을 위해 하고 있는 것은 다른 직장인들과 마찬가지로 책읽기와 외국어 공부다. 학원을 다니며 영어를 꾸준히 복습하면서 일본어를 배우는 중이다. 목표는 조만간 프랑스어에도 도전하는 것이란다.

그녀는 현재 지식산업 종사자로서 어렴풋이 독서의 방향에 대한 감을 잡아가는 단계라고 스스로 평가했다. 책을 읽어야만 한다는 마음가짐은 확실하다. 그러나 구체적으로 어떻게 책을 읽을지는 고민하지 않고 있다. 굳이 너무 규정할 필요 없이 '많이 알수록 유용하다'는 커다란 원칙을 마음 편하게 따르기로 했다고 한다.

"지식을 다루는 직업 특성상 현재 벌어지는 일들을 분석하고 생각을 많이 할 수 있는 능력이 중요하다고 생각해요. 그래서 역사와 철학을 필수적으로 읽어야 해요. 저 역시 이쪽 책들을 많이 읽으려고 노력하고 있어요. 역사와 철학은 책을 봐야만 공부가 되는 분야니까요."

그럼에도 유경 씨는 발랄했다. 자기계발 욕구가 강한데도 편하고 자유롭게 책과 만난다는 느낌을 받았다. 그 스스로도 "책과 커리어는 별개"라고 잘라 말하며 책읽기를 할 때는 목적에 눌리지 않고 즐겁게 해야 한다고 말한다.

나는 유경 씨에게 "지금 당장은 연애를 안 하고 있어도 그 시간에 책을 통해 많은 것을 얻고 있지 않아요? 나는 오히려 그게 부러워요"라고 했다. 유경 씨는 "결혼한 사람들은 꼭 그런다"면서 다시 웃었다.

마지막으로 이 젊은 책벌레에게 책과 친해지려면 어떤 방법이 좋다고 생각하는지 물어봤다. 대답은 역시 독특했다.

"재밌는 책을 읽는 게 가장 좋다고 생각해요. 유쾌하고 즐거운 책 말예요. 저는 《영웅문》을 추천하고 싶어요."

"《영웅문》, 그거 무협지잖아요?"

"무협지로 책읽기를 시작해서 영역을 넓혀 책에 빠진 사람들 많아요. 무협지를 허접하다고 생각들 하는데 그걸 읽는 사람들에게 한번 물어보세요. 그리고 《영웅문》은 시리즈거든요. 《빨강머리 앤》이나 《해리 포터》 시리즈 같은 재미있다는 책부터 일단 시리즈로 읽어야 인내심을 갖고 읽을 수 있을 거예요."

《영웅문》이라…. 역시 그녀는 새로웠다.

늘 옆에서 일하지만 직접 깊은 대화를 나누며 그가 무엇을 읽고 즐기는지 알기 전까지는 그 사람을 제대로 알기 어렵다. 유경 씨가 어떻게 책을 읽는지 알게 되면서 나는 비로소 내 옆에 있는 후배의 진면목을 알게 되었다. 감사한 마음으로 나는 유경 씨에게 이날 수다가 사실은 취재였다는 것을 털어놓았다.

출퇴근 시간,
최적의 독서 타이밍

출퇴근 시간에만 책을 읽어도 충분하다는 충고만큼은 모든 독서가들이 신기할 정도로 똑같이 권하는 사항이었다. 그게 어디 말처럼 쉽냐고 지레짐작하기 쉬우나 실제 경험자들은 입을 모아 그런 생각은 기우라고 일축한다. 오로지 출퇴근 지하철 안에서 책읽기를 시도해보고 안 해보고의 차이일 뿐이라는 것이다. 시도해봤더니 쉽게 습관이 되었다는 자기들의 경험을 그 증거로 든다.

출퇴근 시간이 책읽기 습관을 만드는 가장 확실하고 손쉬운 계기인 것은 사실 따져보면 당연할 정도다. 그 이유는 출퇴근 시간이 하루 중 직장인들이 가장 방해받지 않는 시간이기 때문이다.

실제 시간을 쪼개 책읽기가 어려운 것은 시간 자체가 부족해서가 아니다. 그보다는 중간 중간 처리할 일들이 다양하게 생기기 때문에 독서모드가 오래 지속되지 않아서다. 출퇴근 시간은 걸려오는 전화를 빼면 아무도 간섭하지 않는 하루 중 가장 오랜 시간이다. 그래서 대부분의 독서광들이 이 시간을 활용하다가 책읽기에 빠지게 됐다고 입을 모은다. 그래서 한번 책읽기에 빠져들면 승용차를 놔두고 지하철 통근을 즐기게 된다.

대한민국에서 가장 인기 높은 인문교양서 저술가 가운데 한 명으로 꼽히는 정민 교수(한양대 국문과)는 읽을 책은 물론 필기도구가 없으면 절대로 지하철을 타지 않는다. 지하철에서 내려 볼펜을 사서 다시 타는 한이 있어도 필기구를 지참한다. 그러고서 지하철 통근 시간 동안 짧은 한문 문장들을 번역했다. 정 교수가 번역한 한문은 짧고 교훈적인 잠언들인 '청언소품'이란 한문 장르였다. 긴 호흡으로 하는 작업이 아니라 짧고 반복적인 작업이므로 지하철 타는 시간에 번역을 하기 좋았던 것이다.

이렇게 지하철 통근 시간만으로도 정 교수는 여러 권의 책을 번역했다. 스테디셀러로 꾸준한 사랑을 받고 있는 책《한서 이불과 논어 병풍》《마음을 비우는 지혜》《와당의 표정》등 그가 번역한 잠언류 책들이 모두 지하철 속에서 번역되어 탄생한 것들이다. 정 교수는 "지하철 안은 다른 곳보다 훨씬 집중이 잘되므로 가벼운 일들을 반복해서 할 때 예상 이상의 성과를 축적할 수 있다"고 설명한다.

책을 읽으니 비로소 보이는 것들

김효정

특별히 출중한 외모나 놀라운 재주를 갖고 있지 않아도 주변에 늘 다른 사람들이 몰리는 사람이 있다. 누구나 그렇게 되고 싶어 부러워하는 사람 말이다.

올해 서른여덟 살인 김효정 씨도 그중 한 명이다. 그녀는 현재 학습참고서 출판사에서 근무하고 있다. 7년 전 사진동호회에서 알게 된 그녀의 주위에는 항상 사람들이 복작거린다. 다른 사람들에게 호감을 주는 서글서글한 인상과 차분하고 부드러운 말투 덕분이기도 하겠지만, 무엇보다도 남을 배려하는 태도가 자연스레 사람들을 끌어당기기 때문이다. 그녀는 동호회 후배들에겐 이해를 잘해주는 선배로, 또 선배들에겐 말이 잘 통하는 후배로 통한다.

김씨에게는 또 하나 특별한 점이 있다. 언제나 책을 가지고 다닌다는 점이다. 1박 2일의 짧은 동호회 워크숍에도 책을 챙겨오는 모습은 무척 인상적이었다. 주변에 출판사 등 책과 관련된 업무를 하는 사람들이 여럿 있어 알게 된 사실이 하나 있다. 책과 관련된 직종에 종사할 경우 당연히 책을 많이 읽을 것 같은데, 실제로는 오히려 그렇지 못하다는 것이다. 그들은 자신의 업무와 관련된 책을 깊고 꼼꼼히 읽어야 하는 탓에 많은 책을 폭넓게 섭렵하기는 어렵다고들 했다.

그렇지만 김씨는 달랐다. 그녀는 늘 여러 권의 책을 가지고 다니며 수시로 읽는다. 당연히 그녀를 인터뷰 대상으로 고르지 않을 수 없었다. 고맙게도, 역시나 그녀는 인터뷰 요청에 바로 응해주었다.

타인을 보는 눈이 부드러워지다

그런데 이야기를 시작해보니, 뜻밖에도 김씨는 책읽기를 특별한 자기계발의 목적으로 삼는 독서가가 아니었다. 그녀는 오로지 마음의 여유와 위로를 얻기 위해 책을 읽는다고 말했다. 김씨는 "책읽기를 하는 것은 철저하게 직장생활 속에서 쌓이는 스트레스를 풀려는 것"이라고 수줍어하며 자기의 독서관을 고백했다.

"특별한 의도를 갖고 지식을 얻으려고 읽는 건 절대 아니에요. 부담 없이 읽을 수 있는 책이나 소설을 많이 읽어요. 마음이 편해지니까요. 그런데 기대하지 않았음에도 불구하고 책읽기를 통해 자연스레 얻게 되는 좋은 점들이 있어요. 다른 사람을 보는 관점이 부드러워진다고나 할까요? 삶을 보는 시야도 달라지고요."

늘 성격 좋고 너그러운 그녀가 책으로 보이지 않는 스트레스를 풀고 위안과 휴식을 얻고 있을 줄은 몰랐다. 그녀의 대답 가운데 "다른 사람들을 보는 관점이 부드러워진다"는 대목이 관심을 끌었다. 사람들이 그녀를 좋아하는 이유인 배려와 이해의 힘이 다름 아닌 책읽기에서 나온다는 것을 눈치 챌 수 있었다. 이 부분에 대해 집중적으로 물어보았다. 그녀는 "책을 통해 선입견이 줄었다"고 설명했다. 그리고 자신이 오랫동안 책을 읽은 덕분에 얻은 가장 큰 효과로 여러 사람들을 포용할 수 있게 된 점을 꼽았다.

"어렸을 때는 자신과 다른 가치관을 가진 사람들을 이해하지 못하잖아요. 그런데 책 속에는 여러 유형의, 그리고 여러 상황에 놓인 사람들이 있어요. 따라서 책을 읽다보면 자연스럽게 생각이 열리게 돼요. 사람들마다 나름대로 가지게 된 고유성을 인정하는 거죠. 어떤 사람이 가진 단점에 대해서도 '그 사람의 것'이라고 여기니까 그 사실 자체를 수용하게 되더라고요. 나와는 다른 사람들에 대한 선입견이나 편견이 조금씩 사라지고, 결국은 싫은 사람이 줄어들었어요."

그녀가 왜 사람들을 잘 배려하는지, 다른 사람들이 그런 그녀를 왜 좋아할 수밖에 없는지 수긍이 갔다. 다른 사람을 인정해주는 것, 그 간단하면서도 어려운 것을 그녀는 책읽기를 통해 배워왔던 것이다. 김씨 스스로 그렇게 의도해서 책을 읽으려고 한 것은 아니었어도, 독서로 그런 지혜를 오롯이 자기 것으로 만들었다는 점이 인상 깊었다.

나와 다르기 때문에 싫어진 상대방의 특정 부분을 우리는 그 사람의 '단점'이라고 단정 짓는다. 그리고 바로 그 점 때문에 그를 싫어하곤 한다. 그러나 사실 따지고 보면, 단점이라는 건 나와 '다른 점'에 지나지 않았던 것은 아니었을까? 김씨는 상대의 단점을 단점으로 보지 않고, 자신과 다른 부분으로 생각하고 이해하니 사람들을 대할 때 친절할 수밖에 없다. 이만 한 자기계발이 또 있을까 싶었다.

김씨 주변에 사람들이 몰리게 된 배경에는 바로 '책읽기'가 자리 잡고 있었다. 독서를 통해 싫은 사람이 줄어들었다는 그녀의 이야기는 귀를 번쩍 뚫리게 했다. 대부분의 스트레스는 싫은 사람들과의 관계 때문에 오는데, 그런 짜증이 줄어든다는 것은 대단한 변화다. 스스로 느끼는 '좋고 싫음'의 차이 하나로도 얼마든지 더 행복해질 수 있을 테니 그녀의 그런 사고방식이 무척 부러웠다.

아버지가 준 귀중한 선물

김효정 씨는 그런 삶의 지혜를 어떻게 체득한 것일까? 그녀가 나이에 비해 오랜 독서경력과 귀한 깨달음을 얻을 수 있었던 것은 자상하고 현명한 아버지 덕분이었다.

대학교 신입생 때부터 꾸준히 책읽기를 시작한 그녀의 독서 경력은 20년에 육박했다. 고향을 벗어나 서울의 대학으로 떠나는 딸에게 아버지가 특별주문을 했던 것이 계기였다. 그녀의 아버지는 "한 달에 책 다섯 권정도는 직접 사서 봐야 한다"고 강조하며 매달 책 다섯 권정도 살 수 있는 돈을 더 보내주셨다고 한다. 꾸준히 서점에 들러 책을 사서 읽는 습관은 이때부터 생겼다.

지금도 김씨는 매달 책 다섯 권정도를 꼭 구입해서 읽는다. 책

읽는 시간은 주로 이른 아침. 동료들보다 30분~1시간정도 먼저 출근해 조용한 사무실에서 혼자 책 읽는 것을 가장 좋아한다. 물론 출퇴근 시간 역시 그녀가 책을 읽기 좋아하는 시간이다. 보통은 차를 몰고 다니지만 책을 읽고 싶으면 일부러 지하철을 탄다.

그녀가 주로 읽는 책은 잔잔한 감동을 주는 수필집과 소설이다. 최근 읽었던 책 가운데 좋았던 것으로는 《살아 있음이 행복해지는 희망 편지》《끌림》《네가 어떤 삶을 살든 나는 너를 응원할 것이다》 같은 비소설과 일본 작가 에쿠니 가오리의 감성적인 소설을 꼽았다.

"심리적 안정을 주는 책들이 좋더라고요. 마음이 안정되면 업무 효율도 높아지고, 직장동료들이나 거래처 사람들과의 관계도 더 좋아지게 되는 건 신간해요. 무엇보다도 책 읽는 행위 자체가 제게 위안을 주는 점이 가장 고마운 부분이죠."

책읽기는 결국 남의 생각을 읽는 작업이다. 김씨는 책 속의 인물들처럼 생각해보는 간접경험이 쌓였고, 그로 인해 사람을 보는 분석틀이 다양해졌다. 그녀는 "다른 사람의 삶과 가치관을 간접적으로 접해가면서 주변 사람들이 다르게 보였다"고 말한다. 타인의 내면에 대해 생각하게 되면서 그들을 더 잘 이해하게 됐다는 것이다. 특히, 상황극처럼 각 등장인물의 처지를 따로 따로 지켜볼 수 있는 소설을 보면서 자기 주변의 일 역시 소설처럼 각각 떼어내보는 힘이 생겼다고 한다. 소설을 '간접경험의 보고'라는 일컫는 이유가 바로 이런 부분 때문이리라.

내 삶을 보듬어 안다

김씨는 책에서 다른 사람의 인생을 보면서 자기 삶을 돌아보게 되고, 삶에 대해 새로운 자각을 경험하게 된다고 강조했다.《시골의사의 아름다운 동행》을 읽은 경험을 그 예로 들었다.

"자신을 성찰하게 된 책이었어요. 경쟁에서 최고가 되는 게 반드시 인생의 목표가 아니라는 것. 그리고 돈, 명예, 권력이 전부가 아니라는 것을 이 책을 읽으며 새삼 실감했고, 제 삶을 더욱 긍정하게 된 거죠. 그러니까 남들을 더 배려하고 어려운 사람들을 돕고 싶어져요."

김씨를 만나고 책이 부지불식간에 남을 이해하는 힘을 키워준다는 점을 실감할 수 있었다. 그녀는 결코 개인적인 차원에서 소통력을 높이기 위해 책을 읽으려고 하지 않았다. 책을 읽으며 오랫동안 쌓아온 간접경험이 저절로 그녀를 '소통의 여왕' '인기 좋은 선배이자 후배'로 만들어왔을 뿐이다.

사람이 살아가는 데 가장 어려운 문제가 다른 사람들과의 관계임은 두말할 필요도 없다. 특히 직장에서 늘 부대끼는 동료들이나 가족, 친구들은 가깝기 때문에 오히려 더 어려운 관계다. 나 역시 그렇다. 솔직히 말하면 심하게 어려운 편이다. 직장생활을 시작한 이후로 나를 둘러싸고 있는 고민은 늘 동료, 상사와 후배들과의 관계다. 가급적 모든 사람과 잘지내야 한다고 생각하며 그러려고 노력하지만, 현실에선 자주 어려움을 겪는다. 때로 어떤 사람들과는 서로 경원하고 경원 당하는 관계로 이어지기도 했다.

처음에는 '왜 저 사람은 나를 이렇게 곤혹스럽게 만들지?' 하는 생각으로 화가 나고 괴롭다가도 시간이 지나면 '나는 왜 저 사람이 그렇게 싫은가?'라는 문제가 내 마음을 괴롭게 한다. 어떤 선까지 감정을 추스를지 조절을 못해서 문제가 불거지지만, 그러면서도 나는 남들과 나 사이에 정확하게 무엇이 충돌요소가 되고 서로를 괴롭히는지 몰라 괴로워한다. 그렇지만 그런 것을 따지는 자체가 더 스트레스여서 그냥 화를 삭이며 넘어가는 식이다. 이해와 소통이란 정말 어렵다는 것을 직장생활을 하면 할수록 실감한다.

김효정 씨와 이야기하면서 나는 그토록 괴로워했던 것들에 대한 해답을 어렴풋이 찾은 것 같았다. '왜 남들의 마음을 사로잡지 못할까?' '왜 그는 저렇게 이상할까?'라는 고민에 갇혀 있는 직장인들에게 책읽기란 의외의 처방전이 될 수도 있을 것이다.

김씨와의 인터뷰에서도 느꼈듯이 다른 사람을 이해하는 법은 우리가 생각하는 것처럼 거창하고 복잡한 곳이 아닌, 전혀 다른 곳에 있었다. 그걸 내게 가르쳐준 그녀는 역시 '후배를 잘 이해해주는 믿음직하고 좋은 선배'였다.

비밀스런 즐거움을 홀로 즐기는 책벌레

김문경

30대 중반은 책이 인생을 바꾸는 마법이 본격적으로 시작되는 시기다. 그 마법은 잔잔하면서도 격렬하다. 조용히 사람의 마음속에 싹을 틔워 사람의 마음을 바꾼다. 변화는 알게 모르게 시작되고 어느 날 새삼 변해 있는 자신을 발견하게 된다.

　서울시 도시철도공사에서 일하고 있는 김문경 씨는 평범한 듯 보이지만 그런 변화를 홀로 즐기고 있는 비범한 직장인이다. 그는 한 달에 줄잡아 10권, 1년에 100권 넘게 책을 읽는 조용한 책벌레다. 김 씨는 전자공학을 전공했고 직장에서는 정보통신 시스템 주임으로 일하고 있다. 올해로 8년차 직장인인 조용하고 차분한 스타일의 그에게서 전형적인 책쟁이의 느낌이 전해졌다.

책을 좋아했던 기억, 몸이 안다

늘 인터뷰의 시작은 '책벌레의 이력 짚어보기'로 시작한다. 김문경 씨 역시 전형적인 독서가의 과정을 거쳐왔다. 초등학생 시절 책읽기를 즐기다가 중고등학교에서는 입시교육에 찌들어 책과 멀어진 뒤 오랜 이별, 그리고 책과의 재회. 초등학교 이후 다시 책과 만나기까지 남자들은 거의 20년이 걸린다. 취업 준비에 군복무 기간이 더해지기 때문이다. 김문경 씨도 초등학교 이후 책과 다시 친해지기까지 20년의 시차가 있었다고 한다.

초등학생 시절 김씨는 부모님이 사주신 어린이책 전집을 씹어 먹듯 되풀이해서 읽는 꼬마 책벌레였다고 한다. 이후 책 없이 살아야 하는 중고등학교 시절을 보냈고 대학교에서는 취업, 그리고 취업한 뒤에는 업무 적응에 바빠 책을 잡지 못했다. 그러던 그가 4년 전 책을 다시 집어들었다. 회사생활 4년차 무렵이었다. 회사 분위기도 알게 됐고 업무도 숙달되면서 마음의 여유가 생기고 자연스럽게 책에 대한 관심이 되살아난 것이다. 모처럼 잡은 책은 이덕일 저자가 쓴 《사도세자의 고백》. 책 읽는 재미를 몸이 먼저 기억하고 있었다. 그 뒤로 김씨는 다시 책을 읽기 시작했다.

다시 시작한 독서의 기쁨은 각별했다. 어린 시절로 돌아간 것 같고 삶이 꽉 차는 것 같고 제대로 사는 것 같았다. 그런데 재회는 오래가지 못했다. 다시 책과 멀어지는 조정기간이 왔다. 책읽기에도 요요 현상이 있었던 것이다. 책읽기 습관이 몸에 배기 전에 생기는 면역 과정이라고 해야 할까? 20년 만에 다시 시작한 책읽기에 익숙해지는 통과의례를 거쳤다.

그러고 나서 1년 뒤, 그는 본격적으로 책을 읽기 시작했다. 한 번 쉬었기 때문인지 다시 만난 책은 훨씬 더 반가웠다. 책읽기는 이후 완전히 생활의 일부로 굳었다. 중간에 있었던 휴지기가 오히려 그에게 책에 대해 확실한 애착을 심어주었다. 다시 책읽기를 시작한 뒤로 그는 책을 더 폭넓게 읽고 있다.

김문경 씨는 직장인인 만큼 경제경영서와 실용서를 많이 읽는다. 그러나 자기계발서를 과하게 읽지는 않는다. 내용은 당연히 공감할 만한 것들이지만 너무 예측 가능한 부분이 많고 자기계발서 특유의 강권하는 글투가 싫어서다.

그는 책 읽는 티를 절대 내지 않는다. 아는 것이 많으면 잘난 척하고픈 마음이 들 텐데 그는 나서지 않고 조용히 있는 스타일이다. 왜 그러냐고 묻자 그는 웃으며 "책읽기에도 부작용이 있을 수 있다"고 했다. 그 부작용이 뭔지 궁금해졌다.

"책을 많이 읽는 사람에겐 부담이 따르게 돼요. 주변 사람들이 '책도 많이 읽는데 그것도 모르냐, 그것도 못하느냐?' 농담반 진담반 핀잔을 해대거든요. 웃어넘기면 되는 일이지만 속으로는 그런 게 싫어요. 그래서 더 책을 읽는 것을 드러내지 않게 돼요."

회사에서는 독서광인 모습을 보여주지 않지만 그는 집으로 돌아오면 바로 책의 매력에 흠뻑 빠진다. 단, 얽매이지는 않는다. 어떤 날은 3분을 읽고 어떤 날은 하루 종일도 읽는다.

김씨는 티를 내지 않으려고 했지만 본인 스스로도 책읽기를 다시 시작한 뒤 생긴 자신의 변화에 무척 흡족해하는 모습이었다. 업무할 때 자연스럽게 독서의 효과가 묻어나오고 있다고 한다.

"일단 단어 활용이 늘었어요. 프레젠테이션을 할 때 특히 이런 차이를 실감할 수 있습니다. 어휘 선택에 있어서 더 수준이 높아지는 거죠. 그리고 더욱 중요한 것은 아이디어가 풍부해진 점이에요. 다양한 아이디어들을 책 속에서 접하면서 자연스럽게 저도 그런 것을 머리에 넣어두었다가 꺼내게 돼요. 제가 작성한 문서를 보면 아이디어가 녹아들어 있다고 회사 사람들이 놀라곤 하더라고요."

다시 책을 읽게 된 2004년 9월부터 시작한 인터넷 독서카페는 그에게 또 다른 활력소다. 지난해 5월부터는 여기 '신촌 책모임'의 운영지를 맡았다. 직접 책을 고르고 모임을 주도한다. 사람들 취향이 모두 달라도 책으로 이어지기 때문에 무엇을 골라도 즐겁고 스스로 수고를 마다하지 않게 된다.

집중형 독서법으로 밀도를 높이다

그는 책을 많이 읽어가면서 스스로 방향을 잡아가고 있었다. 처음에는 멀티플레이어처럼 이것저것 닥치지 않고 한꺼번에 여러 권을 읽었다. 그런데 생각이 바뀌었다. 책들을 넘나들다보니 혼동도 되고, 무엇보다 읽는 맛이 떨어졌다. 책읽기의 밀도를 높이고 싶어 집중형 독서방식으로 바꿔나갔다. 그에겐 이 방식이 더 잘 맞는 것 같았다.

그는 책에 밑줄을 치거나 접지 않는다. 이렇게 소중히 아끼는 것은 책이 고맙기 때문이다. 자신에게 많은 도움을 주는 책에 그는 늘 감사한다. 책이 감정 기복을 막아주는 점이 그는 가장 고맙다. 그리고 업무 능력을 기르는 데도 독서가 직접적으로 도움을 줬다고 평가한다.

"저는 이과 출신이에요. 저희 같은 기술 분야에 있다보면 문장력과 어휘력이 아무래도 약해지기 마련인데 책을 읽으면서 그런 부분들이 많이 개선됐어요. 책이 주는 지식은 자기도 모르게 잠재의식 속에서 나오는 것 같아요. 보고서를 쓸 때 책에서 본 단어와 문장이 절로 나와 활용되는 경우가 많아요. 예전에는 보고서를 쓸 때 제목 하나에 결론 하나, 이런 식으로 대강 했는데 이제는 글 형식이나 내용이 훨씬 심도 깊어졌어요. 제가 하려는 말을 잘 쓰지도 못했고, 써도 제가 진짜 하려는 말이 아니라 이상하게 꼬이곤 했어요. 그러나 이제는 제가 말하려는 요점을 확실하게 강조하는 게 어렵지 않아요. 책을 많이 읽으면서 핵심을 골라내는 능력이 좋아졌기 때문이에요. 기술 계통이나 이과 출신인 분들은 책을 더 많이 읽을 필요가 있다고 생각해요."

그는 책이 주는 즐거움의 하나로 자기가 가지고 있던 고정관념이 깨지면서 새로운 것을 이해하고 받아들이게 된 점을 꼽았다. 신문 기사나 이야기를 들어서는 잘 일어나지 않는 변화가 책을 통해서는 쉽게 이뤄진다고 했다.

"예전에는 트랜스젠더 문제나 문화재 같은 것에 관심이 없었어요. 그런데 이런 것들에 관한 책을 읽으면 자연스럽게 관심이 생겨요. 제 지식이나 교양의 폭이 넓어지는 것을 실감할 수 있죠. 그런 게 정말 즐거워요. 아시는 분이 추천해주셔서 우연히 읽게 된《타고난 성, 만들어진 성》이란 책이 있어요. 태어나자마자 의료사고로 성기가 잘린 사람의 이야기인데, 캐나다에서 실제 일어난 일을 바탕으로 하고 있죠. 의사의 실수로 남자아이의 성기가 잘렸어요. 그래서 성전환 수술을 하고 여성으로 자란 그 아이가 나중에 성정체성으로 고민하다가 다시 남자가 되었다는 이야기예요. 나중에 이 사람은 결국 자살했답니다. 쇼킹한 내용이었는데, 이 책을 읽은 덕분에 트랜스젠더나 동성애자 문제에 대한 인식이 바뀌었어요. 전에는 편견을 가지고서 그들을 괜히 이상하게 봤는데 이제는 좀더 타인의 입장을 이해하면서 볼 필요를 느끼게 된 거죠."

최근에만 해도 최초의 국어사전에 얽힌 역사를 쓴 책《우리말의 탄생》을 읽은 덕분에 우리말 사전에 대해 더 많이 알게 됐다고 한다. 전혀 몰랐던 것과 만나서 지식이 쌓이고 그게 자신에게 체화되어 말과 글을 윤택하게 해주는 것이 그를 즐겁게 한다.

그는 실용서만큼 소설을 즐겨 읽는다. 그가 책에서 가장 원하는 즐거움은 '감정 순화'다. 실용서가 불만스러운 점도 감정을 순화시켜주지 못하는 것이다. 책을 읽음으로써 감정이 살아나고, 그 감정으로 마음이 씻겨 내려가는 느낌이 그는 가장 좋다. 책을 통해 그는 '웃을 때 웃을 수 있고, 울 때 울 수 있고, 화낼 때 화낼 수 있고, 그런 기분을 제어도 할 수 있는 것'을 배우고 있다고 말한다. 다른 사람의 감정을 책으로 간접경험하는 것이 그런 놀라운 효과를 낸다는 것이다. 그리고 바로 그런 점 때문에 직장인들이 소설을 읽을 필요가 있다고 권한다.

"소설의 좋은 점은 여러 가지 상황을 제시해 간접적으로 경험하게 만드는 거예요. '나라면 어떻게 했을까, 어떻게 하면 되는 걸까?' 이렇게 상황에 대처하는 방법을 알려주는 거죠. 그런 과정을 통해서 감정을 가다듬고 절제를 배우게 돼요."

다른 독서광들과 이야기할 때와는 달리 그와의 인터뷰에서 나는 차분하고 조용한 이야기를 계속 듣고만 있었다. 현란한 말솜씨가 아니어도 정확히 자기가 할 말을 제대로 이어가는 그와 같은 어법이 더욱 수준 높은 것은 아닐까?

이 조용한 독서가는 차근차근 말하면서도 궁금한 점을 내가 되묻기 전에 해소시켜주었다. 그건 그가 어떻게 이야기를 풀어나가야 하는지 알게 모르게 숙련되어 있어서일 것이다. 그래서인지 그와는 대화가 아니라 차분하게 상담을 받는 것 같았다. 그가 책과 인연을 맺어온 오랜 이야기, 그리고 책을 통해 얻은 지론들을 다 듣고 난 뒤에야 몇 가지 물어봤다.

"너무나 막연한 질문 같은데, 김문경 씨가 가장 먼저 꼽고 싶은 책의 좋은 점은 뭐예요?"

"글쎄요…. 아무래도 제가 모르던 내용을 알 수 있다는 점이겠죠. 그리고 그보다 더 중요할 수도 있는 게 다른 사람의 견해를 들을 수 있다는 거예요. 그것들을 통해서 저도 자신의 견해를 정리할 수 있게 돼요. 제가 궁금했던 내용을 알게 되면서 제 생각이 만들어지는 그 과정이 즐거워요."

"책읽기에도 주의할 것이 있겠죠?"

"책읽기는 술 마시는 것과 같아야 합니다."

"술이요?"

"술은 억지로 마시는 게 아니잖아요. 책도 그래야죠."

"그럼 책을 왜 읽어야 하는지 설명해줄 수 있나요?"

"독서가 세상에서 가장 경제적인 강의란 점을 생각해보시면 좋겠어요. 결국 책읽기란 학원에서 말로 듣는 것을 글로 보는 셈입니다. 그런데 이 강의는 문제 풀이에 바로 써먹기는 힘들어도 확실하게 사람에게 체화되어 효과를 내요. 학원은 단기간에 성과를 내러 가는 거지만 책은 죽을 때까지 평생 성과를 만드는 도구예요."

"서평을 쓰는 게 더 효과적일까요?"

"얽매이지 마세요. 메모도 서평이에요. 저도 따로 서평을 쓰지는 않아요. 그렇지만 자신의 고민이나 생각을 정리해두면 좋겠죠."

인터뷰를 마치려고 일어나기 직전, 문득 궁금한 것이 뒤늦게 하나 더 떠올랐다. 책 읽는 티를 안 내는 이 조용한 독서가는 어떻게 인터넷 독서카페에 가입할 생각을 했을까? 이미 책에 대해서는 나름의 주관과 철학이 있어 흔들림이 없어 보이는데 무엇을 더 배우려고 한 걸까?

"저는 시나 소설 같은 문학을 싫어하는 편이에요. 그런데도 그런 이야기를 하는 게 좋아요. 사람을 만나는 것 자체가 좋으니까요. 다른 사람들이 재미있게 이야기를 하니까 흥미가 생기는 거예요. '나도 읽어볼까' 생각이 들죠. 남의 경험을 빨아들이는 느낌이에요. 그래서 오프라인 모임은 예상보다 얻는 것이 참 많아요. 제가 몰랐던 것을 알게 되고 제가 가지고 있던 편견이나 선입견을 확인하고 바꿀 수 있는 계기가 돼요. 그게 가장 큰 도움이죠."

그의 대답에는 막힘이 없었다. 어떤 질문을 해도 그는 꼭 그 이유를 덧붙여 해답을 줬다. 그의 말에는 적절한 비유나 사례가 있어 좋았다. 취재하기 가장 좋은 인터뷰이라고 할 수 있다.

취재를 해보면 인터뷰 당시에는 많이 받아 적어도 나중에 기사를 쓰려면 쓸 내용이 별로 없는 경우가 있는가 하면, 별로 말을 많이 안 해도 받아 적어온 내용에 버릴 것이 없는 경우들도 있다. 그 차이는 답변에 구체적이고 적절한 답변의 팩트와 이야기가 있느냐에 달렸다. 현란해도 추상적인 단어가 많은 대답은 형용사나 부사 같은 비본질적인 꾸밈말들을 지워버리고 나면 남아 있는 뼈대는 앙상하기 짝이 없다. 반면 건조해도 구체적인 대답은 글로 옮기면 절로 힘이 나온다. 이는 말이나 글이나 마찬가지다.

밑줄을 그어야 하나,
말아야 하나?

출판사의 입장에서는 세상 사람을 저자와 독자로 나눌 수 있을 것이다. 만약 책의 입장에서 세상 사람을 구분한다면 줄 긋는 독자와 안 긋는 독자로 나누지 않을까?

책을 사랑하는 사람들에게 밑줄 긋기는 상당한 결단이 필요한 문제다. 책의 내용 못잖게 책이란 물건 자체를 사랑하는 사람들은 밑줄을 치는 것은 물론 귀퉁이를 접는 것도 꺼린다. 반면 책을 지식을 얻는 도구로 여기는 측면이 강한 독자들은 책에 메모도 많이 하고 줄도 치고 접어서 쓸수록 더 책을 활용했다고 여긴다.

어떤 것이 더 좋은지 따지는 것은 무의미하다. 읽는 사람 마음대로 하는 것이 최선이다. 다만 두 가지 습관 모두 각각의 효용과 즐거움이 있다. 줄 긋기와 안 긋기에는 각각 어떤 특징과 재미가 있을까?

일반적으로 대부분의 사람들은 처음에는 책에 밑줄을 잘 긋지 않는다. 책이 소중하기 때문이다. 다 읽은 책이어도 깨끗한 상태로 남아 있는 것을 좋아하다가 책을 많이 읽을수록 밑줄과 메모를 남기는 경우가 많다.

김문경 씨의 경우 오랜 세월 책을 즐겨 읽어 왔지만 책에 줄을 치지 않고 최대한 깨끗하게 읽고 보관한다. 물론 그도 마음에 드는 구절은 다시 곱씹어보고 싶어한다. 그래도 요즘에는 인터넷 블로그 등에 책에서 읽은 좋은 구절을 올려놓는 이들이 많아 굳이 줄 치거나 포스트잇을 붙일 필요가 없다고 말한다.

반면 줄 긋기 예찬론자들은 책을 너무 아끼지 말아야 책과 더 친해진다고 주장한다. 자기 생각도 써넣고 줄도 긋고 포스트잇도 많이 붙여보면 책을 더욱 활용할 수 있다고 한다.

밑줄이나 메모가 주는 또 다른 즐거움도 있다. 다시 읽을 때 자기 자신의 의식과 취향의 변화를 실감하면서 느끼는 즐거움이다. 읽었던 책을 다시 볼 때 '내가 이런 생각을 했구나' 또는 '왜 내가 지난번에는 이 구절에 감동했던 걸까?' 하며 다시 한번 생각하게 되는 것, 또 지난번에는 줄을 치지 않았는데 다시 보니 중요한 구절을 새로 발견해 밑줄을 긋는 것이 책 읽는 재미를 더해주는 것이다.

덧붙이자면, 글쓴이는 개인적으로 밑줄을 치고 메모를 하는 것을 좋아한다. 책과 더 깊숙하게 대화하는 느낌을 주고 메모하는 습관도 생기기 때문이다.

커리어, 책과 함께 만들어가다

박지영

전반적으로는 여성들이 남성들보다 책을 더 즐겨 읽는다. 그런데 업무 적응이나 자기계발을 목적으로 열심히 독서하는 여성 독서가를 찾기는 어려웠다. 수소문 끝에 소개받은 사람이 박지영 씨였다. 30대 중반, 직장생활과 결혼생활 모두 13년차인 웹디자이너다. 그녀는 인터넷 언론매체 〈프레시안〉의 자회사인 〈프레시안 플러스〉의 홈페이지 기획과 디자인 업무를 맡고 있다.

인생과 커리어를 고민하다

박지영 씨는 인생을 치열하게 고민하고 디자인해나가는 진취적인 30대 여성이었다. 남들이 가는 대로가 아닌, 자기가 가야 한다고 생각하는 방향으로 밀고 나가는 사람이었다. 그런 추진력의 원천이자 힘의 방향을 다듬고 보충해주는 파트너는 물론 책이었다.

박씨가 처음부터 디자인을 전공한 것은 아니었다. 그녀는 컴퓨터공학과를 나와 정보통신기업에 처음 취직했다. 발령받은 부서는 기획팀. 남들 보기에는 자리를 잘 찾아간 듯했지만 박씨는 디자이너로 전공을 바꾸기로 결심했다.

"단순하게 반복되는 일을 하면서 회의감이 많이 들었어요. 이 분위기에 휩쓸리면 안 된다는 것은 확실했어요. 그래서 뭔가를 해야 했고 그때부터 책을 읽기 시작했죠. 그리고 책상 위에다 제가 좋아하는 안도현 시인의 〈연애편지〉란 시를 붙여놓고 '지금 하는 일은 내가 하고 싶은 일은 아니다'라고 상기했어요."

박씨는 인터넷과 디자인이란 분야에 도전해볼 만하다고 판단하고 직장을 다니면서 2년 가까이 착실히 전업을 준비했다. 그리고 결국 디자이너로 일할 수 있었다. 그 뒤 그녀는 10년 가까이 웹디자인을 해오고 있다.

처음 박씨의 독서 스타일은 닥치지 않고 이것저것 지나치다 싶을 정도로 책을 읽어대는 편이었다고 한다. 그러다가 한 선배로부터 "책을 읽는 것인지, 단지 훑는 것인지 생각해보라"는 충고를 듣고 기존의 책읽기에 변화를 주기 시작했다. 그리고 직장생활과 함께 책읽기도 자연스럽게 변화를 겪어왔다.

차장급이 된 지금 박씨의 독서에서 가장 많이 바뀐 것은 실용서에 대한 거부감이 사라진 점이다. 또한 예전에는 허구라서 실질적인 도움은 없다고 여겼던 소설을 즐겨 읽게 된 것도 큰 변화다. 소설에 손이 가는 것은 스트레스 해소 측면이 큰 반면, 실용서로 눈이 가는 것은 나이와 직급에 걸맞은 변화라고 할 수 있다.

전에는 거들떠보지도 않았던 실용서를 나이가 들면서 자연스럽게 한두 권씩 보게 되었다고 박씨는 말했다. 필요에 따른 어쩔 수 없는 선택이 아니라 경험과 생각이 넓어지면서 선입견이나 편견이 사라진 덕분이라고 말했다. 자연스럽게 이런 책들의 장점들이 눈에 들어왔고 읽어본 뒤 편하게 수용하게 된 것이다.

"책 한 권에서 단 한 마디라도 건질 게 있다면 제 생활에 도움이 된다고 생각해요. 요즘 읽은 책으로는 《이런 팀장이 회사를 살린다》 《시크릿》 《쇼핑의 과학》 등이 있는데 가볍고 즐거운 마음으로 읽기에 좋더라고요."

그녀가 최근에 가장 많은 영향을 받았다고 생각하는 책도 실용서인 《셀프 마케팅》이다. 이 책에서 박씨가 가장 감명받은 부분은 '전문가'에 관한 부분이었다. 한 대학원에서 교수가 대학원생들에게 전공 분야의 책 100권을 읽은 사람은 손 들어보라고 한다. 대부분 쉽게 손을 들지 못하자 교수는 학생들에게 이야기한다. 박사과정까지 밟으면 전문가인데 책을 100권도 못 읽고 어떻게 그 분야의 전문가라고 할 수 있느냐고 한다. 이 부분을 읽은 뒤 박씨도 전문가에 대한 인식을 새롭게 다지게 됐다.

"실제 업무에 대한 책을 찾아서 읽고 실무자를 만나 정보를 얻는 게 전문가가 되는 데 더 중요하다는 것을 확인했어요. 전문가가 되려면 실무에 대한 책을 최소한 100권은 읽어야겠다고 새삼 다짐하게 됐습니다."

《셀프 마케팅》의 여러 가지 내용 중에서도 이 부분이 가장 와 닿았던 것은 그녀가 요즘 가장 고민하는 부분과 연결되어 있기 때문이다. 그것은 바로 커리어 설계 문제다. 디자이너는 직종 특성상 나이가 들면 실무를 하기가 쉽지 않다. 밑에서 젊은 신예들이 계속 치고 올라오기 때문에 고참들은 관리자로 방향을 바꾸거나 아니면 새로운 길을 찾아야 한다. 박씨도 이제 전업에 대해 고민하지 않을 수 없다는 것이다. 직장인으로서 두 번째 기로인 셈이다. 세상에는 평생직장이 없을 뿐더러 이제는 평생직업조차 없다. 박씨로서는 회사를 옮기는 것은 물론 디자이너란 직업도 바꿔야 할지 모르는 상황을 염두에 두어야 한다. 그렇다고 마땅히 카운슬러가 있는 것도 아니다. 모두 혼자서 고민하고 결정해야 한다. 그래서 박씨에겐 책이 더욱 소중한 파트너라고 한다.

"각 분야의 유명한 분들을 직접 만나 궁금한 걸 물어보면 좋겠지만 그럴 인맥도, 시간도 없죠. 그런 부족함을 메워줄 수 있는 것이 책이니까 꼭 읽어야죠. 책이 어떤 방법보다 효과적이에요."

차장이 되면서 박씨의 업무에도 많은 변화가 왔다. 위에서 떨어지는 프로젝트만 하면 되던 예전과 달리 기획과 업무 조율까지도 해야 한다. 디자인하는 시간보다 회의하고 계획서 만드는 시간이 더 많아졌다. 그럴수록 제2의 커리어를 준비해야 한다는 부담도 커진다. 첫 번째 자신의 커리어를 정리하고 이제 새로운 커리어를 어떻게 맞이해야 할지 가장 중요한 인생의 퍼즐을 맞추고 있는 단계다.

"최대한 오래 일을 하고 싶어요. 50살 이후에 할 수 있는 일을 발견해야 할 텐데, 아마도 책이 도움이 될 것 같아요. 조금씩 준비하면서 사춘기처럼 고민하고 있어요. '뭘 할까?' 하는 고민이죠."

남들은 직장인으로서 갱년기로 받아들일 시기를 사춘기로 만들려는 그녀의 건강한 에너지가 인상적이었다.

이해의 폭을 넓히는 독서모임

박씨는 자기 홈페이지(wehopeso.com)를 운영하는 한편, 독서모임도 열심히 참여한다. "홈페이지라고 하긴 좀 거창하고 다이어리 같은 블로그"라며 박씨는 웃었다. 홈페이지 전문가로서 그녀가 자기 독서 홈페이지를 운영해본 소감이 궁금했다.

"근사하게, 예쁘고 멋지게, 그리고 대단하게 만들려고 하다보면 자기 스스로에게 발목이 잡혀요. 제대로 운영하지도 못하면서 부담만 느끼게 되기 쉽죠. 디자인이나 구성에 욕심을 일체 버리자 마음먹고 시작했어요. 좋은 책이나 영화를 보면 저절로 느낌을 적어두고 싶어지는데, 기왕이면 지인이나 다른 사람들과 공유하자는 정도의 취지로 홈페이지를 열었어요."

그런데 홈페이지가 그녀를 독려하는 채찍질이 됐다고 한다.

"홈피를 찾아주는 분들의 댓글 덕분에 꾸준히 업데이트를 하게 돼요. 독서일기를 공유하니까 그게 채찍질이 되는 거죠. 더 분발하고 부지런을 떨게 되는 효과가 있어요. 나태해지지 않게 해주는 작용을 해줘요."

나 역시 독서 블로그나 홈페이지를 만들어보고 싶다고 생각하던 터라 더 물었다.

"누구나 독서 홈페이지를 만들 수 있을까요?"

"요즘에는 포털사이트에서 제공하는 블로그 기능이 워낙 좋아서 쉽게 만들 수 있어요. 책과 관련해서 특화시키려고 한다면 인터넷서점들에서 제공하는 서재 개념의 블로그가 좋아요. 많은 사람과 공유하겠다는 정도면 그냥 포털사이트 블로그가 편할 거고요. 저는 그냥 책에 밑줄 긋듯이 좋은 구절을 적어놓고 간단한 코멘트를 남기는 수준인데, 이런 게 아니라 본인이 직접 리뷰를 작성할 수 있다면 인터넷서점들이 제공하는 서재 블로그들이 더 좋을 거예요. 책 좋아하는 사람들끼리 활발하게 피드백을 주고받아서 공동체 의식도 강하고 신간이나 책 정보를 빠르게 교환할 수 있거든요."

인터넷서점인 알라딘(aladdin.co.kr)의 경우에는 자신이 쓴 리뷰를 보고 다른 사람이 그 책을 구입하면 포인트를 배분해주는 이점도 있다고 박씨는 귀띔해줬다.

나 역시 블로그가 없는 것은 아니다. 하지만 초기에만 잠깐 열심히 하다가 지금은 거의 황무지 수준으로 방치해놓고 있는 상태여서 독서 블로그를 열까 말까 망설이게 된다. 박씨는 자기가 접한 지식과 정보를 나누는 것이 중요하다고 충고했다.

"예를 들어, 오늘 얼떨결에 이벤트에 당첨돼서 고흐 전시회 티켓이 생겼다고 해봐요. 그냥 그래서 좋았다고만 쓰는 게 아니라 어떻게 그 이벤트에 응모해서 당첨이 되었는지, 그리고 그 이벤트는 여전히 진행중인지 등을 함께 적어놓으면 홈페이지를 찾아온 이들에게 더욱 도움이 될 거예요. 그러면 그들이 다시 찾아오게 되겠죠."

홈페이지나 블로그에 독서정보를 적는 가장 큰 이유는 결국 포스팅함으로써 자기가 본 책에 대해 더욱 이해가 깊어지기 때문이다. 그게 즐거워서 사람들은 독서일기를 쓰고, 홈페이지를 만들어 글로 올리고, 서로 댓글을 달아주고 감정을 교환하면서 교감하는 것이라고 박씨는 강조했다.

"댓글들이 제게 참 많은 힘을 줘요. 제가 좋아서 그냥 올린 짧은 글에 '님의 글 보고 이 책을 읽고 싶어졌어요'란 댓글이 달리면 홈페이지 만들길 정말 잘했다는 생각이 들면서 뿌듯해지죠. 취미생활로 홈페이지를 운영해보라고 권하고 싶어요. 점심시간을 조금 줄여 20분 정도만 투자하면 나름의 보람도 얻고 지식 습득에도 도움을 받을 수 있을 거예요."

자기 일과 취미에 모두 열정적인 박씨의 모습에서는 에너지가 넘쳤다. 홈페이지를 운영하는 동시에 그녀는 색채공부 오프라인 모임도 따로 운영하고 있었다. 그리고 다른 책쟁이들처럼 주변 사람들에게 자기가 좋아하는 책을 나눠주는 즐거움도 실천하고 있었다.

"어떤 책을 선물하세요?"

"여성들이라면 한의사 이유명호 씨가 쓴《나의 살던 고향은 꽃피는 자궁》과《뇌력충전》이란 책을 주로 선물해요. 특히《나의 살던 고향은 꽃피는 자궁》은 여성, 그리고 이미 결혼했거나 앞으로 결혼을 할 예정인 남성분들이라면 꼭 읽어야 하는 책입니다."

자신의 현재 상황을 중요한 기로에 선 단계로 진단하면서도 박씨에겐 일과 삶의 무게에 눌리는 느낌보다는 삶의 고비에 당당하게 맞서려는 패기가 느껴졌다. 그녀는 책을 읽으면서 40대를 맞이하고 있었다. 하지만 독서를 한다고 바로 답이 얻어지는 것도 아니다. 그러면서 책을 읽으면 왠지 더 공허하게 느껴지진 않을까?

박씨는 조용히 웃으면서 긍정도 부인도 하지 않았다. 그러나 읽는 것과 읽지 않는 것의 차이는 분명하다고 소신을 담아 말했다.

"책을 읽어보면 가속도가 붙어요. 책을 통해 뭔가를 얻겠다는 확고한 목표를 갖고 읽는 것은 아니지만 자연스럽게 지식과 정보를 얻게 되는 점이 좋아요. '읽어보고 싶다'는 마음으로 읽으면 그 책에서 제가 얻게 되는 것이 반드시 생기게 되는 것 같아요."

직장인으로서 두 번째 전환기를 맞고 있는 박씨는 얼마 남지 않은 40대에 대비하며 50살 이후 자기 인생에 대해 치열하게 구상하고 있었다. 프로 직장인으로서, 그리고 차장급 간부로서 정신없이 살아가면서도 책읽기를 통해 여유를 유지하는 모습은 특히 인상적이었다.

조직의 새 지식경영법, 그 효과는?

독서경영을 도입한 회사들을 찾아서

책쟁이들을 만나기 시작한 후로 제법 많은 시간이 흘렀다. 낮에는 회사 일로 취재하고 저녁과 주말에 따로 개인적인 취재를 해보는 것은 처음이었다. 독서광들을 만나보면 뭔가 배우고 감동을 얻기 때문에 보람이 컸지만 반복되는 취재에 조금씩 질리기 시작한 것도 사실이었다. 무엇보다도 한 가지 주제로 계속 사람들을 만나 똑같은 질문을 반복해야 하는 것이 힘들었다. 그것이 기자의 숙명인데도 말이다.

그리고 또 한 가지 어려운 것은 마땅한 인터뷰 대상들을 찾기가 쉽지 않은 점이었다. 중간 중간 만나본 이들은 여럿 있었지만 그리 우수한 사례들이 못 되는 경우가 많았다. 그중에는 인터뷰 내용을 그대로 받아 적기만 해도 될 것처럼 멋진 말을 쏟아낸 이도 있었다. 그러나 고민 끝에 그 사람은 나와 서른살 직장인에게 깨달음을 줄 책읽기 멘토로 넣지 않기로 했다. 말은 화려했어도 인터뷰를 마친 뒤 지독한 세속주의자를 만난 느낌을 떨칠 수가 없어서였다. 재미있는 점은 그런 출세주의자 같은 독서가도 감정 순화를 위해 가끔 시집을 읽는다고 한 점이었다. 실용적인 목적만으로 책을 읽는 사람도 역시 감성적인 부분에 대한 갈증을 책으로 해소하고 있다는 점은 꽤 인상적이었다.

한 인터넷 독서클럽 운영자도 실망스러웠다. 만나기 전에 독서클럽에 들어가 게시판을 처음 훑어봤을 때 그는 대단한 언변과 카리스마를 가지고 있는 듯 보였다. 클럽 회원들도 그에게는 한 수 접어주는 것 같았다. 그러나 정작 그를 만나보니 느낌이 달랐다. 그 역시 업무와 직접적인 도움이 되는 책만 읽는 스타일임이 분명해보였다. 그리고 독서량에 지나치게 집착하는 것 같다는 느낌도 강했다. 그처럼 읽는 게 꼭 틀린 것은 아니겠지만 나나 다른 직장인들이 그런 식으로 따라 읽을 필요는 없을 것 같았다.

그런데 다시 생각해보면 또 마음이 바뀌곤 했다. 내가 너무 이 사람들을 속단한 게 아닐까? 내 느낌만으로 쉽게 이 사람들을 폄하하는 건지도 몰랐다. 이들을 부족하다고 판단한다면, 앞서 만났던 인터뷰이들 중에서도 탈락시켜야 할 사람이 있는 것은 아닐까? 갈피를 잡을 수 없었다.

그래서 중간점검을 시도했다. 다시 스스로에게 물어봤다. 나는 무엇을 들으려고 취재하고 있는 것인지. 똑 떨어지는 대답은 바로 나오지 않았다. 처음에는 분명해보였는데, 지금은 머릿속에 너무 많은 이야기를 들어서인지 오히려 잘 모르게 된 느낌이었다.

다시 취재 여행을 시작할 때의 의도를 되돌아봤다. 그리고 이를 단순화해서 마음 편하게 다시 시작하기로 했다. 평범한 주변 사람들이 책을 읽어 자신을 가꾸는 이야기를, 책을 읽어서 자신이 변하고 그게 행복인 사람들의 이야기를, 더도 말고 덜도 말고 그 사람들이 직접경험한 것만 들어보자. 그리고 그런 이야기들을 들으며 나도 더욱 책과 친해져보자고 마음먹었다.

독서경영이라는 조직 트렌드

내가 책쟁이들을 찾아 나선 것은 단지 책 자체의 즐거움에 빠져 사는 책벌레들을 만나려는 것이 아니었다. 물론 책을 즐기는 사람들이겠지만, 그보다는 책으로 자기를 경영하고 계발하는 이들을 만나려는 것이 목적이다. 평범한 보통 사람들이 생활 속에서 자기 자신을 가꾸고 무장하는 데 책만 한 다른 방법은 현실적으로 존재하지 않는다. 이런 사실을 일찍 깨닫고 책으로 자신을 업그레이드하고 있는 사람들을 나는 찾아 나선 것이다. 그리고 이들은 책으로 어떻게 자기를 변화시키며 자기 경쟁력을 높이고 있는지 알아보고자 했다.

이와 관련해 꼭 알아보고 싶었던 것이 여러 기업들 사이에서 유행인 새로운 지식경영 방법인 '독서경영'이었다. 독서경영은 직원들의 업무 능력을 강화하고 회사 전체의 지식경영을 위해 책읽기의 효과를 주목한 새로운 흐름이다. 언론에서 경영의 새 트렌드로 소개하면서 독서경영을 채택하는 회사들이 서서히 늘고 있다. 이번 취재는 독서경영을 하고 있는 회사들을 찾아가 이야기를 들어보기로 했다.

분명 독서경영은 좋은 것이다. 회사가 나서서 책을 읽자고 하는 것은 10년 전만 해도 상상 못할 일이었다. 업무상으로라도 책을 읽는 것이 손해일 것은 없다. 그럼에도 불구하고 이것이 진정한 자기계발로 이어질지 왠지 의문이 들었다.

독서는 철저하게 개인과 책의 자발적인 만남일 수밖에 없다. 그런데 이를 회사에서 시킨다고 해서 과연 잘되겠느냐는 생각이 들었다. 학교 다닐 때 독서의 중요성을 귀에 못이 박이게 듣지만 실제 책을 읽고 안 읽는 차이는 개인의 취향과 깨달음의 문제다. 책을 읽어야 한다는 것을 모르는 사람이 없는데 실제 책읽기를 즐기는 사람은 적다. 나와 주변사람들을 돌아보면 어른이 된 뒤에 시작하는 진정한 의미의 독서는 책과 어느 정도 궁합이 맞아야 가능한 것 같다.

그런데 회사에서 독서를 강제로 시킨다니, 책읽기가 체질적으로 맞지 않는 사람들은 얼마나 짜증날까? 그렇게 억지로 읽으면 과연 책이 전하는 이야기에 얼마나 진심으로 귀를 기울일 수 있을지 의심스러웠다. 주변 사람들도 대부분 내 생각과 비슷했다. 결국 개인들의 자각을 통한 개인 독서경영이 더 중요하지 회사가 강요하는 조직의 독서경영으로는 저절로 내면에서 자기 혁명을 이루기는 어려울 것 같다는 의견이 지배적이었다. 회사의 정책을 따르다보니 책과 친해진 경우라면 분명 독서경영은 한 개인에게 최상의 선물을 주는 계기가 될 것이다. 그러나 지나치게 독서를 강요해 책을 오히려 싫어하게 만드는 악영향도 생기지 않을까?

그러나 이런 생각 역시 내 성급한 선입견일 수 있다는 점은 확실했다. 최소한 기업들이 독서경영을 도입하는 데는 분명한 이유와 장점이 있기 때문일 것이다. 독서를 회사가 권장해서 나쁠 게 없을 것 같기도 하다. 기업들이 보다 과학화, 계량화한 독서 시스템을 갖추고 있다면 개인들에게도 많은 도움이 될 것 같았다. 그래서 지레짐작하지 말고 직접 취재를 해서 궁금증을 풀어보기로 했다.

우선은 독서경영을 다룬 거의 유일한 책《독서경영》을 읽어봤다. 막연하게 '회사가 책읽기를 권장해 스스로 교육하는 풍토를 만드는 것'이라고 생각했던 독서경영에 대해 모르던 사실들을 알게 됐다. 독서경영을 하는 회사는 제법 여러 곳이 있었다. 독서경영을 가장 확실하게 추진하는 우림건설의 경우 한 달에 5천 권이 넘는 책을 회사가 구입해 임직원에게 나눠준다니 새삼 놀라웠다. 한 달에 5천 권이면 단순히 계산해도 5천만 원씩 책을 산다는 이야기다. 연간 6억 원어치의 책을 사는 회사, 뭔가 특별한 회사임에 틀림없다.

전에는 사실 독서경영에 대해 제대로 생각해볼 일이 없었다. 그냥 기업들 사이의 한때 유행이겠거니, 쉽게 생각했다. 그러나《독서경영》을 읽고 나서 곰곰이 생각해보니 독서경영은 정말 대단한 인식의 변화이자 대표이사의 탁월한 혜안이란 생각이 들었다. 생각해보면 직원들 술 마시는 접대비도 회사가 지원하는데 책 읽는 것을 지원하지 않을 이유가 없지 않은가? 그런 사고의 틀 자체가 다르다는 느낌이 들었다. 하긴, 몸 상하는 술값을 생각해보면 1년에 책 몇 권씩 사주는 것은 금액 규모나 건정성 면에서 훨씬 유익할 것 같다. 이런 발상의 전환은 생각할수록 대단하게 느껴졌다.

독서경영을 도입한 회사를 찾아가다

그럼 정말 잘되고 있는지, 어떤 성과를 내는지 독서경영으로 소문난 회사들을 찾아갔다. 5개 회사를 찾아가 독서경영 담당자들을 만났다. 그들의 대답은 비슷했다. 분명 긍정적인 효과가 있다는 확신을 갖고 있었다. 가장 많이 꼽는 독서경영의 효과로 '직원들의 사고가 유연해지는 점'을 들었다. 직원들의 문화적 감수성이 높아졌다는 것이다. 그리고 책을 읽도록 하는 회사 정책이 긍정적 압력으로 직원들에게 삶의 태도를 바꾸는 자극을 준다고 자평하고 있었다. 물론 직원들 가운데는 독서와 궁합이 맞지 않아 속으로 불편한 이들이 없을 리 없었다.

독서경영 기업의 사례로 자주 등장하는 의료장비 제조업체 서린바이오사이언스는 직원들이 책을 읽고 뽑아낸 업무응용 가능 사례들을 전산망을 통해 공유하고 있었다. 회사를 설립한 황을문 대표 본인이 독서광이라서 자연스럽게 독서경영을 회사에 도입했다고 한다. 크지 않은 회사로서 따로 교육 프로그램이나 시설을 보유하기도 힘들어 독서를 통한 직원 교육 효과를 기대한 것도 하나의 독서경영 도입취지였다고 한다.

이 회사 독서경영 담당자인 정의채 당시 인사총무팀장을 만나 자세한 설명을 들었다. 정 팀장은 독서경영의 전도사라고 해도 과언이 아닐 정도로 그 자신이 독서경영 신봉자였다. 30대 중반인 정 팀장은 11년차 직장인으로 인사와 총무, 기획 업무를 주로 맡아왔다. 그는 인터뷰를 시작하자마자 책 이야기를 꺼냈다. 《책을 안 읽으니

바쁠 수밖에》란 책이었다.

"정말 맞는 말입니다. 바빠서 책을 못 읽는다고들 하는데, 실은 안 읽어서 바쁘다는 말에 공감합니다. 책을 읽지 않으면 여기저기에 모르는 것을 물어봐야 합니다. 책을 열심히 읽은 사람은 그런 것을 알아보는 시간을 줄일 수 있으니 활용 시간이 늘어납니다."

정 팀장은 상당한 독서가였다. 자기와 같은 직장인들에게 책이 가장 중요한 자기계발 수단이라는 믿음이 투철했다. 앞으로 경력이 더 쌓이면 여러 업무를 한눈에 보면서 대처할 수 있는 멀티플레이어가 되어야 하는데, 이런 덕목을 수련하는 방법으로 책만 한 것이 없다고 그는 이야기했다. 이런 과정을 회사가 독서경영으로 일찌감치 직원들에게 습득시켜주므로 직원 입장에선 크게 보탬이 되는 것이 당연하다고 정 팀장은 강조했다.

정 팀장으로부터 이 회사의 독서경영 방식을 들어보니 여기서는 정말로 독서를 중시하고 있다는 생각이 절로 들었다. 면접볼 때 꼭 독서량을 물어보고, 한 달에 책 세 권을 사주고서 독후감을 쓰게 한다. 독후감이 인사고과에 반영되며 책을 읽지 않으면 고과와 연봉협상에 영향을 주게 된다고 한다. 이건 좀 살벌하다는 느낌까지 들었다. 독서경영을 하는 회사에는 체질적으로 책과 잘 맞는 사람만 다녀야 할 것 같다는 생각도 들었다. 정 팀장에게 개인적으로는 독서경영으로 무얼 얻었는지 물었다.

"책을 보게 되니까 가정이 화목해졌다"고 웃으며 답했다. 이야기인즉슨, 책을 읽으러 집에 빨리 들어가게 되고 집에서 아빠가 책

읽는 모습을 본 아이들도 독서에 흥미를 느끼게 된다는 것이다.

"가장인 저도 아이들도 쓸데없는 짓을 안 하게 돼요. 가족끼리 보내는 시간이 많아지니까 자연스럽게 화목해지는 거죠."

반신반의하는 내 속내가 읽혔던 모양이다. 내 표정을 본 정 팀장은 '증거'를 댔다.

"저희 사장님이 독서광인데 그 자녀들도 책만 읽는답니다."

독서가 주관을 세워준다는 말은 맞는 것 같았다. 정 팀장의 대답에는 자신감이 있었다. 분명 독서경영은 안 하는 것보다는 나을 법하다. 자기 스스로 찾아서 하는 것만은 못하겠지만 말이다.

우림건설과 서린바이오사이언스의 경우 담당자들에게서 독서경영에 대한 확신과 회사 차원의 열성을 느낄 수 있었다. 그러나 독서경영을 도입했다고 하지만 너무 자율성이 떨어져보이는 회사도 있었다.

한 회사의 경우, 담당자 자신이 독서경영을 표면적으로만 소화하고 있었다. 사장의 방침과 매뉴얼만 달달 외워서 대답하는 모습이었다. 들으면 맞는 말이어도 정작 담당자 본인이 회사가 요구하는 독서경영의 테두리 안에서 한발도 더 못 나가고 있는 듯했다. 회사 정책에 대한 자랑을 엄청나게 늘어놓았지만 본인도 회사에서 정해준 책 이상은 찾아서 읽지 않고 있다고 털어놓았다. 씁쓸했다. 결국 책읽기란 개인의 자각과 실천의 문제라는 결론으로 되돌아갈 수밖에 없었다.

몇몇 직원들의 경우 "솔직히 회사가 시켜서 하는 것이지만 도움은 된다. 그러나 아주 즐겁지는 않다"고 말했다. 한 직원은 책을 읽고 문제의식을 접하는 점은 크게 도움이 된다고 평했다. 그러나 확실히 자기 것이 되지 않는 것이 문제라고 지적했다. 그럼에도 이런 강제적인 제도의 필요성을 부정하진 않았다. 회사의 압박 덕분에 그래도 한 달에 몇 권씩이라도 읽는 것이 제법 효과가 있다는 반응이었다. 그러나 확실한 자기계발로 이어지는 부분에 대해선 반신반의했다. 특히 도서선정에 있어서 경영이나 자기계발 도서들에 치중되는 점을 불만으로 꼽기도 했다.

그러나 이런 제도가 계기가 되어 책을 열심히 읽는 습관이 생긴 동료들도 꽤 있다는 답변도 들을 수 있었다. 자기계발 의지가 있는 직원의 경우라면 회사가 독서경영으로 책읽기를 독려하는 것을 계기로 상당한 효과를 얻을 수 있다는 것이다. 그래서 독서경영을 도입한 회사에 다님으로써 좋은 성과로 이어진 사람을 찾아 나서기로 결심했다. 해당 회사가 추천하면 공신력이 떨어질 것 같아서 다른 채널을 찾아 섭외하느라 애를 먹어야 했다.

책을 일과 결합하라

|

조명희

독서경영의 모범사례 회사 직원으로 찾아낸 독서가는 30대 초반인 조명희 씨였다. 브랜드 컨설팅업체인 메타브랜딩 중국사업부에서 일하는 조씨는 이름 때문에 여자로 예상했는데 실제로는 남성이었다.

메타브랜딩은 기업이 빠지기 쉬운 독서경영의 한계를 잘 극복한 회사로 평가받는다. 직원들의 독서가 경영전략에 실질적인 도움을 주는 연결구조를 갖추지 못하고 직원 개인 차원의 독서로 그치는 것이 독서경영에서 일어나기 쉬운 문제점으로 흔히 지적된다. 메타브랜딩은 이를 극복하기 위해 회사의 중요한 문제와 업무를 책을 읽고 토론하면서 해결하려고 시도한다. 독서가 회사업무와 유기적으로 연결되고 실제 업무의 일부로 포함된다는 점에서 다른 회사들의 독서경영 방식과 차이가 있었다.

체계화된 노하우를 업무에 적용하다

조명희 씨를 직접 만나서 이야기를 들어보니 그는 회사에서 독서경영을 하지 않아도 업무 자체가 반드시 책을 읽어야만 하는 분야에 있었다. 조씨의 업무는 중국사업부에서 고객들에게 정보와 지식을 제공하는 일이기 때문에 그는 당연히 늘 독서로 지식을 보충해야 했다. 조씨는 "독서를 할 수밖에 없는 직업에, 독서경영을 하고 있는 회사에 다니니 인터뷰 취지에 어긋나는 것이 아니에요?"라며 웃었다.

책을 많이 읽고 그와 직접적인 업무를 하고 있어서인지 책에 대한 조씨의 철학은 명쾌했다.

"저한테 책은 정보를 얻는 수단이자 도구이자 과정이에요."

자기계발을 위해서 책 이상의 방법은 없고, 그래서 반드시 읽어야 한다는 생각이 그의 머릿속에 거의 신념처럼 굳어 있었다. 다니는 회사가 독서경영을 하는 것과 상관없이 개인적으로 책에 대한 생각과 의무감이 확실한 독서광이었다.

조씨는 책을 직업적으로 읽는 만큼 독서원칙과 노하우도 분명했다. 그는 늘 서너 권을 동시에 읽는다고 한다. 한두 권은 업무상 읽어야 하는 책, 한 권은 출퇴근 시간용, 한 권은 집에서 읽는 책이다. 업무상 읽는 책은 두 권 정도를 사무실에 가져다놓고 바꿔가며 읽는다. 출퇴근용 책을 늘 들고 다니며, 집에는 따로 읽을 책을 마련해놓는다.

"이렇게 한꺼번에 읽는 것이 더 좋아요. 습관이 되면 자연스러워집니다. 한번에 계속 읽히는 책들도 있긴 하지만 같은 책만 계속 읽으면 답답하고 중간에 속도가 떨어질 때가 있어요. 여러 권을 동시에 읽으면 변화가 있어서 오히려 더 재미있게 읽히는 것 같아요."

"혼란스럽지는 않으세요?"

"전혀요. 만약 책을 읽고 내용이 헷갈린다면 책을 읽은 의미 자체가 없는 거잖아요?"

하긴, 그건 그렇다.

"저는 책에서 중요하거나 기억에 남는 대목이 있는 페이지에 포스트잇을 붙여요. 그리고 책 내용을 따로 기록해놓는 것을 좋아해요. 기록하면서 책 내용을 한 번 더 생각하게 되니까요. 책에 대해서 뭔가를 기록하면 제 의견이 자연스럽게 들어가게 돼요. 그 의견을 쓰려면 다시 읽은 내용을 확인하는 과정을 거치게 됩니다. 그런 과정을 통해서 이해도가 깊어져요. 문제는 시간이 좀 많이 걸린다는 거죠."

조씨에게 책의 즐거움이 무엇이냐고 묻자 곧바로 "희열이 아닐까요?"라는 답이 돌아왔다. 그만큼 강렬한 기쁨을 얻는다는 말이다.

"책을 읽어서 제일 좋은 것은 다른 사람과 대화하면서 공통점을 발견하는 거예요. 양쪽이 다 아는 화제가 나오면 관련된 경험이나 느낌을 이야기하고, 그러면서 동질성을 느끼는 게 바로 '희열'이 되는 거죠. 그런 공통점이 많이 생기면 업무에 엄청난 도움을 줘요. 책을 통해서 동질성을 한번 확인하면 그 책은 물론 그 책 이야기를 함께 한 상대에 대해서도 얻어갈 부분들이 훨씬 많아집니다. 책 이야기가 계기가 되어서 그 사람의 머릿속에 들어 있는 더 많은 것을 배워갈 수 있는 거예요."

그가 주로 읽는 책은 주로 경제·경영 실무에 대한 책들이다. 하지만 이런 책들만 집중적으로 읽다보면 감정이 메마르는 듯한 느낌이 자주 든다고 한다. 그래서 산문이나 수필집으로 감성을 적셔주는 작업을 빼놓지 않는다. 딱딱한 책을 읽다가 이런 책을 읽는 과정 자체가 큰 즐거움이 되는 것은 물론이다.

"좋은 책을 고르는 나름의 요령이 있나요?"

"예전에 교수님이 이런 이야기를 들려주셨어요. '두껍고 디자인이 예쁜 책이 좋은 책'이라는 겁니다. 왜 그러냐면 책의 내용이 좋으니까 두꺼워도 출판을 한 것일 테고, 출판사에서 디자인에도 신경을 썼을 것이란 거예요. 그런데 요즘에는 모든 책의 디자인이 예뻐서 이게 잘 안 통하기도 해요."

내가 책읽기를 생활화하기 힘들다고 하자 조씨는 자기의 경험을 들려줬다.

"한 권만 진득하게 붙잡고 읽지 말고 다 읽지 않아도 좋다는 생각으로 두 권 정도를 동시에 읽어보세요. 처음에는 두 권 모두 어려운 책으로 잡지 말고 자기가 좋아하는 책으로 고르는 게 좋아요. 그리고 시간과 장소, 날짜에 따라 읽고 싶은 책, 손이 가는 책을 번갈아가며 골라서 읽는 겁니다. 그냥 '오늘은 이걸 읽어볼까, 저걸 읽어볼까?' 하는 식으로 기분 따라 읽는 거죠."

조 씨와의 인터뷰 중에서 기억에 남는 것은 조씨 자신도 원래부
터 책과 친했던 것은 아니었다는 것이다. 그런데 출퇴근 시간
덕에 책읽기를 생활화할 수 있었다고 했다. 처음에는 출퇴근 시간이
아까워서 공부를 시작했는데 그것은 실패했다고 한다. 그래서 시도
한 것이 책읽기였는데 금세 습관이 된 것이다. 그의 조언도 앞선 독
서달인들과 똑같았다.

"무가지 대신 책을 잡아요. 그럼 어느새 책을 즐겨 읽는 자신을
발견하고 놀랄 겁니다."

메타브랜딩의 '수요 스터디'

메타브랜딩은 브랜드 네이밍, 컨설팅, 콘셉트 기획 관련 업체로 직원 수는 20여 명인 크지 않은 회사다. 하지만 알찬 독서경영 면에서는 대기업 이상의 수준이라는 평가를 받고 있다. 지식을 다루는 업체이므로 독서경영의 필요성이 더욱 중요하다는 신념으로 독서경영을 상시화해 운영중이다.

삼성전자의 김치냉장고 하우젠, 쌍용의 고급 스포츠 유틸리티 차량 렉스턴, SK에너지의 OK캐시백 등이 메타브랜딩이 만들어낸 브랜드들이다. 이런 대단한 성과들이 바로 독서경영으로부터 나온다고 이 회사는 믿고 있다.

메타브랜딩은 매주 수요일 오후 6시가 되면 책 한 권을 놓고 이야기를 나눈다. '수요 스터디'란 이름으로 9년째 이어오고 있는 회사 공식행사다. 이 수요 스터디가 바로 메타브랜딩의 독서경영에서 가장 핵심이 되는 부분이다. 책을 정하는 사람은 대표이사다. 대표이사라서 책을 정한다기보다는 그가 회사 내에서 최고의 독서광이기 때문에 책을 정하게 된 것이라고 한다.

메타브랜딩의 수요 스터디 프로그램은 매주 달라진다. 회사의 지식위원회가 이 스터디를 이끈다. 첫째 주에는 정한 책을 읽고 토론한다. 주로 직장인들에게 필요한 지침서들이 해당 책으로 정해진다. 둘째 주에는 외부강사를 초빙해 강의를 듣는다. 셋째 주에는 작은 주제별로 운영하는 글로벌위원회, 행복위원회 등에서 해당 주제를 가지고 발표를 한다. 예를 들면, 글로벌 위원회는 칸광고제 관련 정보를 조사해 출품광고를 소개하고 이에 대한 분석과 품평을 발표한다. 때로는 각 실별로 돌아가며 글로벌 주제에 대해 발표를 하기도 한다. 넷째 주에는 프로젝트 발표회를 한다. 각자 수행한 프로젝트를 정리해 발표하고 이 내용을 회사 전체가 함께 인식하고 이해하는 과정이다.

수요 스터디의 또 다른 특색은 글쓰기 발표다. 모든 멤버들이 브랜딩 관련 글을 써서 발표하고 회사 사이트에 올려놓는다. 이 글들은 사이트 회원이면 누구나 볼 수 있다.

고전, 읽을수록 빠져드는 에너지원

김서연

책을 열심히 읽는 사람들을 만나면서 느낀 것은 책을 오랫동안 읽게 되면 독서법이 예상 외로 자주 바뀐다는 것이다. 또 이런 변화의 양상을 살펴보면 대부분에게 공통되는 보편적 흐름이 있었다. 그 흐름은 사람마다 조금씩 다르지만 큰 틀에선 모두 비슷했다. 가령 처음에는 실용서만 읽었는데 점점 교양서로, 그 다음에는 고전으로 선호 분야가 바뀌어가는 식이다. 또는 정반대로 인문서나 교양서만 읽다가 실용서도 찾게 되고, 실용성이 없다는 이유로 멀리했던 소설의 즐거움과 유용함을 뒤늦게 발견해 이에 푹 빠지는 이들도 많았다.

어떤 장르를 먼저 좋아하느냐는 결국 취향의 문제일 뿐이다. 꾸준히 책을 읽으면서 자기를 계발하고 때로는 책으로 스트레스를 해소하다보면 취향이 저절로 넓어지는 것이다. 여러 가지 책들을 읽으면서 각 종류별로 효용을 얻게 되는 단계로 자연스럽게 올라간다. 독서방식 면에서도 역시 책의 성격에 따라 무거운 책은 무거운 책대로,

가벼운 책은 가벼운 책대로 읽어가며 서너 가지 독서법을 자연스럽게 체득하게 된다.

30대 중반의 열혈 독서가 김서연 씨는 오랜 기간 독서를 해오면서 책읽기 방법과 취향이 자연스럽게 변해가는 과정을 잘 보여주는 책쟁이였다. 독서를 일상의 중요한 부분으로 정하고 독서로 꾸준히 자기를 가꾸다보면 어떤 과정을 거쳐 어떤 즐거움을 얻으며 어떤 식으로 책읽기가 변해가는지 그녀의 이야기를 통해 전해들을 수 있었다.

자기계발이 절실할 때 책을 만나다

김씨는 올해로 직장생활 15년째 접어드는 베테랑 여성 직장인이다. 컴퓨터 프로그램 개발업체인 양재IT에서 기획과 회계업무를 맡고 있다. 회사의 중추가 되는 중요한 업무를 오랫동안 해온 만큼 그녀는 모든 면에서 분명하고 빈틈없는 이미지였다. 자기 이야기를 책에 쓸 때는 '○○같아요'란 표현을 쓰지 말아달라고 부탁할 정도로 자기표현이 확실하고 명쾌했다.

김서연 씨는 장르를 가리지 않고 책을 읽는다. 소설이나 시집도 읽고 동시에 실용서와 재테크책도 읽는다. 원칙을 굳이 규정하자면 '필요하거나 재미있다고 소문난 책'이면 무조건 읽는다는 것이랄까? 하지만 이렇게 되기까지 책읽기의 내용과 패턴이 많이 바뀌어왔다고 한다. 20대에만 해도 그녀는 경제경영서나 실용서, 자기계발서 등은 거의 읽지 않았다고 한다. 그럴 필요를 느끼지 못하기 때문이었다.

"20대에는 앞으로 뭘 해야 할지, 뭘 하고 먹고살지 생각이 확고하지 않았어요. 제가 직장인이 되었다는 뿌듯함, 직접 돈을 벌어서 쓰고 싶은 대로 쓸 수 있다는 것, 그런 것들이 그저 만족스러웠을 뿐이죠."

그때는 책읽기보다 친구들과 만나 영화를 보고 맛집 찾아다니기에 더 바빴다고 한다. 그렇다고 그녀가 책을 전혀 안 읽은 것은 아니었다. 당시 그녀가 읽었던 책은 주로 부담 없는 소설책. 책으로 무엇을 얻고 배우기보다는 문화생활의 일환으로 독서하던 시절이었다. 그러던 김씨에게 변화가 온 것은 직장생활 5년차쯤이었다.

"그때쯤 되니까 좀 달라져요. 회사와 업무를 보는 관점도 달라지고 직장인으로서 저의 위치와 역할에 대해 고민하기 시작하게 되는 거죠. 자기관리가 필요한 때가 왔다는 생각이 들었어요. 30대라는 제 나이에 대한 고민도 하게 되었죠. 그때부터 책을 제대로 읽었어요."

사람의 탄생에 있어서도 청소년기에 정신적으로 자신을 자각하며 다시 태어나는 '제2의 탄생' 과정을 거치듯 독서에도 이런 과정이 존재한다. 김씨도 직장인, 생활인, 그리고 어른으로서 자신을 자각하면서 독서가로서의 재탄생을 경험했다고 한다. 그토록 좋아했던 소설을 읽고 나면 어느 순간 좀 허무해졌다. 소설만 읽는 것에 한계를 느낀 것이다.

그러나 이는 또 다른 책들과 만나게 되면서 치르는 자연스러운 입문과정 속의 변화였다. 익숙한 책들과 거리가 멀어지는 대신 예전 같으면 접하지 않았을 새로운 책들이 눈에 보이기 시작했다.

이 시기에 그녀가 읽은 책 가운데 크게 도움이 되었던 것은 《네 안에 잠든 거인을 깨워라》였다. 사람에겐 스스로 생각하는 것 이상의 잠재능력과 가능성이 있다는 것이 이 책의 주제인데, 책을 읽으면서 김씨는 자신의 장래를 좀더 깊게 고민하게 되었다고 한다.

그리고 그녀의 인생에 중요한 영향을 미친 또 다른 책을 이 시기에 만나게 됐다. 너무나 유명한 《제3의 물결》이다. 이 책이 그녀에게 특히 중요한 계기가 된 것은 점차 고전 경제경영서들을 읽는 계기를 만들어주었기 때문이다.

"이 책을 읽고서 사회와 경제원리를 겉으로 보는 게 아니라 구체적으로 들여다보려고 하게 됐어요. 기획과 회계라는 제 업무에 직접적인 도움이 된 건 아니에요. 그렇지만 다른 식으로 도움이 많이 됐어요. 무엇보다 제 안의 부족함이 채워지는 느낌, 그리고 마음속에 갖고 있던 뒤처짐에 대한 강박관념이 줄어드는 데 긍정적인 역할을 해준 중요한 책이에요."

한마디로 미시적이었던 자신을 거시적으로 만들어주었다는 것이다. 그러면서 김씨는 이 책에 크게 고마워했다.

곱씹으면 더 깊은 맛이 나는 고전 읽기

인생의 새로운 시기를 맞으면서 김씨의 책읽기는 나이에 맞게 진화했다. 20대에 읽었던 소설과 자기계발서 대신 고전에 손이 가기 시작한 것이다. 고전이란 게 그리 어렵기만 한 책이 아니라는 것을 알고서 부담이 없어진 덕분이었다. 그녀는 이제 아예 고전예찬론자가 되었다. 스스로도 놀랄 일이다.

"소설이나 자기계발서들을 읽어도 이젠 별로 감흥이 안 느껴져요. 고전은 업무에 즉각적인 도움을 주는 건 아니지만 제 나이에 맞게 인간관계나 사고방식, 인생관과 세계관을 정립하는 데 확실한 도움을 줍니다. 요즘에는 《사기열전》《도덕경》 같은 책들을 읽어요. 특히 《도덕경》은 지루할 줄 알았는데 전혀 그렇지 않았어요. 읽어보니까 술술 읽히고 정말 재미있는 책이더라고요."

김씨는 《도덕경》에서 인간관계와 직장생활에 필요한 직접적인 도움을 받았다며 강력 추천했다. 남을 배려하는 마음, 다른 사람들을 대하는 자세 등에 대해 생각해보게 만드는 책이란 것이다. 요즘 그녀가 남들에게 선물하는 책 역시 《도덕경》이다.

왜 김씨는 고전에 빠져들게 되었을까?

"저도 학교 다닐 때 교과서에 고전들이 나오면 지루하기 짝이 없었어요. '왜 이런 쓸데없는 것을 배울까?' 하는 생각까지 들었죠. 그런데 나이를 먹으면서 자연스럽게 책읽기 방식이 변해가는 거예요."

김씨가 보기에 책읽기에는 일정한 흐름이 있다. 학생 때 읽는 책들이 있고 직장에 다니며 읽는 책들이 있다. 학생 신분을 벗어나 사회생활을 하게 되면서 다양한 사람들을 만나고 조직문화에 적응하면서 새롭게 관심이 가는 책이 생긴다. 이런 단계에서 누구에게나 읽을 만한 책이 바로 고전이더라는 것이다.

"소설이나 에세이를 읽다보면 어느 순간 그런 책들이 너무 가볍게 느껴질 때가 있어요. 그때 고전에 한번 다가가보세요. 책이 완전히 달라보일 겁니다."

김씨도 그랬다. 가볍고 편안한 책들에 조금씩 질리고 그동안 읽어보지 않았던 책을 읽어보고 싶었다. 머리를 묵직하게 흔드는 책, 어려워도 곱씹어보게 되는 책, 가장 뻔한 진리를 말해줘서 오히려 더 직접적으로 다가오는 그런 책이 필요했다. 그래서 고전을 재발견하게 된 것이다.

물론 그녀가 '이제 가벼운 책에 질렸으니 고전을 읽자'고 저절로 결심한 것은 아니었다. 자연스럽게 자신이 원하는 책이 고전이었음을 깨닫는 계기가 있었다. 어느 날 신문을 보는데 《도덕경》에 대한 기사가 그녀의 눈에 들어왔다. 도올 김용옥 선생의 노자 강의에 대해 반론을 폈던 이경숙 씨가 《완역 이경숙 도덕경》을 썼다는 책 소개 기사였다. 기사 내용은 이씨가 이 책에서 기존 도덕경 관련 책들의 번역과 해석이 잘못됐다고 비판했다는 것이었다. 왠지 흥미로워서 이씨의 책을 사서 읽어보기 시작했다.

"시대가 달라도 옛날이나 지금이나 다를 게 없다는 걸 느꼈어요. 다 아는 이야기인데 읽어보면 어딘가 새롭게 다가오는 거예요. 읽을수록 새로운 시각으로 읽게 되는 것을 느끼면서 고전의 힘을 깨달았어요. 정말 재미있었거든요."

이후 일상 속에서 도덕경에 나오는 구절을 많이 발견하게 되면서 새삼 도덕경의 힘을 깨달았다. 생활에서 활용할 만한 구절들이 계속 쏟아져나오는 듯했다. 당연히 《도덕경》의 팬이 될 수밖에 없었다.

"직장 선후배 관계, 가족과 친구 사이의 관계 같은 인간관계에서도 참고할 구절들이 많았어요. '고전이란 걸 내가 한 번도 진지하게 접해보지 않았구나' 그런 생각이 든 게 가장 큰 소득이에요."

이후 김씨는 고전 읽기에 본격적으로 나섰다. 교과서에서 이름만 봤던 것들을 먼저 골라 읽었다. 그 책들의 진짜 내용이 무엇인지 궁금해졌기 때문이다. 김씨는 《채근담》 같은 동양고전은 물론 《구운몽》《열하일기》《춘향전》《박씨 부인전》 같은 우리 고전들에도 도전했다. 그리고 예전에 몰랐던 고전 읽는 재미를 알게 됐다.

"천천히 읽으면서 생기는 재미가 고전 읽는 즐거움이에요. 빠른 호흡이 아니라 천천히 음미하면서 읽을 수 있어서 좋아요. 읽다가 덮어두고 다시 읽어도 좋고요. 살아가는 데 필요한 지식들이 들어 있는 것을 하나하나 발견하는 것이 고전이 가진 재미죠."

요즘 소설을 읽는 게 패스트푸드를 먹는 것이라면 고전은 잘 차려진 한정식 한 상을 받아먹는 기분이라고 한다. 자기 전에 일기를 쓰듯 고전을 읽는 것이 김씨의 새로운 습관이 됐을 정도다.

하지만 들으면서도 고전을 읽는 게 그녀의 말처럼 쉬워보이지는 않았다. 나 역시 고전에 몇 차례 도전했지만 완독은 쉽게 성공하지 못했던 경험이 있었던 탓이다. 큰맘 먹고 산 고전들이 책꽂이만 채우고 있는 실정이다. 어떻게 해야 고전과 친해질 수 있는지 묻지 않을 수가 없었다. 김씨는 "부담 없이 가볍게 접하는 것이 가장 중요하다"고 강조했다.

"가벼운 마음으로 읽어야 해요. '독파하겠다' '완독하겠다' 는 생각은 버리고 그냥 읽으세요. 읽다가 어려우면 잠시 접어두고 마음에 여유가 생길 때 다시 읽어야 해요. 급한 마음으로 책을 펴면 잘 읽히지 않아요."

그리고 김씨는 한 가지 더 중요한 것이 있다고 충고했다.

"고전이 딱히 끌리지도 않는데 일부러 읽겠다고 도전하면 안돼요. 마음이 동하지 않으면 쉽게 포기하게 되거든요. 읽을 책도 많은데 읽기 싫은 책을 억지로 읽을 필요가 어디 있겠어요?"

고전에 파고드는 방법은 사람마다 취향이 다르기 때문에 정석이 없다는 것이다. 김씨는 과거 교과서를 통해 제목이나 줄거리 정도는 알고 있는 고전을 읽어보라고 권하고 싶다고 했다. 《열하일기》 같은 고전소설을 읽어보는 것도 괜찮다고 했다. 내용을 미리 들어 대강 알고 있다 해도 읽어보면 새롭게 다가올 것이라고 했다. 꼭 고전이 아니라도 1900년대 초반 우리 근대소설을 읽는 것도 시도해볼 만하다고 자기 경험을 들려줬다.

고전은 같은 원전을 놓고 여러 가지 책들이 나와 있어 그중에서 무엇을 골라야 하는지도 쉽지 않다. 김씨는 욕심부리지 말고 해설이 쉬운 책을 사야 한다고 잘라 말했다.

"요즘에는 고전 읽기에 참고서가 될 만한 책들이 정말 많아요. 《고전 읽기의 즐거움》《맛있는 고전 읽기》 같은 책 중에서 하나 골라 잡아 읽어보면 고전 읽는 방법을 어느 정도 습득할 수 있을 거예요."

김씨가 보기에 직장인들에게 책이 필요한 가장 절실한 이유는 '휴식'이다. 책을 읽다 시간 가는 줄 모르는 것도 즐겁고, 책 읽는 자체가 휴식이자 동시에 자기계발의 측면이 있다고 그녀는 분석했다.

"직장생활을 오래 하다보면 매너리즘에 빠지고 자기 일에 대한 회의도 와요. 10년 이상 되면 쉬고 싶은 생각이 간절해지는데, 저는 바로 이럴 때 책이 가장 큰 도움을 줬어요. 마음의 위안과 안정을 줬다고나 할까요? 다양한 장르의 책을 보는 것이 특히 효과적이었어요. 미술, 영화, 여행 등 취미나 여가활동으로 할 수 있는 것들에 관한 책을 읽는 것 자체가 휴식 효과를 주는 거죠. 업무에만 매달려 지친 마음을 책이 상쇄시켜주는 거예요. 그래서 책은 광범위한 자기계발의 도구죠. 스트레스를 해소해줘 업무 효율도 오르고 주변 사람들과 원만하게 지내게 도와주는 작용을 하니까."

고전 마니아인 김씨. 그녀와의 인터뷰를 마치기 전에 혹시 다른 분야의 책 중에서도 색다르게 읽어볼 만한 것이 있는지 물었다. 고전과 함께 김씨가 권하는 또 다른 분야는 바로 동화책이었다. 동화책 역시 고전 못잖은 힘이 있다는 것이다. 가장 단순해서 가장 확실한 책이라는 것이 고전과 동화책의 공통점일 것이다. 고전부터 동화까지 폭넓은 책들 속을 헤엄치며 새로운 꿈을 수혈받는 김씨의 모습에서 책이란 정말 중요한 에너지원임을 알 수 있었다.

책읽기만큼은 사장님처럼

|

신용협

취재가 이어지면서 인터뷰 상대에게 느끼는 감동의 강도가 조금씩 줄어들기 시작했다. 책읽기에 대한 사람들의 이야기란 비슷할 수밖에 없었다. 독특하고 새로운 이야기, 좀더 심화된 이야기를 듣기가 쉽지 않았다. 인터뷰를 하면서 이야기가 어떻게 흘러갈지 예측이 가능해졌다. 나는 건방지게도 '좀더 노련한 고수는 없을까?'라면서 아쉬워하고 있었다.

그러던 어느 날 주변에 아는 책쟁이가 있으면 다리를 놓아 달라고 부탁해놓았던 회사 선배로부터 연락처 하나가 적힌 메모를 받았다. 주변 사람이 추천해주었다고 한다.

"정말 열심히 책을 읽는 사람인가 봐. 자기가 읽은 책 내용을 이메일 편지로 만들어서 주변 사람들에게 한꺼번에 보내준대. 이 정도면 정말 대단한 사람이겠지?"

솔깃했다. 그 정도 열성은 쉽지 않다. 나와 비슷한 또래라고 하니 더욱 궁금했다. 나는 당시 삼성SDS에서 근무하고 있던 신용협 씨에게 바로 전화를 걸어 약속을 잡았다.

아내 따라 책을 읽다

직접 만나본 신씨는 실제로 책을 모든 일상의 중심으로 삼고 사는 직장인 독서가였다. 올해 나이는 서른다섯살. 다섯살짜리 아들을 하나 둔 대기업 직장인이다. 8년간 삼성SDS에서 근무하다가 삼일회계법인의 교육사업 법인인 삼일아카데미로 옮겼다(인터뷰 이후 현재는 위두커뮤니케이션즈로 자리를 옮겨 교육사업기획 부장으로 일하고 있다). 그는 리더십 교육과 코칭 사업을 담당하고 있었다. 사회생활을 일찍 시작해 벌써 10년차에 접어든 직장인이었다.

신씨는 직장생활이 어느 정도 안정되면서 자연스럽게 찾아온 매너리즘을 독서로 극복했다고 한다. 그러나 단순히 그 정도가 아니었다. 책읽기 철학을 다듬어 자신만의 독서 자기경영을 하고 있었다. 연간 독서량을 묻자 그는 특이하게도 "1만~3만 쪽"이라고 대답했다.

"독서량을 쪽수로 환산한 사람의 이야기를 듣고 저도 한번 해봤어요. 그런데 가만 생각해보니까 책마다 쪽수가 다르잖아요? 그래서 이렇게 계산하는 게 더 합리적이고 재미있더라고요."

3만 쪽? 책 한 권이 보통 300쪽 안팎이니 1년에 100권쯤 읽는다는 소리다. 바쁜 대기업 직장인이 그만 한 시간을 내는 게 과연 가능할까 싶었다.

신씨가 책을 본격적으로 읽기 시작한 것은 2003년부터였다고 한다. 재테크에 대해서 알아야겠다 싶어 당시 베스트셀러인 로버트 기요사키의《부자 아빠 가난한 아빠》라는 책을 읽었다.

"책을 읽어보니까 지은이가 이야기하는 것이 '돈은 돈 문제가 아니다'는 거였어요. 그 책을 읽으면서 돈도 부동산도 결국 삶과 인생과 사람의 문제라는 것을 많이 생각하게 됐어요. 사람과 삶에 대한 관심이 커지면서 자연스럽게 책을 읽고 싶더라고요."

모처럼 손에 잡은 이 책이 그가 책에 대한 관심을 갖게 해주었다. 그러고 나서 곧 본격적인 독서의 길을 열어준 계기가 왔다. 바로 결혼이다. 뜻밖이었다. 결혼하면 읽던 책도 덜 읽게 될 것 같은데….

신씨가 연애할 때 지금의 부인이 된 여자친구에게 가장 인상적으로 느낀 부분은 뜻밖에도 '책 읽는 속도'였다고 한다. 자기보다 거의 두 배 정도 빨리 책을 읽더라는 것이다. 잠깐 기다리는 사이에도 책 반 권을 뚝딱 읽는 모습이 놀라웠다. 읽는 책의 수준도 자신보다 훨씬 높아보였다. 그런 모습을 보며 자극받다가 결혼해서 함께 살게 되면서 아내의 영향을 더욱 강하게 받았다. 책과 훨씬 더 가까워지게 된 것이다.

책과 점점 친해진 신씨는 책읽기 자체에도 관심을 갖게 됐다. 아내처럼 빠른 속도로 더 많은 책을 읽고도 싶었다. 여러 가지 책읽기 방식을 찾으며 나름대로 궁리하는 과정에서 그는 독서법에 대한 깨달음을 얻었다. 책을 몇 권 읽는 것이 중요한 게 아니라 책을 읽는 데 시간을 얼마나 투자하느냐가 중요하다는 결론을 얻은 것이다.

책으로 바뀐 세 가지 - 꿈, 일상, 그리고 가족

그는 책을 통해 자신의 세 가지가 바뀌었다고 설명했다. 첫 번째는 책을 읽으면서 꿈을 갖게 된 점, 두 번째는 책을 읽음으로써 삶의 방식이 바뀐 점이다. 그리고 세 번째는 가족의 중요성을 알게 된 점이다. 진정 소중한 변화이자 실존적 차원의 변화였다. 이런 변화 덕분에 그는 직장인의 사춘기를 잘 넘길 수 있었다고 한다.

"제 꿈은 뭔지, 인생을 어떻게 살아야 할 것인지 그런 고민을 학창 시절에 제대로 해보지 못하고 바쁘게 직장에 들어왔습니다. 그 다음에야 '나는 뭐하고 살까?' 하는 고민을 시작하게 된 거예요. 안전지대에 들어온 상태에서 뒤늦게 고민을 시작한 거죠. 그런데 생각하는 법을 익힌 적이 없다면 제대로 된 고민두 할 수 없죠. 제가 그랬어요. 자칫하면 직장인 사춘기는 평생을 끌 수도 있다고 생각해요. 다행히 책을 읽으면서 이 문제를 자각하고 고민하게 됐어요."

그가 보기에 요즘 직장인들의 가장 큰 문제는 삶의 목표가 없고, 뭘 해도 만족스럽지 못한 점이다. 그 자신이 그랬고 주변 동료들도 그랬다. 그는 쉽게 극복되지 않는 이러한 고민에서 동료들보다 빨리 탈출했다. 모두 독서 덕이다.

"슬럼프의 원인이 자기 좌표를 잡지 못하기 때문인데 책을 읽으면서 비전이나 미션, 목적이란 게 뭔지 알게 됐어요. 그런데 목적을 알게 되니까 전까지 아무것도 하지 않던 제가 저절로 하나둘씩 실행을 하게 되더라고요. 목표가 생기니까 목표에 관련된 것을 책에서 찾고 활용하게 되는 거죠."

그는 책을 읽고 생각하고 고민하면서 직장인으로서 자기 길을 확실하게 정했다. 자기가 해오던 분야에서 최고 전문가로 성장하는 것이다. 당연한 선택 같지만 관성에 의해 저절로 자신의 커리어가 굳어지는 것이 아니라, 제대로 의심해보고 다른 분야와 비교 분석해보면서 주체적으로 선택한 것이다. 그렇기 때문에 확신을 가지고 전력 질주할 수 있는 진정 새로운 목표였다.

신씨는 이러닝e-learning 영업을 하는 HRD 컨설턴트 업무를 7년 넘게 해왔다. 그러나 이 일을 오래 하다보니 매너리즘에 빠졌다. 성과는 내고 있지만 정작 재미는 없는 단계가 된 것이다. 재미를 제대로 느끼지 못하면서도 업무상으로 무언가를 배워야 하고 자신이 다루는 상품에 대한 교육도 받아야 했다. 여기에 정보통신 기술도 배워야 하고 동료들 또는 거래처와의 커뮤니케이션, 프레젠테이션 능력에 협상의 기술까지…. 익혀야 할 것들이 끝없이 이어졌다. 신씨는 이런 상황에서 스스로 공부를 해야 자기 삶의 주인이 된다는 생각은 하고 있었지만 이를 제대로 실천하지는 못했다고 한다.

그러다가 어느 날 이대로는 안 되겠다는 생각이 들었다. 그는 스스로에게 물어봤다.

'7년 넘게 일을 해왔는데 정작 나의 직업과 업무에 대한 공부는 얼마나 했는가? 나는 과연 내가 하는 일, 내가 해야 하는 일을 정확하게 꿰뚫고 있는가? 나는 내 일을 지배하고 있는가? 나는 내 일에 맞게 내 역량을 키우고 있는가?'

마음속에서 '아니요'란 대답이 연신 이어졌다. 그것이 바로 자신의 현실이었다. 적잖은 충격을 받은 그날 그는 그동안 해오지 않았던 것들을 작게나마 실천하기로 했다. 회사가 해주는 교육 말고 스스로 자기 역량을 강화하는 방법을 찾았다.

신씨는 영업에 대한 책을 일곱 권을 사는 것으로 지식경영을 시작했다. 업무 관련 분야 입문서들을 차례로 사서 지식을 넓히고 그것들을 연결시켜 나갔다. 분야별로 몇 권만 훑어도 예상보다 빨리 그 분야에 대한 그림이 그려졌다. 대충 감으로 알던 것과 책으로 정리하며 알게 된 것은 하늘과 땅 차이였다. 독서생활에도 변화가 생겼다. 전공서, 실용서를 집중적으로 읽다보니 자연스럽게 그 반대로 인문서나 문학책들도 더 많이 찾게 됐다.

신씨가 책으로 자기경영을 하면서 생긴 가장 큰 소득은 바로 자신감이다. 고객들을 만날 때도 책에 대한 이야기가 나오면 그의 풍부한 지식을 확인시킬 수 있었다. 웬만한 사람들보다 더 많은 책을 읽었다는 사실이 그에게 자신감을 심어줬다. 내공 싸움에서 더 우위에 있다는 생각이 자연스럽게 힘을 내게 만들어줬다. 그의 자신감은 고객들에게 더욱 믿음을 주기도 했다.

글을 쓰면서 다시 가슴 떨리다

책으로 생긴 자신감은 변화를 계속 시도하게 만드는 요술방망이와도 같았다. 결혼 이후 책과 본격적으로 친숙해지면서 신씨에게 예상 못했던 변화들이 생기기 시작한 것이다. 바로 글쓰기였다. 이제 그는 책읽기 못잖게 글을 쓰는 것이 즐겁다고 한다.

그는 책을 읽으면서 새로운 생각이 머리에서 저절로 떠오르는 경험을 했다. 그리고 자연스럽게 이런 생각들을 기록으로 표현하고 싶었다. 저자의 생각과 그의 생각이 때론 화답하고 때론 맞서며 머릿속에서 활발하게 토론을 벌여댔다. '이걸 그냥 적어라도 두자'고 생각하면서 자연스럽게 글쓰기가 시작됐다.

그런데 책 읽을 시간 내기도 힘든데 글을 쓰기까지 과연 가능한 것일까? 신씨가 시간을 짜내는 방법은 '새벽형 인간'이 되는 것이다. 그는 새벽 4~5시에 일어난다. 그리고 규칙적으로 글을 쓴다. 작가 지망생도 아니고 전업 글쟁이도 아닌 그가 이렇게 글을 쓰는 이유는 단지, 정말 재미있기 때문이다.

"제가 살아 있는 느낌을 주니까요. 누구에게도 방해받지 않고 제 시간을 가질 수 있는 유일한 시간이 바로 새벽이에요. 저녁에 책을 읽으면 가족과 함께할 시간이 없어지니까 새벽을 골랐어요."

대신 오후 9시면 잠자리에 든다. 일이 있는 경우에는 늦더라도 10시 30분에는 잠을 잔다. 하루가 훨씬 길어졌음은 물론이다. 가장 정신이 맑은 새벽에 책을 읽고 글을 쓰며 정신을 가다듬는다. 그 시간 자체가 즐겁다. 처음에는 과연 잘될까 싶기도 했지만 이젠 이 시간을 한껏 음미한다. 오롯이 자신만을 위해 어렵게 확보한 시간이어서 더욱 소중하다.

신씨가 하는 글쓰기는 전문적인 글쓰기가 아니다. 일기에 가까운 글쓰다. 읽어서 좋았던 구절, 그 글을 보며 떠오른 생각, 권하고 싶은 책…. 그런 것들을 생각나는 대로 써보았다. 어떤 날은 세 줄, 어떤 날은 네 줄을 쓰기도 했다.

그런데 글쓰기에는 예상 못했던 매력이 있었다. 바로 '가슴 떨림'이었다. 새로운 무언가를 하게 되면서 느끼는 가슴 떨림이다.

"이사를 가거나 취업을 할 때, 진학을 할 때의 가슴 떨림하고 같아요. 새로운 글을 쓸 때 늘 그런 가슴 떨림을 경험하는 거죠. 책을 읽고 글을 쓰는 것에도 그런 떨림이 있어요."

그렇게 쓴 글들을 모아서 남들에게 보내주면 어떨까? 자기 생각을 부담 없는 쪽지로 적어서 보내주면 어떨까? 예전에는 쑥스러워서 못했을 시도를 해봤다. 과감하게 주변의 친한 사람들에게 메일을 보내기로 한 것이다. 편지 이름은 '아침의 창'. 매주 화요일 새벽에 써서 아침에 지인들에게 보낸다.

글쓰기는 업무에도 큰 힘이 되어준다. 말솜씨가 좋아진 것이다.

"글 쓰는 것 자체가 저 자신을 표현하는 것이더라고요. 글 쓰는 게 제 언어를 만드는 것이고, 그게 재미있어 지속적으로 쓰다보니까 언어기술이 늘어나는 게 스스로 느껴져요. 고객에게 물건을 파는 직업이라서 이런 게 중요하거든요. 큰 도움이 돼요."

글 쓰면서 시도해봤던 다양한 표현방식을 고객들을 대할 때 자연스럽게 구사하게 됐고 신씨의 새로운 능력으로 차곡차곡 쌓였다.

그의 이야기를 들으면서 무엇이든 일단 물고를 틀기 시작하면 참 많은 것이 바뀐다는 것을 실감할 수 있었다. 변화를 즐기는 그의 모습이 보기 좋았다.

"책으로 정말 많은 부분이 바뀌신 거네요."

"제가 생각해도 그래요. 살면서 자기가 좋은 방향으로 변한다고 느끼는 것처럼 기분 좋은 일도 없는 것 같아요. 그런 변화를 주는 책 읽기의 힘은 정말 대단한 거죠."

막상 책으로 친해지려고 해도 어떤 책을 골라야 할지 정하기가 쉽지 않아 고민하는 사람들이 많다고 말했다. 그러자 그는 고민하지 말고 그냥 책을 사야겠다고 마음먹고 무조건 서점에 가면 된다고 자신 있게 권했다. 책은 사기 전에 내용을 파악할 수 있는 물건이어서 뒤적이면 자기가 원하는 책이 보인다는 것이다.

"음료수 캔을 보면 속에 뭐가 들었는지 짐작을 할 수가 없죠. 하지만 책은 짐작할 수 있어요. 차례와 머리말이 있어서 호기심만 가지면 얼마든지 미리 접해보고 본인에게 맞는 책인지 헤아릴 수 있죠."

그에게 질문하고 대답을 받아 적으면서 나는 여러 차례 놀랐다. 그의 책읽기 방법이 최고여서가 아니었다. 바로 책읽기에 최선을 다하는 모습 때문이었다. 그는 책을 읽고 떠오르는 아이디어에 과감히 도전해보는 사람이었다. 그런 시도로 늘 자기를 새롭게 만들어가고 있었다.

책읽기,
더 재미있게 하라

신씨는 책읽기에 나름의 요령과 법칙, 특징을 만들면 책읽기가 더 즐거워진다고 귀띔했다. 그가 뽑아낸 재미있는 책읽기 요령들을 다음에서 소개한다.

1. 신간보다 구간 눈여겨보기

신씨는 책을 고를 때 신간보다 오히려 나온 지 1년 정도 된 구간에 더 관심을 가져보라고 권한다. 구간은 이미 검증이 된 책이기 때문이다. 특히 지식을 얻는 목적으로 고른다면 경험으로 볼 때 구간이 훨씬 더 안전하다고 말했다. 인터넷 서평들로 1차 검색을 해보고 서점에서 직접 확인하면 실패는 거의 없을 것이라고 했다.

2. 읽기 전에 상상해보기

책을 골랐으면 이제 그 책을 자기 것으로 만들 차례다.

"책을 앞에 놔두고 생각해보세요. 제목은 무슨 의미일까, 표지 디자인은 어떤가, 앞뒤 표지를 살펴보면서 카피는 어떤지, 소개 문구는 어떤지…. 그런 식으로 먼저 머릿속에 그림을 그려보고 머리말을 읽으세요. 그런 다음 맺음말로 가요. 그리고 상상한 것과 실제 책의 모습이 맞아 떨어지는지 한번 보는 거죠. 예상이 맞으면 맞아서 즐겁고, 예상이 빗나가면 그깃도 재미있어요."

3. 초벌 읽기

책을 읽을 때 굳이 한번에 처음부터 끝까지 정독하려고 애쓸 필요는 없다. 한번에 처음부터 끝까지 단숨에 읽으려 하지 말고 반복을 통해 자기 것으로 만들어도 된다. 부담 없이 읽는 대신 반복해서 읽어보자.

우선 처음에는 휙 읽어본다. 하루나 이틀 만에 끝낸다. 그 다음에 훑어보기로 들어간다. 신씨는 두 번째 읽을 때부터 밑줄도 긋고, 메모도 한다. 세 번째 들어가면 거의 모든 내용을 알게 된다. 네 번째 이상 넘어가면 읽는 속도가 점점 빨라져서 1시간도 걸리지 않게 된다.

"이 방식의 장점은 여러 책을 동시에 읽을 수 있다는 거예요. 전 이런 식으로 한 달에 4~5권을 읽는데 책마다 읽는 단계가 달라요."
암기 수준으로 가려면 이런 식으로 5번 정도가 적당하다.

4. 나만의 인덱스 쓰기

책을 다 읽고 나면 마지막으로 진정한 자기 것으로 바꿔놓는 마무리가 필요하다. 자기만의 해석으로 책을 재구성해보는 방법이 좋다.
"책 표지를 넘기면 면지가 나오잖아요. 거기에 자기가 인덱스를 써보는 거예요. 이건 아주 고전적인 방법인데, 자기계발 전문가인 구본형 씨나 공병호 씨는 책 표지에 하라고 권하기도 해요. 자기식으로 책을 재평가하고 재단하는 재미가 있어요."

어느 40대 독서광의 모습

장효택

그동안 만난 독서가들은 주로 독서로 자기경영을 막 시작한 20대들, 그리고 어느 정도 책읽기의 철학을 구축한 30대들이었다. 그들은 가장 책이 필요한 시기에 다른 이들보다 앞서 책으로 자기를 단련하고 있었다. 나보다 어리거나 비슷한 나이인 그들의 모습을 보며 나는 반성하고 자극받을 수밖에 없었다.

이제 40대 독서가들을 만나보기로 했다. 오랫동안 독서를 계속해온 성과가 40대란 나이에 이르면 어떤 효과를 내며, 독서생활에서 어떤 새로운 경험을 하는지 궁금했다. 그리고 30대가 아니라 40대에 독서를 시작한 경우도 찾아보고 싶었다. 언뜻 생각하기에 20대와 30대는 치열하게 공부와 독서로 제 실력을 갖출 시기임이 분명하지만 40대는 어느 정도 경력이 고착화되어 자기계발을 위한 독서의 필요성이 덜 절실한 것은 아닌가 하는 의문도 들었다.

처음 나는 40대 독서가들은 30대보다 더 적을 것으로 예상했다.

그러나 인터넷 독서클럽 운영자들에게 물어본 결과 이는 철저한 오답이었다. 20대와 30대는 결혼과 자녀교육 등 인생의 주요한 과정들이 이어지면서 독서할 여유가 훨씬 더 없는 세대들이었다. 오히려 책을 읽을 여유를 가진 세대는 40대였다.

실제 독서클럽에서 40대 회원의 숫자는 결코 적지 않았다. 20대나 30대들처럼 나서지 않을 뿐 조용히 들러 글을 읽고 가는 이른바 '눈팅족'이거나 적극적으로 자신을 드러내지 않는 이들이 많았다. 물론 30대 못잖게 적극적으로 독서가들과 교류하고 지식을 나누는 열혈 40대 독서가들도 많았다. 정유업체 현대오일뱅크 사내 독서동아리를 만들고 주도한 장효택 부장도 바로 그런 베테랑 독서가 직장인이다.

변화관리에 능숙한 베테랑

장 부장은 80학번으로 직장생활 19년차다. 그는 독서를 꾸준히 해온 편이었다. 그러나 직장인으로서 자기계발과 지식경영을 위해 책을 읽은 것은 2003년부터였다고 한다. 본격적인 독서경영은 올해로 6년째. 취미로서의 독서와 자기를 위한 독서가 함께 이뤄지면서 책의 매력에 더욱 빠져들게 됐다고 한다.

평범한 대기업 직장인인 장 부장이 40대에 접어들면서 대면해야 했던 단어는 '변화'였다. 변화해야 한다는 사회적 요구가 아니라 '변화'란 개념 자체를 연구해야 하는 업무를 맡았다. 그가 변화관리를 담당하는 팀에 소속된 것이다. 그 이전까지 회사에 없던 신생 팀이었다.

그를 비롯한 다른 동료들 모두 변화관리에 대해서는 잘 알지 못했다. 그래서 새로운 업무에 대한 의욕은 넘치는데 변화에 대한 지식은 없었다. 엔지니어 출신인 장 부장은 더욱 그런 편이었다. 이과 출신인데 관리 쪽으로 업무가 바뀌면서 장 부장 개인에게도 획기적인 변화가 요구됐다.

일단 변화란 무엇인지부터 공부해야 했다. 책 말고는 다른 방법이 없었다. 그래서 독서모임을 만들었다. 장 부장은 관심 있는 이들은 누구나 독서모임에 참여할 수 있게 했다. 현대오일뱅크 최초의 독서동아리가 그렇게 만들어졌다.

변화관리에 대한 공부 외에도 장 부장이 극복해야 할 난관이 또 있었다. 엔지니어 마인드만으로는 자신을 둘러싸고 진행되는 변화를 감당하기 어려웠다. 새로운 시각을 수혈받아야 했다. 그를 위한 방법 역시 독서뿐이었다. 자연스럽게 그는 책을 파고들기 시작했다. 새 업무를 익히기 위한 독서, 그리고 자신의 모드를 바꾸기 위한 독서를 동시에 시작했다.

"이과 출신인데 문과로 바뀌니 처음엔 상당히 어려웠어요. 그렇다고 갑자기 모드를 바꾸는 방법이 따로 있는 것도 아니고…. 뜻밖에도 제대로 읽은 책 한 권이 큰 도움이 되더라고요. 제가 경영 쪽 업무를 맡게 된 사실이 중요한 게 아니라, 제 사고가 더 비즈니스적으로 유연해지고 기업의 입장에서 생각하는 것이 더 중요하다는 걸 책으로 깨닫게 된 거죠."

당시 장 부장에게 가장 큰 도움을 줬던 그 책은 바로 짐 콜린스가 쓴 《좋은 기업을 넘어 위대한 기업으로 *Good to Great*》였다. 지속적으로 성장한 세계적인 기업들의 사례를 분석한 책으로 그가 새롭게 맡은 업무를 이해하고 기업의 관점에서 변화와 성장을 바라보는 데 소중한 도움을 주었다.

이렇게 책으로 시작된 변화에 가속도가 붙기 시작했다. 독서를 갑자기 시작하는 것이 쉽지는 않았지만 독서동아리 회원들과 함께하면서 경험을 빨리 공유할 수 있었다. 물론 많은 시행착오를 거쳤다. 시행착오는 정확한 과정을 더욱 확실하게 알 수 있게 해주었다.

"처음에는 멤버들에게 추천받아 투표로 읽을 책을 정했어요. 그러다보니 책 장르나 수준이 고르지 않고 들쭉날쭉 했죠. 추천받은 책들이 대부분 베스트셀러 위주였는데 막상 읽어보니 영양가가 없을 때가 많았어요. 그래서 선정위원을 정했죠. 그러고 나서 서너 명이 목록을 만들어 번갈아가면서 추천하기로 했어요. 또 경영과 비경영 책을 번갈아가면서 보는 것을 원칙으로 정했습니다. 그러면서 도서선정이 안정되고 독서동아리 운영의 흐름이 원활해졌어요."

지금은 격주로 책을 선정한다. 자연스럽게 한 달에 두 권을 읽게 된다. 발제자가 요약 위주로 발제를 한 뒤 관련 이슈나 토론 주제를 회원들에게 제시한다. 그러면 나머지 사람들이 자기 생각을 교환하며 토론한다. 처음 6명으로 시작한 모임이었지만 꾸준히 이어지면서 여전히 활발하게 책을 읽고 있다. 이른바 골수 멤버들 10여 명이 확실하게 참여하고 있다. 장 부장 역시 이 모임을 통해 독서가로 거듭 났다. 변화를 직접 경험한 뒤로 독서효과에 대해 확신을 갖게 됐고 더욱 열심히 책을 보고 있다고 한다.

직장인들은 자신의 뜻과 상관없이 회사로부터 변화를 요구받게 된다. 한 업무만 오래 했다고 회사가 전문가로 계속 관리해주기를 기대하기도 어렵다. 회사의 상황에 따라 부장급들도 변화를 요구받는 격변기를 맞기도 한다. 결국 이 시기의 변화는 그 직장에서의 마지막 변화 시험기일 수밖에 없으며 이 변화를 자기 것으로 만들지 못한다면 다른 대안을 찾아야만 한다. 문제는 다른 대안을 찾을 기회를 확보하기가 상당히 어렵다는 점이다. 따라서 변화에 대처하는 개인의 경영마인드와 의지가 필수적이다.

책은 이 중요한 고비에 도움을 받을 수 있는 유일한 외부 자료다. 새 업무 자체에 대한 완벽한 지식을 주지는 못해도 변화에 대처할 수 있는 유용한 시각과 관련 정보 등의 단서를 얻을 통로로는 충분하다. 장 부장은 이 위기이자 기회를 책의 도움으로 돌파할 수 있었다. 이 과정에서 언제나 변화는 진행중이란 것을 실감했고 이에 그는 꾸준히 책을 읽는 사람으로 바뀌었다.

"현업에 있다가 전사적인 관리 조직에 왔지만 자신감을 가질 수 있었던 데는 독서가 많은 기여를 했어요. 저를 더 개발해야 한다는 생각을 강하게 하게 됐어요. 제가 더 성장할 가능성이 있다는 것을 느끼는 거죠. 변화속도보다 제가 변화하는 속도가 더 빨라야만 저 개인도 조직도 혁신되는 거예요. 그런 점에서 항상 변화속도에 신경을 써요."

자칫 '변화대응'이라는 독서의 자기계발 목표가 부담스럽게 느껴질 수도 있을 것 같았다. 이런 경우에는 어떤 조언을 줄 수 있느냐고 그에게 물었다.

"남에게 뒤지고 있다는 강박 속에서 책을 읽는 것은 불행한 노릇입니다. 그냥 재미있자고 읽어야죠. 그런 마음이 들 때는 소설을 한번 읽어 보세요."

장효택 부장이 직장인들에게 생활 활력소로 강력 추천하는 책은 대하소설《혼불》이다. 유명하면서도 은근히 그 가치가 널리 알려지지는 않은 보석 같은 책이라는 것이다.

"대하소설을 읽고 싶다면 이 책을 한번 읽어보시길 바랍니다. 저는《혼불》을 두 번 읽었는데, 특히 1~3권은 사람이 어쩌면 이렇게 쓸 수 있을까 두 번 다 놀랐습니다. 그런 소설을 만나면 섬뜩할 정도예요. 희열을 느끼는 거죠. 책을 읽는 이유가 바로 그런 겁니다."

이런 심리적 효과 외에도 소설은 아이디어의 원천이 되어줄 수 있어서 중요하다고 장 부장은 덧붙였다.

"어느 시기에나 그 시기 유행하는 소설들을 읽으면 트렌드 파악 측면에서 얻는 것이 생깁니다. 젊은 세대들에 공감하진 못하더라도 그들의 취향과 생각을 항상 알고는 있어야 하는데 소설이 바로 그런 좋은 길잡이가 되는 거죠. 젊은 층들이《해리포터》시리즈를 읽으면 해리포터를 읽어야 눈높이를 맞출 수 있어요. 이런 책들에는 유행이 들어 있고, 또 새로운 유행을 만드는 방법이 들어 있어요. 마케팅 측면에서 감을 유지하는 데도 도움이 됩니다."

희열을 느끼기 위해 독서하라

장 부장은 지금은 자투리 시간에 늘 책을 본다. 점심을 빨리 먹고 30분 읽고, 출퇴근 시간에 1시간 정도 읽는다. 술을 마시지 않은 날은 물론 술을 마신 날도 집에 들어가면 30분 정도 책을 읽고 잠자리에 든다. 주말 이틀 중 일요일에는 가족들과 함께 보내고 토요일에는 집중적으로 책을 읽는 편이다. 가장의 이런 모습은 자녀들에게도 '책 읽는 아버지' 상을 각인해줬다고 한다.

"아이들이 어릴 때부터 제가 책을 읽는 모습을 보아와서 그런지 아빠를 '책도 열심히 읽고 논리적인 사람' '열려 있는 사람'으로 여겨 줘요. 지금은 아이들이 모두 외국에서 공부하고 있는데, 한국에 들어올 때면 제가 보는 책을 따라 읽는 것을 좋아해요."

부인이 남편을 자랑스러워하겠다고 묻자 장 부장은 "오히려 책에 질려 있다"고 웃었다.

"그러면서도 제가 책을 사다 놓으면 안 보는 척하면서 다 봐요. 아내는 저보다 책 읽는 속도가 더 빠르거든요. 가족들이 모두 책 읽는 습관을 갖게 됐어요. 그런 점에서 제가 가족들에게 좋은 영향을 준 것 같아서 기분이 뿌듯하죠."

그는 자신의 경험에 비추어 '책읽기는 훈련'이라고 단언했다. 책 읽을 시간이 없는 것은 이런 훈련이 안 되어 있기 때문이며, 따라서 조금만 훈련하면 책 읽을 시간이 자연스럽게 생긴다고 강조한다.

"책을 10분씩 한 달을 보면 자연스럽게 갈증이 생겨 20분을 읽게 되고, 또 30분이 됩니다. 제가 그랬거든요. 책을 읽으려면 초기 10

분만에 투자해보면 됩니다."

직장생활 20년 정도면 앞으로의 경력을 구상하기가 훨씬 더 제한적이고 어려워진다. 장 부장은 자신의 경력에 대해 어떻게 장기적 구상을 하고 있는지, 그런 구상에 독서는 어떤 역할을 하는지 물었다.

"어느 회사나 임원이 되는 것은 치열한 경쟁에서 이겨야 하는 바늘구멍이죠. 열심히 일하다가 임원이 못 되면 회사를 떠나야 합니다. 저도 열심히 노력하지만 직장생활 이후에는 무엇을 해야 할지 고민하고 있어요. 그럴 경우 제 사업을 해야 할 것 같아요. 그렇다고 직장생활 이후의 진로와 정보를 책에서 바로 얻을 수 있다고는 생각하지 않아요. 비즈니스란 것은 직장생활에서 갈고닦은 노하우로 하는 거죠. 하지만 책이 분명 중요한 것은 아이디어 측면에서는 많은 도움을 줄 수 있기 때문이죠."

장 부장은 사내에서 러닝 코치로 자신을 차별화, 전문화하고 있다. 앞으로 그가 평생을 걸 직종으로 삼으려 한다. 개인들이 학습해 나가도록 도와주는 역할인 만큼 그 자신이 끊임없이 새로운 정보와 지식을 습득하며 변화해나가야 한다. 이런 커리어를 구상하고 선택하는 데 책이 커다란 영향을 미친 것은 물론이다. 앞으로 코치로서 자신을 계발해나가는 데 책이 가장 중요한 수단인 것 역시 말할 필요도 없다.

자기계발을 하는 데 있어 본인 스스로가 책을 가장 순도 높게 활용하고 있으면서도 장 부장은 책을 자기계발을 위해서만 읽으려고 하지 말고, 책이 소통의 도구가 되는 점도 인식해야 한다고 충고했다. 책을 읽음으로써 한 가지만이 아니라 여러 가지의 관점과 견해를 알게 되면서 자연스럽게 커뮤니케이션 방식과 사고가 유연해지게 된다는 것이다. 자기가 어떻게 책을 읽었느냐에 따라 개인의 소통력이 달라지기 때문에 책은 소중한 것이라고 그는 강조했다.

그가 이런 지론을 갖게 된 것은 자신이 책 덕분에 소통력이 좋아진 것을 경험해서다. 우연히 만난 사람이 자신이 본 책을 읽었다는 것을 알고 엄청나게 가까워지게 된 경우도 여러 번이었다고 한다. 책을 읽으면 책이란 것이 사람을 얼마나 많이 이어주는지 실감하게 된다는 것이다.

책읽기의 선배로서 장효택 부장이 후배 직장인들에게 권하는 것은 한 가지다. 불안감 해소를 위해서 강박을 가지고 책을 읽지는 말라는 것이다. 목적을 위해 책을 읽으면 맘에 들지 않을 경우 짜증이 나거나 책에 질리기 쉽기 때문이다.

"독서는 희열을 느끼기 위해서 하라"는 것이 장 부장의 독서론이다. 자신을 위한 독서, 취미를 위한 독서, 그냥 좋아서 읽는 독서를 모두 풍부히 경험해본 뒤 나온 불혹의 책쟁이가 말하는 결론이다.

좋은 책을
선정하는 기준

직장인이 독서를 포기하면서 대는 핑계 가운데 가장 흔한 것이 바로 시간 확보 문제와 도서 선정 문제다. 특히 좋은 책을 어떤 방식으로 골라야 하는지는 지속적인 선택의 문제이기 때문에 난감하다. 책값이 비싸서 못 사는 경우보다는 좋은 책 고르는 데 실패할 두려움 때문에 책을 사지 않는 경우가 많다.

장효택 부장이 책을 선정하는 방식은 아주 간단하고 쉽고 정통적이라서 일반화하기 좋다. 그는 이런 세 가지 기준을 가지고 좋은 도서를 선정한다.

· 목적 지향성 도서, 흥미 지향성 도서를 분류한다.
· 신문의 책 기사들로 도서 정보를 얻는다.
· 집중적으로 읽는 저자 리스트를 만든다.

일단, 목적이 있어서 실용적으로 읽을 책과 재미나 흥미를 위해서 읽고 싶은 책을 따로 나눈다. 이 두 가지가 분류되지 않으면 책을 고르는 데 어려움을 겪게 된다. 전자의 경우, 철저하게 그 목적을 가장 효율적으로 가장 풍부하게 달성해줄 수 있는 책을 선택하고, 후자의 경우에는 자신의 기호에 가장 잘 맞는 책을 고른다.

또 신문 책기사에 소개된 책을 고르는 이유는 실패할 확률이 낮아서다. 팁을 주자면, 대부분 매주 토요일자 신문들에는 책 기사를 몰아서 낸다. 그래서 토요일이 되면 그는 신문 서너 가지를 산다. 여러 신문 책 기사 모음을 보고 구미가 당기는 책, 그리고 전문가들이 공통적으로 추천한 책을 체크한다. 그 다음 서점에 가서 직접 그 책을 확인해본다. 그는 개인적으로 책 기사 분량이 가장 많은《한겨레》와《중앙일보》의 기사를 즐겨 본다.

그가 집중적으로 관심을 가지고 있는 저자들도 따로 있다. 경제경영서의 고전이랄 수 있는 피터 드러커의 책을 가장 집중적으로 읽는다. 드러커의 책이 주는 영감이 좋아서 깊이 읽기로 작정했다. 그는 이런 방식으로 한 달에 10권 정도의 책을 사며, 15만 원가량을 쓴다. 다른 사람들에게 선물로 주는 책들도 제법 많다.

나는 세상에 홀로 설 준비를 한다

강상규

살다보면 지칠 때가 있다. 그때 여유를 되찾는 방법으로 책만 한 것이 없다. 강상규 씨는 누구나 겪게 되는 이런 고비를 책으로 돌파한 독서가다. 책은 그에게 재기의 에너지를 무한 보급하는 발전기였다. 육체적, 정신적으로 모두 나약해졌을 때 그는 책을 만났다. 어려움속에서 만난 책은 활력소, 그 이상이었다. 잊고 살았던 것을 찾을 수 있었고 몰랐던 것을 얻을 수 있었다. 책으로 힘을 되찾았고 그는 이제 미래를 만드는 힘을 책으로 쌓아가고 있다. 도대체 그에게 책이 무슨 짓을 한 것일까?

시간 쪼개기가 책읽기 습관의 지름길이다

40대 초반인 강씨는 늘 책을 두 권 이상 들고 다닌다. 읽어야 할 책과 읽고 싶은 책이다. 인터뷰를 하면서 가방을 보니 생활영어 책과 다른 책들이 서너 권 들어 있었다. 그는 책읽기를 시작하면서 수첩도 바꾸었다고 보여줬다. 한때 크게 유행했지만 요즘에는 쓰는 사람이 많지 않은 시스템다이어리였다. 여기에 꼼꼼하게 일정을 계획하고 정리하게 되면서 어수선했던 생활에 여유가 생겼다고 독서예찬론을 펴는 것으로 그는 인터뷰를 시작했다. 독서를 통해 생활의 균형을 얻었다는 것이다.

책읽기는 재산 모으기와 같다며 강씨는 개그맨 윤정수 씨의 이야기를 꺼냈다. 텔레비전에서 윤정수 씨가 17년 동안 돈을 모아 20억짜리 집을 사는 목표를 이뤘다고 하는 것을 들었는데, 그 비결이 바로 '시간 쪼개기'였다는 것이다. 직장생활의 쳇바퀴 도는 바쁜 일상 속에서 사람 기다리는 시간, 버스 기다리는 시간 같은 쪼가리 시간도 책을 읽는 데 충분하다고 그는 힘주어 말했다.

"일단은 습관이 중요해요. 습관은 만들기가 어렵지 한번 들이고 나면 정말 자연스러워져요. 두려워하지 말고 5분씩 투자하는 것을 시작으로 해서 습관이 되면 책읽기 세상이 열립니다."

강씨가 시스템다이어리를 쓰기 시작한 것은 8년 전부터다. 하루를 최대한 잘게 쪼개 책 읽을 틈새 시간을 짜내는 게 재미있어 시작했다가 굳어진 습관이다. 하루 중 생기는 5분, 10분짜리 시간에 잠깐잠깐 책을 읽는 것이 그에게는 소소하지만 중요한 재미다.

"좀 지나치다 싶으실 수도 있겠지만 해보면 괜찮아요. 그러니까 계속 하는 거죠. 이렇게 일정을 촘촘히 점검하기 전에는 생활이 무척 어수선했어요. 일정도 계획성 없이 대충 짜곤 했는데 시스템다이어리를 쓰면서 생활에 목표를 세우고 계획을 짜는 습관이 생겼어요."

주와 월 단위로 읽고 싶은 책 목록을 만들고 책을 사러 가는 것이 강씨에겐 큰 낙이다. 읽을 책 목록을 짜느라 정보들을 검색하고 비교하면서 트렌드에 강해지는 것도 재미를 더해준다. 사람들과의 대화에서 늘 관심사에서 뒤처지지 않아 생동감을 느끼게 된다.

독서는 부담 없이 즐기며 해야 한다는 책쟁이들이 많은 반면, 분명한 목표의식을 갖고 전략적으로 하라는 사람들도 많다. 강씨는 독서의 목적을 분명히 해야 한다는 쪽이었다. 그래야 효과가 더 좋다는 것이다. '좋은 직장에 들어가기 위해, 대인관계를 좋게 하기 위해, 자기경영을 위해서…' 등 목적을 먼저 세우고, 그 목적을 달성하기 위한 책들을 찾아 리스트를 만들면 책을 중심으로 하는 종합적인 정보의 그림을 그릴 수 있다고 한다.

동시에 강씨는 일상에 지치지 않기 위한 독서도 병행하는 것이 필요하다고 힘주어 말했다.

"자기가 관심 갖는 취미나 취향에 맞는 책을 읽는 것은 삶에서 정말 쏠쏠한 윤활유가 되어주더라고요. 이런 것이 없으면 금세 지치게 돼요. 목적을 위한 독서와 취미를 위한 독서, 이 두 가지를 함께해야 균형 잡힌 독서라고 할 수 있습니다."

독서생활을 시작할 때는 큰 틀을 규율처럼 정하되 반드시 거기 맞추려 하지 말고 편하게 습관을 들인 다음, 자기의 취향이 파악되면 계획을 세워 읽어보라는 것이 강씨가 권하는 독서법이다.

"처음에는 지식이 쌓여가는 즐거움이 커서 오버페이스를 하기

섭습니다. 책에 포스트잇을 붙이고 중요한 대목을 따로 적어 자기 방식대로 정리까지 하기도 하는데, 처음에는 재미있지만 오래 하기가 쉽지 않습니다. 저도 그렇게 했는데 금방 지치더라고요."

그런 경험을 통해 강씨가 얻은 교훈은 마음을 편하게 먹는 것이다.

"어차피 책 내용을 독자가 100퍼센트 다 소화하기는 힘듭니다. 그렇기 때문에 책을 완전히 내 것으로 만들겠다는 것은 포기하는 게 낫습니다. 책에 따라 다르겠지만, 책의 핵심 내용은 결국 책 전체 분량의 30퍼센트에서 왔다 갔다 하거든요. 중요한 건 거기에 다 있어요. 그걸 잘 뽑아내서 따로 메모하거나 응용하는 독서방식으로 자연스럽게 바뀌었어요."

그가 이처럼 책에 파고들어가게 된 이유는 바로 "효율성" 때문이라고 잘라 말했다. 책이 없으면 시간과 정력을 한없이 투자해 알고 싶은 것을 찾아야 하기 때문이다. 인터넷이 아무리 빠르고 편리하다고 해도 책에는 못 미친다고 그는 강조한다. 그리고 책은 인터넷이 도저히 주지 못하는 정보를 제공한다. 그는 이렇게 말한다.

"인터넷으로는 '나는 세상을 다르게 살 수 있다' '내가 어떻게 생각하고 행동하느냐에 따라 다르게 살 수 있다'와 같은 교훈이나 가르침을 얻을 수 없었습니다."

그는 서점을 최고의 삶의 현장으로 꼽았다.

"서점에 가면 긴장하게 됩니다. 자극을 받으니까요. '다들 저렇게 열심히 책을 읽는구나' '뭔가를 찾기 위해 왔구나' 피부로 느끼면서 긴장감이 생겨요. 책을 안 사도 열심히 사는 사람들의 모습을 보는 것만으로도 마음을 가다듬을 수 있습니다. 아이들을 데리고 가면 사람들이 이렇게 책을 많이 읽는다는 것을 알려주는 최고의 현장교육이 됩니다."

책에 대한 확신이 대단해보인다고 말했다.

"책이 저한테는 자문역이고 카운슬러거든요. 책읽기란 다른 사람의 인생을 사는 것이라고 생각해요. 단돈 1만 원으로 그 사람의 인생을 사는 거죠. 책을 통해 살아가는 태도와 자세가 바뀔 수도 있고 인생이 바뀔 수 있으니까요."

재도약을 위한 든든한 디딤돌

강씨는 책에서 용기와 확신, 그리고 결단력을 얻었다고 한다. 그는 의료기기 수입업체에서 일하다가 퇴사하고 지금 창업을 준비하는 중이었다. 편하고 안정된 직장을 그만두고 홀로 모든 것을 책임지고 해내야 하는 사업가로 변신하는 부담스러운 결정을 내리는 데 가장 큰 도움을 준 것은 가족도 아니고 바로 책이었다. 독서로 인생과 경영에 대한 철학을 배우고 가다듬었다는 그는 만약 책을 읽지 않았다면 이런 결정을 내리지 못했을 것이라고 말했다.

1990년, 직장생활을 시작한 지 얼마 안 되었던 20대 후반에 강씨는 흉막염으로 입원하게 되었다고 한다. 병은 예상보다 훨씬 위중했다. 한쪽 폐에 물이 차 호흡이 곤란해졌고 생명까지 위험할 수 있는 상황이었다. 갑자기 인생의 역경을 만난 그는 전에는 해보지 않았던 질문을 스스로에게 던지게 됐다.

'세상이 왜 이렇게 흘러가는 걸까?' '나이는 젊은데 앞으로 어떻게 살아가야 하나?'

마음이 답답해서 무엇이라도 읽고 싶어졌다. 이것저것 책을 읽다가 우연히 한 권의 책을 만났다. 시간에 대한 종교서였는데, 병원에 누워 있었기 때문이었는지 그는 일찍이 느껴보지 못했던 감동을 받았다. 치료 이후의 삶에 대한 목표를 세울 힘을 다시 얻었고 이타적인 마음에 대해 처음으로 진지하게 고민하게 됐다. 이 책으로 강씨는 종교를 얻었다. 그리고 책읽기에도 더욱 큰 의미와 열정을 갖게 됐다.

다시 직장에 복귀한 후로 강씨는 좀더 체계적이고 열성적으로 책을 읽기 시작했다. 직장생활에 필요한 여러 가지를 책으로 얻으면서 독서의 폭을 넓혀나갔다. 특히 그가 고마워하는 책은 존 맥스웰의 《태도 101》, 그리고 스티븐 코비의 《성공하는 사람들의 7가지 습관》이다.

"《태도 101》은 대인관계에 대한 고민을 해결하도록 도와줬어요. 남들과 소통하기 위해서 필요한 것과 인간관계에서 생각해볼 것들은 무엇인지 알게 됐습니다."

인생의 고비에서 독서를 발견한 후로 그가 얻은 최고의 가치는 '마음의 평화'다. 마음에 안정을 찾은 후 그는 희망과 긍정의 태도를 얻었다.

"책이 저에게 준 열쇳말을 한번 꼽아봤어요. 마음의 평화, 안정, 조화, 상생, 성공, 긍정…. 이런 말들이 얼마나 소중한지 느끼게 된 것이 정말로 고마워요. 그런 빤한 말들의 가치를 책을 통해 몸소 체험하는 것은 실존적 차원에서 정말 커다란 의미가 있어요. 그것만으로도 저는 책이 고마워서 평생 함께하고 싶어요."

인터뷰를 마치고 헤어지려는 순간, 강씨는 내게 책 한 권을 건넸다. 그가 병원에 누워있을 때 마음을 잡게 해주었다는 바로 그 종교서였다. 한 사람의 인생을 바꿔놓은 책이라고 생각하니 그 책이 달리 보였다. 소중히 받아들고 와서 책상에 꽂아두었다.

저 책이 과연 내게는 어떤 책으로 다가올까? 문득 '내 인생의 책'을 꼽아보고 싶은 마음이 생겼다. 그리고 나도 남에게 선물할 책 리스트를 한번 만들어봐야겠다는 생각도 들었다.

강상규 씨를 만나본 후로 나는 나이에 따라 책읽기가 바뀌는 것을 실감했다. 20대에게는 20대에 맞는 독서가 있고, 30대와 40대에게는 또 자신의 연령대에 맞는 책읽기가 있는 것을 느낄 수 있었다. 20대들은 아무래도 실용서에 관심이 많다. 자기의 모습에 관심이 많고 자기를 바꿀 수 있는 확실한 지침을 원하는 경향이 강하다. 그래서 그들은 자기계발서를 왕성하게 찾는 편이다. 학생시절 수험생활의 영향으로 교양서보다는 참고서를 오히려 더 편하게 느끼는 20대들도 있다. 확실하게 도움을 주는 책들을 원하고, 시행착오를 거치더라도 그 책들이 가르쳐준 것들에 도전해보려는 것이 바로 20대들이다.

반면 40대들의 독서는 달랐다. 삶의 태도와 방식이 어느 정도 완성된 이 세대들은 실용보다는 인생의 동반자가 되는 책들을 선호했다. 물론 모든 이들이 그런 것은 아니지만 대개 이런 변화는 자연스럽게 진행됐다. 물론 그런 차이를 보여주면서도 폭넓게 세대 특성을 넘나드는 독서를 하는 사람들도 많다.

그렇다면 30대, 서른살 직장인 독서가들은 어떨까? 그들은 이 두 세대의 중간에 있다. 독서법 역시 양쪽에 겹친다. 그래서 30대의 책읽기는 더 치열하고, 더 어려우며, 더 넓어보였다. 30대는 20대 시절의 책읽기에서 변화를 시도하면서 40대들처럼 책을 인생의 동반자로 굳혀가는 독서를 하는 시기라고 할 수 있다. 실용적인 독서는 계속 이어가되, 여기서 어느 정두 더 나아가 자기 삶의 고유한 향기를 만들어주는 책을 찾아 고민하는 시기가 아닐까?

책 속에서 다시 태어나다

백승협

40대란 나이를 경험하려면 내겐 아직 제법 많은 시간이 남아 있다. 마흔, 불혹, 인생의 중간, 그리고 결코 멀지 않은 미래…. 나는 어떻게 40대를 맞아야 할까? 마흔살이 되면 나는 과연 내가 원하는 모습으로 자신을 가꾸어놓을 수 있을까?

마흔살이란 나이는 결국 30대의 결과이자 동시에 새로운 시작이다. 책읽기로 30대를 가꾼 내 역할모델로 적합한 책읽기 달인을 찾아야 했다.

수소문한 끝에 책을 통해 30대에 완전히 새로운 인생을 연 한 직장인을 만났다. 역설적이게도 그 사람은 책과는 담을 쌓았다던 사람이었다. 책과 멀었기에 책을 더욱 새롭게 만날 수 있었고, 30대 때와는 전혀 다른 자신이 되어 40대를 맞았다. 오리온 생산구매팀장인 백승협 씨였다.

독서, 시작이 반이다

그는 올해 직장생활을 한 지 18년째로 해외생산 및 구매 관련 업무를 담당하고 있다. 동시에 사내에서는 책벌레로 통한다. 책과는 궁합이 안 맞는 줄 알았던 그가 이제 네이버 카페 '책을 좋아하는 사람(cafe.naver.com/bookishman)'까지 운영하는 책벌레가 된 비결을 들으러 찾아갔다.

"30대 초반까지는 정말 너무나 책을 안 읽었어요. 제가 생각해도 지독하게 안 읽었습니다."

지금 생각해도 왜 그랬는지 쑥스럽다고 백 팀장은 말했다. 저렇게 강조해서 자기가 책을 안 읽었다고 말하는 사람도 처음이었다. 왜 그리 책을 멀리했는지 물어보지 않을 수가 없었다.

"책이란 게 별 필요가 없는 거라고 생각했어요. 한창 열심히 일을 배우고 점점 프로 직장인이 되어가는 자신의 변화를 즐기던 때였거든요. 그때는 실무에서 배울 게 많아 책을 봐야겠다는 생각도 못했던 거죠."

그는 실무에 도움되는 것은 오로지 현장경험과 경력뿐이라고 여기는 전형적인 직장인이었다. 책이 인생에 도움이 된다는 이야기는 너무나 당연해서 짜증나는 잔소리일 뿐이었다. 정신없이 회사 일을 하고 또 다른 일이 계속 이어지는 생활이었다. 일만 생각하기에도 바빴다. 책이란 것은 아예 생각 대상도 아니었다.

그러던 그가 무언가로 자신을 채워야겠다고 느끼게 된 계기가 왔다. 서서히 자기에게 전달되는 신호들을 느꼈기 때문이었다. 언젠

가부터 동료들과 이야기할 때 자기 말에 부족함이 있다는 느낌을 받기 시작했다. 그런 경우가 여러 번 생기면서 막연하게 지식을 채워야겠다는 생각이 들었다. 그렇지만 금세 그런 생각을 잊고 다시 바쁜 일상으로 돌아가곤 했다. 그러다가 그가 정말 달라진 계기가 생겼다. 서른세 살 때였다.

그를 무척이나 아끼던 선배가 그에게 갑자기 진지하게 물었다. 회사에서 그의 멘토였던 선배였다.

"백승협, 1주일에 책을 한 권씩 읽으면 평생 몇 권이나 읽을 수 있는지 혹시 알아?"

생각도 안 해봤던 질문이었다. 그래서 그는 아무 생각도 떠오르지 않았다고 한다. 상사는 답을 들려줬다.

"20년 동안 읽어야 겨우 천 권이야, 천 권."

그리고 다시 물었다.

"책도 읽지 않으면서 자기계발을 꿈꾼다는 게 말이 된다고 생각해? 천 권은 읽어야 생각이 바뀌고 사고력의 그물이 촘촘하게 머릿속에 짜여지는 거야. 아직 안 늦었어."

이상하게 그 말이 와 닿았다. 실은 그런 조언을 마음속 깊이 기다리고 있었는지도 몰랐다. 선배의 말은 묘하고 강한 충격으로 전해졌다.

"기분이 나쁘지 않았어요. 그분이 사무실 책상에 꽂아놓는 책들은 정말로 1주일이 지나면 꼭 바뀌더라고요. 그렇게 독서를 실천하는 모습을 보면서 저도 그렇게 하고 싶다는 생각이 들었어요. 그래서 독서를 시작해야겠다는 다짐을 하게 된 겁니다."

부산에서 올라와 서울에서 일하게 되면서 백 팀장은 언어코드가 다르고 표현력이 부족하다고 느낄 때가 종종 생겼다. 동료들과 이야기가 잘 통하지 않을 때가 많았던 것이다. 일어일문학과를 나와 경영과 경제 지식도 부족했다. 경영 관련 용어나 트렌드를 알아듣지 못해 뜨끔할 때가 많았고 감각이 뒤떨어진다는 것을 스스로 느끼던 터였다.

당시 회사에서는 빠르게 변하는 환경 변화에 따라 속속 태스크 포스팀task force team이 만들어지곤 했다. 그 역시 이런 팀에 일정 기간 차출되어 업무를 하곤 했는데, 사실 전혀 감이 없었다. 때마침 선배의 말을 듣고 그의 마음이 요동쳤다. 젊을 때 한 권이라도 더 책을 읽어보자고 결심했다.

그럼 뭘 읽어야 힐까? 직장인이니만큼 경제경영서들을 읽기로 했다. 일단 책부터 사자고 결심한 그는 곧바로 서점으로 향했다. '시작이 반'이란 말은 분명 사실이었다. 처음 간 서점은 그에게 강한 충격을 줬다. 막상 책을 고르려니 무엇을 읽어야 할지 몰랐다. 엄두가 안 났다. 책 한 권 사는 것이 뭐 이렇게 어렵단 말인가?

그는 원래 맘먹었던 경제경영서를 포기하고 대신 소설을 골랐다. 일단 무엇이든 읽는 것부터 해보자는 생각이었다. 그런데 하필 그렇게 큰맘 먹고 골라든 소설은 재미가 없었다. 첫 출발이 꼬인 것일까? 아니었다. 오히려 그것이 책과 가까워지는 계기가 됐다. '이 책은 좋은 책이 아닌 것 같다'고 생각하고서 '그럼 더 좋은 책을 골라보자'는 생각을 한 것이다. 그의 책읽기는 그렇게 시작됐다.

그렇게 다른 책과 친해진 뒤 그는 경제경영서도 읽게 됐다. 허나 무슨 말인지 이해가 잘 안 됐다. 몇 권 더 읽어보니 서서히 감이 생겼다. 완전히 이해하진 못해도 시점에 따라 흐름이 있다는 것을 깨달았다. 읽을 때 이해가 안 되던 부분들이 다른 책을 읽으면서 이해가 되기도 했다. 그렇게 한번 흐름을 탄 뒤로는 경제경영서 읽기가 진짜 취미가 됐다. 현재 그가 읽는 책의 절반 정도가 경제경영서다.

더 긍정적인 삶이 찾아오다

읽어보니 왜 책이 좋은지 백 팀장은 새삼 깨달을 수 있었다. 경제경영서를 많이 읽으면서 문서작성 능력은 물론 발표력이 좋아진 것이다. 책을 읽으면서 책의 구성이나 전달방식을 저절로 접하게 됐고 이런 것들이 그가 기획안이나 프레젠테이션 문서를 만들 때 효과적으로 줄거리를 짜고 이야기를 구성하는 데 영향을 줬다. 아는 것이 늘어나는 만큼 대화소재도 풍성해졌고, 무엇보다도 이야기를 할 때 말에 짜임새가 붙었다.

변화는 가정에도 찾아왔다. 업무에 지쳐 들어오던 아빠가 책을 읽기 시작하면서 아빠의 위상이 달라졌다.

"작은 아이가 하루는 저한테 와서 '아빠의 머리만 담아가고 싶다'고 말하더군요. 제가 책을 많이 읽으니까 제 머리에 든 것들을 가져가면 좋겠다는 거예요."

다른 아빠들도 그런 뿌듯함을 느껴봤을까?

"직장인들에겐 무언가를 배울 수 있는 특별한 방법들이 딱히 없어요. 직장인용 교육도구는 결국 책 밖에 없는 거죠. 그런데 책이란 게 유일한 방법이어서 읽어야 하는 게 아니라 무척 편리해서 읽을 만한 거예요. 책은 일단 읽는 데 시간과 공간에 제약이 없잖아요. 언제나 우리 곁에 대기하고 있고 다른 교육 프로그램들보다 싸죠."

그리고 한 가지 더, "책에는 다른 교육방법에는 없는 특별 기능이 있다"고 백 팀장은 말했다. 바로 '나를 돌아보게 하는 기능'이다. 남들의 이야기와 생각을 읽으면서 저절로 자신을 계속 투영하고 생각하게 되어서다.

"긍정적으로 책을 읽으면 더욱 나 자신과 연결이 돼요. 책을 읽다보면 반복적인 열쇳말이 생기는데, 그게 결국 저하고 연관 지어집니다. 일을 하다보면 자신이 소모되고 또 특색 없는 사람으로 탈색되고 퇴보하는 것 같은 느낌이 들 때가 많아요. 그런데 책을 읽으면 내가 잊고 있었던 내 존재감을 다시 확인할 수 있어요. 그게 바로 책이 좋은 가장 큰 이유 중의 하나죠."

그는 책을 읽는 데도 요령과 인내심이 생겼다. 책을 읽는 가장 소중한 시간인 출퇴근길 가운데 처음에는 지하철에서만 읽을 수 있었다. 버스에서 읽어봤는데 너무 흔들거려서 어지럽고 도저히 책을 읽을 수가 없었다. 그런데 한두 번 해보니 금세 적응이 됐다. 스스로 놀랄 정도였다. 지금 그는 흔들리는 버스 속에서 책을 읽어도 큰 불편함을 느끼지 않는다고 한다.

독서기간이 오래 되면서 장기적인 변화들도 찾아왔다. 품성과 삶의 태도에 온 변화다. 책을 읽은 뒤 그가 가장 크게 느끼게 된 것은

'겸손함'의 가치였다.

"저보다 어린 사람이나 제 또래들이 책을 쓴 것을 보면 대단하게 느껴지고 저 스스로 배울 게 많다고 생각하게 됩니다. '내가 알고 있는 게 다가 아니구나'란 사실을 새삼 다시 자각하면서 겸손해질 수밖에 없는 거죠."

이런 변화는 대인관계가 좋아지는 것으로 실감할 수 있다. 겸손해지면서 사람들에게 호감을 주고 폭넓은 인간관계가 맺어지는 것이다.

그가 이렇게 독서에 빠져드는 도중에 회사에도 변화가 생겼다. 그가 다니는 회사가 독서경영을 도입한 것이다. 회사 전직원이 다 하는 것이 아니라 팀원급 이상 간부들에게만 적용됐는데, 한마디로 독서클럽을 만들어 토론하는 것이다. 처음 이 제도를 접한 그 또래 다른 팀장들은 거부감과 부담감이 상당했다고 한다. 그리고 이는 지금도 여전히 마찬가지라고 한다. 반면 그에게 반갑기 짝이 없는 일이었다. 책을 좋아하는 그에게 책 이야기를 할 수 있는 멍석이 깔린 것이다. 그리고 새로운 교분도 생겼다.

"다른 임직원과 책으로 사귀게 되는 것이 참 좋아요. 인간적인 관계가 바탕에 깔려야 업무 협조가 원활하게 되고 시너지가 나는 거죠. 독서클럽에서 새로운 관계가 생기는 것이 참 즐겁습니다."

백 팀장은 인터뷰 도중 처음 독서를 시작하던 시절의 이야기를 들려줬다. 당시에 그는 입사해서 주임이었던 때였다고 한다. 회사의 임원들이 대부분 이른바 일류대 출신들이었던 시절이었다.

"너 어디까지 승진할 수 있을 것 같아? 잘해야 만년 과장 정도일

거야."

당시 선배들은 우스갯소리로 지방대 출신인 그를 약 올리곤 했다고 한다.

"그런 말을 들으면 기가 팍 죽을 수밖에 없죠. 하지만 그러면서도 '그래, 어디 해보자. 누가 이기는지!' 라고 속으로는 오기가 치솟았어요."

그 사이 세상은 많이 바뀌었다. 고졸 임원도 나올 만큼 학벌의 벽이 낮아졌다. 그도 학벌 핸디캡 없이 팀장이 됐다. 오기가 발동할 때 알맞게 받쳐준 독서의 도움이 컸던 것은 언급할 필요도 없다. 이제 남은 그의 꿈은 임원이 되는 것이다.

구매전문가로 성장해온 그의 업무도 경영의 영역까지 넓어지고 있다. 오리온은 베트남, 중국, 러시아 등 7곳에 해외법인을 두고 있는데, 백 팀장은 전체에 들어가는 과자 원료를 한꺼번에 구매하는 일을 한다. 업무 영역이 해외로까지 넓어져 재미도 있지만 그만큼 부담도 커졌다. 경영자로, 임원으로 가기 위해 그는 요즘 공부의 폭을 넓히는 데 주력하고 있다.

"아무래도 마케팅책을 많이 봐요. 직장 내에서 임원이 되든, 내 사업을 하든 어쨌거나 경영자마인드를 갖춰야 하니까 미리 많이 배워 둬야죠."

마케팅책을 중심으로 읽으면서 그는 다양한 분야의 책들을 전략적으로 읽고 있다. 글로벌 감각을 키우기 위해 문화에 대한 책과 여행책도 틈틈이 들춰보고 소설도 열심히 읽는다. 소설에는 갈등상황

을 풀어나가는 방법, 처세술 등이 녹아 있어 읽으면 의사결정 능력을
키우는 효과가 클 뿐만 아니라 감정도 순화되기 때문이다.

책보다 더 넓은 것을 읽기 위하여

백 팀장은 아예 직접 독서카페를 만들기로 결심했다. 어차피 책
에 대한 자료를 정리해야겠다는 생각을 하던 터였다. 책을 많이 읽었
지만 내용이 생각나지 않는 경우도 많아졌기 때문이다. '책을 읽은
것이 아니라 책을 그냥 본 것이었구나'란 생각이 들었다. 이러면 안
되겠다는 생각에 카페를 만들었다.

카페를 만들면서 이름을 정해야 했다. '책을 좋아하는 사람들'이
란 이름을 분명히 누군가가 이미 쓰고 있을 것으로 생각했다. 그런데
검색해보니 놀랍게도 이 이름이 그냥 남아 있었다. 좋은 이름을 쓸
수 있게 돼 더욱 즐겁고 신나게 카페를 열었다.

카페는 그에게 더 많은 변화를 가져다주었다. 만들면서도 새삼
신기해 혼자 웃음을 짓곤 했다. 그토록 책을 멀리했던 그가 독서카페
주인장이라니. 카페를 만들고 나서 처음 2년 동안은 모든 책의 서평
을 올렸다.

여기에는 목적이 있었다. 글쓰기에 자신이 없는 그에겐 가장 쉽
고 맘 편하게 글을 쓸 수 있는 것이 바로 리뷰였다. 어차피 자기가 읽
은 책에 대한 얘기를 편한 방식으로 쓰면 되니까. 처음 1년 동안은
그냥 혼자서 열심히 책에 대한 서평을 올렸을 뿐이었다. 글이 쌓이면

서 카페는 저절로 책으로 사람들과 만나는 공간으로 변해갔다. 그가 느낀 것에 그들이 공감해주면서 그는 용기와 확신이 생겼고, 다른 의견을 통해서 정보를 얻고 이해의 폭을 넓힐 수 있었다.

카페 운영은 전혀 힘들지 않았다. 그저 스스로 정리해보는 차원에서 시작했는데 좋은 만남이 이어지면서 생활의 활력소가 되었다. 2007년부터는 오프라인 모임도 시작했다. 1년에 한두 번이지만 생각보다 훨씬 부담이 없고 편한 자리로 분위기가 잡혔다. 그게 바로 책의 힘인 것 같았다. 좋아하는 책을 가져오고 소개하는 것만으로도 모두 즐거워했다.

그렇게 쌓인 서평을 모아 그는 책까지 펴내게 됐다. 지난 2005년, 그는 자신이 읽은 책 90권에 대한 이야기를 담은 《맛난 책 이야기》를 출간했다.

그가 독서카페를 열고 책까지 썼던 것은 한 권의 책이 준 영향이었다. 《나, 구본형의 변화 이야기》란 책이었다. 이는 10년마다 자기 삶을 결산하는 자아경영 프로젝트에 대한 책으로 30대, 40대, 50대 10년 단위로 자기 일생을 점검하고 다음 10년을 준비하라는 메시지를 담고 있다. 이 책을 읽은 후 그는 바로 목표를 세웠고 모두 실천해갔다.

"저도 책에서 배운 대로 한번 해보고자 한 거죠. 카페를 만든 것이 제가 마흔살 때였어요. 50살 이전까지는 전문가로서 꼭 책을 쓴다는 목표도 세웠습니다. 회사에서도 가정에서도 자신을 잃고 살게 되는데 '내 중심'으로 살아보자는 겁니다. 저 자신을 찾는 데 이 책이 계기가 되었습니다."

요즘 그에게는 새로운 재미가 하나 더 생겼다. 꼬리에 꼬리를 무는 취재식 공부다. 책을 읽고 새롭게 알게 되는 것을 하이퍼링크하는 것이다. 책에서 접한 단어나 개념, 정보를 인터넷이나 신문에서 찾아 엮어서 정리한다.

"요즘에는 모든 것이 책이라고 생각하게 됐어요. 그렇게 생각하니까 신문을 보는 태도도 바뀌어요."

책을 읽지 않았다면 지금 백 팀장은 어떤 모습일까? 그는 책과 친해진 덕에 지금 인생의 재미와 행복한 습관을 놀랍도록 만끽하고 있다. 그는 진정 40대를 즐기고 있다. 그리고 소중한 꿈도 하나 생겼다. 꾸준히 책을 읽고 노하우를 갖춰 10년 안에 전문가로서 책을 한 권 쓰는 것이다.

"책을 읽지 않았으면 알맹이는 없고 껍질만 요란해졌겠죠. 자리 지키는 데 급급해서 제 것만 챙기는 사람이 됐을 것 같아요. 하지만 책을 읽으면서 긍정적인 성격이 되니까 선후배 관계도 좋아졌고 매사에 감사하면서 직장생활을 하게 됐어요. 정말 일할 수 있는 직장이 있다는 사실에 감사합니다."

백 팀장은 무엇보다도 독서로 '긍정의 힘'을 얻게 된 것을 가장 고마워한다. 사람은 배움에 대한 열정이 있을 때 세상을 긍정적으로 보게 되는데, 독서가 이런 열정을 만들어준다고 그는 말한다. 책을 읽을수록 세상은 배울 것도 많고 해볼 것도 많은 기회와 도전의 무대, 살아볼 만한 곳이란 생각을 하게 된다는 것이다. 이런 열정이 없다면 세상은 너무나 힘들고 팍팍한 정글일 뿐이다.

　책이 주는 긍정 에너지는 그를 후배들보다 훨씬 더 역동적이며 안정적인 40대로 만들어주는 듯했다.

독서의 완성,
서평 쓰기

"어차피 읽은 책, 정리하면 좋잖아요? 한 권의 책에선 최소한 건질 게 세 가지는 있을 거예요."

백승협 씨는 세 가지 정도 열쇳말을 뽑는 것으로 서평 쓰기를 시작했다고 한다.

"책을 왜 읽는 건가요? 변화하고 제대로 살기 위해서죠. 책에서 그런 목표에 맞는 메시지를 찾아보면 돼요. 모든 책에는 메시지가 있어요. 세 가지 메시지와 열쇳말을 찾으면서 책 속의 글귀나 제 느낌을 정리하면 그게 서평인 거죠. 그렇게 세 가지를 건지면 책 한 권 값인 1만 원어치는 충분히 건지는 거고요."

그 다음 서평을 쓰는 것은 의외로 간단하다고 유혹한다.

"일단 두 가지만 잘해보자고요. 우선 '놓치면 안 되겠다 싶은 내용' 그리고 '나에게 다가오는 내용이어서 누군가에게 전해주고 싶은 것'만 정리하는 거죠."

그 다음 단계는 뽑아낸 열쇳말에서 나에게 적용해보면 어떨까 싶은 것, 나와 내 주변 사람들에 관련되는 글귀 같은 것들을 모아서 하나의 주제를 만드는 것이다.

"열쇳말들에 나와 주변 사례를 넣는 작업이 가장 즐겁고 재미있어요. 이렇게 서평을 써보면 책을 다시 보게 돼서 좋아요."

행복한 책읽기 여행을 마치다

책 스승을 찾아 떠난 내 취재여행은 이렇게 끝이 났다. 반년 동안 이 사람, 저 사람 참 많이도 찾아다녔고 많은 이야기를 들었다. 오로지 책에 대한 이야기만 이렇게 많이 해볼 기회가 평생에 또 올까 싶다.

만난 사람들은 신기하게도 책 이야기를 하면서 너무나 즐거워했다. 처음 보는 내게 흥에 겨워 몇 시간이고 이야기를 풀어놓았다. 처음에는 한 시간 정도로 예상했던 인터뷰가 두세 시간으로 늘어나는 경우가 많았다. 그 모습을 보면서 책이 가진 힘이 얼마나 강한지 실감하곤 했다. '같은 책을 읽은 사람과 친해졌다, 책모임에 나가서 책 수다 떠는 것이 최고 재미다, 인터넷 책 카페를 만들었다…' 책쟁이들의 이런 이야기들은 결코 이상하고 유별난 사람들만의 것이 아님을 알 수 있었다.

이들과 이야기하면서 처음에는 어렴풋했던 책읽기에 대해 서서히 윤곽이 잡히기 시작했다. 독서가들의 이야기는 비슷하면서도 달랐고, 다르면서도 일맥상통했다. 그들은 겸손하면서도 자신만의 독서철학, 그리고 인생관을 가지고 있었다. 그게 가장 부러웠다. 책을 제대로 읽어 진정한 독서가로 거듭나보겠다고 시작한 여행은 그 목적을 채우고도 남을 많은 울림을 내게 전해줬다.

직접 만난 독서광들은 한결같이 직장인에게 책이란 '가장 적은 비용으로, 원하는 시간에 언제든지, 평생 동안 방해받지 않고 만날 수 있는 유용한 지식습득 도구'라고 정의했다. 애초 그들을 만나고자 했던 것도 책이 이런 좋은 자기계발 수단임을 일찌감치 인식한 직장인 책고수들의 이야기를 들어보려는 것이었다. 물론 그들은 그렇게 책읽기를 시작한 경우가 많았다.

그러나 실제 이야기를 들어보니 단순히 그런 수준의 문제가 아니었다. 처음에는 실용적인 목적이나 기능적인 해결책으로 책을 찾았다고 해도 책과 일단 친해진 뒤에는 훨씬 고차원적으로 책을 활용하고 있었다. 업무 능력이 향상되어 서류를 잘 쓰게 되고 상식이 늘어난 것은 그들에게 일어난 변화 중에서 아주 일부분에 불과할 뿐이라는 것을 알게 됐다. 그들은 바로 이 점을 강조했다.

직장인 독서가들은 책을 읽는 것은 거대한 변화를 위한 사소하지만 결정적인 시작이라고 말한다. 또 책읽기는 지식의 습득, 감정의 순화, 정서적 취미수단이면서 사람의 마음속에서 핵융합을 일으켜 정신혁명을 유도한다고 증언하고 있었다.

처음에는 그들도 자기계발을 위해 책을 접했다. 그렇게 시작한 책읽기는 1차적으로 직장인들에게 필요한 부분에 대한 확실한 보답을 준다. 일단 말과 글을 쓰는 데 도움을 준다. 머릿속에 좋은 글, 좋은 이야기 구성, 좋은 열쇳말을 심어두었다가 어느 순간 자기도 모르게 그 지식들이 말과 글로 활용된다.

그 다음에는 더욱 큰 변화가 온다. 책을 잡는 순간 시작된 인식이 확신으로 바뀌는 과정이다. 다른 사람들의 가치관, 철학, 지식, 인생을 읽으면서 자신을 돌아보게 되는 변화가 찾아온다. 실용서부터 고전에 이르기까지 이런 과정이 진행된다. 다만 정도의 차이가 있을 뿐이다.

책이 만드는 이 작용은 독자들에게 진정한 변화를 유발하는 시발점이 된다. 남들이 정성껏 써놓은 책을 보면서 독자들은 저절로 겸손해진다. 내가 생각하는 것 말고 다른 것들이 있으며 그것들이 귀담아들을 만하다고 느끼는 것으로도 겸손함이 마음에 싹튼다.

그리고 자신에게 없거나 또는 자신과 다른 저자의 지식, 시각, 철학을 보면서 자신이 더 잘 보이게 된다. 타자와 대면할 때 사람들은 자기의 특징을 알 수 있기 때문이다.

이 과정이 주는 가장 큰 선물은 자신이 변화해야 할 방향을 알려준다는 점이다. 자기의 현재를 먼저 분석해야 앞으로 추진할 과제가 보이는 법이다. 늘 보이지 않는 문제를 놓고 고민하던 이들이 책을 읽은 뒤 책을 통해 목표를 설정할 수 있었다고 말하는 것이 바로 이런 이유에서다.

그리고 독서가 일상에 포개지면 은근하지만 정말 강력한 책의 마법이 펼쳐지는 것도 확인할 수 있다. 책을 중심으로 사고와 생활이 재편되는 것이다. 책 읽을 시간을 기다리면서 자연스럽게 하루 일과는 정교해지고 짜임새가 생겨나게 된다. 조는 데 정신없던 출퇴근길이 즐거운 취미생활 시간이 되고, 주말에는 책 읽는 시간을 내는 대신 가족에게 더 가까이 다가가게 된다. 가족과 일, 직장과 취미가 모두 분명해진다. 책은 이제 평생 함께할 동반자가 된다.

여기까지 이르는 과정이 실제로는 물 흐르듯 너무나 자연스럽게 벌어지기 때문에 책을 읽는 사람들 스스로가 더욱 놀라워했다. 독서는 단순한 지식습득, 자기계발이 아니라 삶 자체를 바꾸는 획기적인 일이라는 것을 직장인 독서가들의 이야기를 통해서 나는 배울 수 있었다. 그들은 말로만 들어서는 모르는 마법의 매력을 흠뻑 즐기고 있었다. 나는 그 모습을 보는 것만으로도 부러웠다.

책에 대한 이야기를 깊이 나누면서 힘들여 책 읽은 이들이 얻은 귀중한 교훈을 맛보기로나마 느껴볼 수 있었다. 그 교훈들을 거듭 들으며 내 마음속에서는 생각이 바뀌고 의욕이 생기고 있다. 이들과 만나는 여행은 끝이 났지만 이제는 책을 통해 내 자신과 만나는 여행을 본격적으로 시작할 차례다.

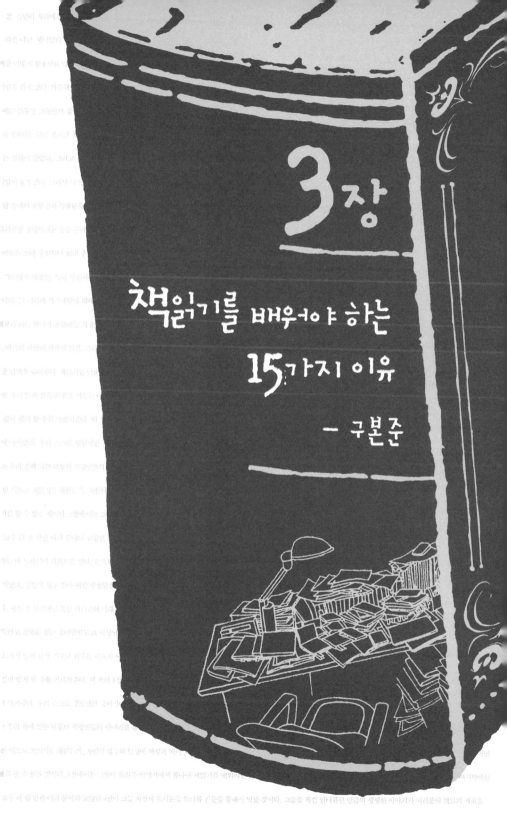

3장

책읽기를 배워야 하는 15가지 이유

— 구본준

책은 다양함을 만나는 통로다

여러 책쟁이들의 인터뷰를 다시 정리하면서 우리는 스스로에게 물었다. 이 많은 독서가들을 만나서 우리가 얻은 가장 큰 교훈은 과연 무엇이었냐고. 고민 끝에 내린 대답은 '자기 자신에 대한 확신'이라고 해야 할 것 같다.

책과 함께 사는 이들과 만나 여러 가지를 확인하고 새로 배우면서 내린 가장 중요한 결론은, 책을 읽으면서 절실하게 느낀 가치만이 삶에서 진정한 가치가 된다는 것이었다. 책을 읽어 온몸으로 이해한 개념이야말로 진짜 자기 것이 되고, 책을 읽으며 감정을 이입해 대리 체험하면서 느낀 감동만이 진정한 울림을 준다는 것을 알았다.

읽는 사람이 다르고 읽는 책이 달라도 책읽기를 통해 사람들이 얻는 쓸모와 가치는 다들 똑같았다. 독서가들은 하나같이 몸으로 독서의 장점을 깨달으면서 스스로를 가다듬는 사람들이었다. 그들과 만나 이야기하는 과정은 취재라기보다는 서로의 경험을 즐겁게 나누며 배우는 소중한 시간이었다. 책을 이야기하면서 서로 다른 점과 같은 점을 찾다보면 결국은 한 곳으로 돌아와 공통점을 공유할 수 있었다.

인터뷰를 해준 책쟁이들은 나이도 성별도 직업도 다양했지만 모두 자기 나름대로 정립한 믿음을 갖고 있었다. 독서가 가장 확실한 자기계발 방법이며 동시에 가장 확실한 즐길거리라는 믿음이었다. 이런 두 가지 이로움을 동시에 주는 것은 독서뿐이라는 것도 확신하고 있었다.

또한 독서의 즐거움은 다른 즐거움보다 한 차원이 높은 것이라고 입을 모았다. 책을 읽으면 자신이 성장하고 새로워지는 것을 느낄 수 있다는 것이다. 이들이 말하는 이 성장하는 느낌이란 어떤 것일까? 저마다의 정의는 조금씩 달랐지만 잘 종합해보면 "책을 통해 자아가 커지고 감정이 순화되면서 지식과 감정, 사고가 새롭게 재발견되고 재조직되는 쾌감"이었다.

독서는 내면에서 변증법적인 변화를 경험하는 작업이다. 원래 가지고 있던 생각이 책 속에서 만난 다른 사람의 생각과 격렬하게 부딪치기도 하고 또는 절로 수렴되기도 한다. 그러면서 독자의 생각과 저자의 생각이 융합되어 독자는 새로운 생각을 얻는 '정-반-합'의 과정을 거친다. 그래서 책을 읽고 난 뒤에는 어떻게든 생각에 변화가 생기게 된다.

이렇게 지식과 감정, 논리를 새로 정리하면서 독자들은 여러 가지 소득을 건진다. 책읽기로 얻는 소득의 양은 온전히 읽은 사람에 달렸다. 읽는 사람의 인식 폭이 넓고 깊을수록 책에서 얻는 소득들이 늘어나고 정교해진다. 똑같은 책이라도 읽는 이가 얼마나 다양한 부분에서 그 책과 교감하느냐에 따라 얻어내는 영감과 교훈, 감동의 양은 크게 달라진다.

독서달인들은 책을 꾸준히 읽음으로써 남들보다 훨씬 많은 교훈과 쓸모를 책에서 뽑아내는 이들이었다. 이 능력은 책을 읽을수록 커지게 된다. 책쟁이들은 스스로도 예상 못할 정도로 자기의 내면이 변하는 효과에 놀라 점점 더 독서에 빠져들게 되었다고 말했다. 처음에는 단순히 필요한 지식을 얻기 위해, 또는 시간을 보내기 위해 책을 읽기 시작했다가 목적 이상의 소득을 얻으면서 책의 효능에 감탄하게 되고 점점 더 열심히 책을 읽게 됐다는 이야기다.

이들이 책에서 얻은 최고의 선물은 무엇이었을까? 여러 책쟁이들이 공통적으로 꼽은 열쇳말들을 꼽아봤다. 그중에서도 일치했던 한 단어가 있다. 바로 '재발견'이란 것이다. 책쟁이들은 책을 읽으면서 거의 모든 것을 새로 발견했다고 증언했다. 개념만 알지 본질을 몰랐던 것들의 진정한 의미를 깨닫게 되는 것, 그리고 이를 통해 세상을 살아가는 근본적인 에너지를 얻는 것, 그게 바로 독서라는 이야기다.

사람은 몰랐던 것을 알게 되면서 안다고 생각했던 것을 실제로는 잘 모르고 있었음을 깨닫게 된다. 어떤 것이 있다는 것을 아는 것이 첫 번째 발견이라면, 독서는 그것이 실제로는 어떤 것인지 깨닫는 두 번째 발견으로 이끌어준다. 그냥 보고 듣는 것은 겉을 알게 만들어주지만 책을 읽으면서 생각하는 것은 속을 깨닫게 해준다.

책쟁이들은 이처럼 막연하게 아는 것을 자기 나름의 철학으로 정리하는 재발견의 재미에 흠뻑 취해 있는 이들이었다. 그들이 사랑하는 재발견 중에서도 가장 황홀하고 또 가장 커다란 충격을 주는 재발견이 있었다. 예외 없이 모두 이 재발견을 독서 최고의 효용으로 꼽고 있었다. 그것은 바로 '자기 자신에 대한 재발견'이었다.

가장 잘 알아야 하면서도 잘 모르는 존재, 그게 바로 자기 자신이다. 스스로 자신을 잘 모른다는 것만 알아도 자기 자신에 대해 많이 알 수 있는 가능성이 열리게 된다. 그리고 자기 재발견은 다른 모든 것들을 재발견하는 단계로 이끌어준다.

독서달인들은 이런 종합적인 재발견으로 삶을 확실하게 자기 것으로 만드는 법을 찾아간다. 책에서 자기에게 필요한 것이 무엇인지 깨닫고 이에 관련된 책으로 다시 자신의 능력을 계발한다. 이런 과정 속에서 조금씩 발전하는 자기에 대해 스스로 만족하고 더욱 강한 삶의 의욕을 얻는 선순환이 이어진다.

그들의 경험과 조언을 취재하면서 우리는 왜 모든 사람들이 책을 읽어야만 하는지 그 이유를 확인할 수 있었다. 그 이유는 실로 많았지만 그중에서 다시 15가지 이유를 여기에서 추려봤다.

책을 읽는 사람과 읽지 않는 사람의 가장 큰 차이는 크게 보면 두 가지다. 첫째는 인생의 모든 면에 있어서 느끼는 '감동'의 차이다. 두 번째는 먹고 사는 생활 측면에서 얻는 '효율성'의 극명한 차이다. 책이야말로 가장 경제적이고 효율적으로 비용을 줄여주며 효과를 높여주는 무기란 점을 이들의 경험 속에서 확인할 수 있었다. 직장인들이 죽어도 책을 읽어야 하는 이유는 당연히 이 15가지뿐이 아니다. 나머지 수많은 이유는 책을 읽을수록 차근차근 깨닫게 될 것이다. 여러분 스스로가 책읽기라는 자기계발 행위를 통해서 15가지를 뛰어넘는 독서 이유를 발견해가길 바란다.

1. 자기발견

내가 무엇을 원하는지 알고 있는가?

한국경제신문 기획섹션팀에서 일하는 김창근 씨. 직장생활에 어느 정도 익숙해진 다음에 그에게 찾아온 느낌은 무엇이었을까? 다름 아닌 '허전함'이었다.

회사에 들어가 정신없이 일을 배우고, 회사란 어떤 곳인지를 파악하고, 그 속에서 자신은 어떻게 살아가야 할까 새로운 단계의 고민을 시작하면서 가장 먼저 깨달은 것이 스스로의 부족함이었다. 지금까지 사회인으로 자리 잡으려 바쁘게 달려왔고 노력해서 그 자리를 잡았다. 그러고 나니 이젠 한발 떨어져 자신과 일을 좀더 객관적인 시선으로 바라보게 됐다. 지금의 자신을 만드는 데 몰입하느라 그동안 하지 못했던 것들이 점점 크게 보였다. 자신에게 부족한 것들을 알게 됐고, 그래서 허전했다.

여기까지는 모든 직장인들이 겪는 일들이다. 그 다음에 김창근 씨는 다른 사람들과는 좀 다른 선택을 했다. 그는 허전함을 해소하고 자신의 부족함을 채우기 위해 책을 집어들었다. 그는 자기계발서부터 소설까지 폭넓게 책을 읽으려고 노력하고 있다. 여러 가지 책들을 읽을 때마다 전에는 몰랐던 지식과 감동, 재미가 새록새록 튀어나오는 것을 알게 됐기 때문이다. 새로운 책을 읽고 나면 자신이 예상보다 폭넓은 존재였다는 것을 스스로 깨닫게 된다. 김씨는 본인이 몰랐던 자기를 발견하고 자기가 좋아하는 것을 하나하나 알아나가고 있다. 책읽기로 자신과 진정한 대화를 하기 시작한 것이다. 그런 점에서 그는 독서란 진정한 취미라고 생각한다.

누구나 일 속에 빠져 허우적거리다가 문득 자기 자신을 찾고 싶어한다. 누구도 아닌 자신만의 생활을 그 속에서 영위하고 싶어한다. 그러나 생각만으로는 절대로 그것을 찾을 수 없다. 취미든 자기계발이든 자기를 찾도록 하는 작업을 해야 찾을 수 있다.

그런데 이렇게 자기를 찾기 위해 해볼 만한 취미의 조건은 무엇일까? 일단은 언제나 어렵지 않게 할 수 있는 것이어야 한다. 그리고 혼자서 할 수 있는 것이면 더욱 좋겠다. 이 두 가지의 조건을 충족시킬 수 있는 것을 꼽으라면 단연 독서가 아닐까? 독서는 그야말로 가장 쉽고 확실한 취미다. 그런데도 허전함과 매너리즘에 빠진 직장인들이 책읽기를 그런 도구로 삼는 경우는 극히 드물다. 어쩌면 좀더 다이내믹하고 거창한 것이어야 한다는 강박관념이 있는 건 아닐까?

게다가 책읽기는 다른 취미가 따로 있어도 함께 즐겨야 하는 필수종목이다. 다른 취미를 즐길 때 독서의 힘을 빌리면 더욱 본질적인 즐거움을 얻을 수 있기 때문이다.

독서란 남의 삶과 생각을 읽는 것이다. 우리는 책으로 남들과 자신의 생각을 비교하면서 진짜 자기 자신을 알게 된다. 남들을 봐야 자기 자신이 제대로 보인다. 타인의 위치와 비교해보지 않고서는 자신의 위치를 정확히 알지 못한다. 남들을 보고, 남들의 말을 들으며, 남들의 생각을 접할 때 자신의 모습과 말과 생각이 그들과 어떻게 다른지 깨닫게 된다.

살아가다보면 자신의 진짜 생각을 모를 때가 온다. 아니, 원하는 것이 무엇인지 파악하기까지 그 질문에 대한 의식조차도 없다는 말이 더 적합할 것이다. 자신이 뭘 해야 할지, 어떤 쪽을 바라봐야 하는지 스스로 모르는 것처럼 답답한 것이 또 있을까? 고민이 된다면 빨리 해결책을 찾아야 한다. 고민만 계속하다가는 아무것도 얻지 못한다. 선택을 주저하는 사이에 기회는 날아가버린다. 스스로 자기의 가능성을 제한하고 만다. 기회를 놓친 자기를 원망할수록 자신과의 대화는 단절되어 간다. 자기 안에서 진짜 자기를 소외시키는 아이러니가 발생하는 것이다.

목표가 있고 원하는 바가 확실하다면 결정력과 실행력은 비약적으로 성장한다. 목표가 분명하게 서야 효율적인 대책을 세울 수 있다. 그 모든 것의 출발점은 진짜 자기가 원하는 것을 아는 데 있다.

김창근 씨는 사회생활을 갓 시작한 단계에 서 있는 젊은 직장인이다. 그는 책을 읽기 시작하면서 자기를 들여다볼 여유를 찾았다. 게다가 이제는 책이 생활에서 그 무엇보다도 중요한 부분을 차지하고 있다. 그가 계속 책을 읽는 이유는 책을 읽으면 진짜 자아를 찾는 느낌을 얻기 때문이란다. 그에게 있어 책이란 그 어떤 것보다도 소중한 가치다.

아직 젊은 그는 책을 통해서 무엇을 파악했을까? '자기 자신에 대해 스스로 가장 잘 알아야 한다'는 것이다. 물론 그의 진정한 좌표와 목표는 직장생활과 사회경험을 더 쌓은 다음에 알게 될 것이다. 그러나 김씨는 독서를 통해 자기 자신에 대해 알아야 한다는 것을 깨달음으로써 동년배들에 비해 월등히 빠르게 자기경영을 시작했다. 자기와 미래에 대한 흔들림과 불안을 책으로 극복하면서 생활의 밀도와 충만감이 높아진 것이 훨씬 더 소중한 변화일 것이다.

김씨는 항상 빠르게 살아야 한다는 강박관념 때문에 자기 자신이 누구인지도 모른 채 사는 사람들이 많은 것 같다면서 본인은 책을 읽은 뒤 삶의 여유를 찾을 수 있었다고 말한다. 직장생활만 있던 삶에서 진짜 자기의 생활을 찾게 되는 소중한 변화가 책으로부터 찾아왔다는 것이다.

책이란 우리는 왜 살아야 하는지의 문제와 본질적으로 결부된다. 우리는 결국 자신을 위해서 살아야 한다. 이는 너무나 당연한 것인데도 살다보면 늘 자신은 뒷전이 되기 쉽다. 일이 먼저, 다른 사람이 먼저, 돈이 먼저…. 그러다보면 자기가 자신을 가장 모르게 된다. 사람은 사회적 동물이어서 혼자서는 문제 해결이 어려운 존재다. 자기를 발견하는 것 역시 혼자의 생각만으로는 되지 않는다. 기존에 같은 고민을 했던 다른 사람들의 이야기를 책 속에서 찾아보면서 우리는 자신을 깨달아간다.

책의 모든 것을 이해할 필요는 없다. 그중 일부 정보나 지식을 요긴하게 받아들이는 것만으로도 충분하다. 그것도 아니라면 어떤 것들에서 단순한 재미를 느껴도 좋다. 이런 경험이 계속되면 자신이 어떤 존재인지 파악할 수 있다. 그러면서 궁극적으로 자신의 삶의 지향점, 즉 생의 목표가 나타난다.

일본의 대표적인 저널리스트인 다치바나 다카시는 엄청난 책벌레로도 유명하다. 책이 하도 많아 자기만의 '책 빌딩'을 따로 지은 것으로 알려졌다. 도대체 그는 왜 이렇게 열심히 책을 읽는 걸까? 그는 《나는 이런 책을 읽어 왔다》에서 이렇게 말한다.

"내가 알고 싶은 것은 단 한 가지였다. '나 자신은 대체 어떤 사람인가? 나와 나 자신은 어떤 관계를 맺고 있는가?' 바로 이것을 알기 위해서 나는 계속해서 책을 읽어 왔고 삶을 살아 왔다."

책읽기는 자기를 알게 만드는 측면에서 자기경영의 시발점이다. 그렇기 때문에 책은 삶의 중추이자 가장 중요한 무기다. 게다가 더 놀라운 힘도 있다. 처음에는 생존과 경쟁우위를 확보하기 위한 실용적인 목적에서 책을 읽기 시작했다 하더라도 책은 놀라운 힘으로 우리가 예상하지 못한 성과를 선사한다. 책에서 알게 된 것들은 순전히 자신만의 삶으로 새롭게 짜인다. 즉, 세상의 단 하나밖에 없는 자기의 삶을 새로 구성하게 만든다. 그것도 다채롭고 아름답고 지적인 모습으로 말이다.

흔히 책이 존재하는 이유로 정보와 지식을 저장해 세월을 뛰어넘어 전달하는 가치를 말한다. 이는 책에 대한 가장 저차원이고 무미

건조한 기계적이고 물리적인 기능만을 담은 아주 너그럽지 못한 평가다. 그것은 책이 아니라 메모리카드나 CD로도 얼마든지 얻을 수 있는 기능들이다(심지어는 이런 기능만 보자면 디지털화된 메모리카드가 책보다 나을 수도 있다).

책의 진정한 가치는 이런 생산자 중심의 물리적 정의를 뛰어넘는다. 독자들에게 책이 진짜 소중한 이유는 자기가 누구인지 비춰주는 거울이란 점이다. 삶과 일이 뒤바뀌었다는 생각이 드는 바로 그때 당신을 도와주기 위해 책은 존재한다. 누구나 자기 삶의 주인이 되어야만 한다. 그러기 위해선 자신이 뭘 원하는지 알아야 하고, 자신이 원하는 것을 찾으려면 책을 읽어야만 한다.

2. 생존

읽지 않으면 이미 뒤처진 것이다

지식을 보충하고 남들의 생각을 읽고 세상의 흐름을 엿보는 방법은 물론 책읽기 말고도 있다. 그러나 책읽기처럼 체계적이고 검증된 정보를 주는 방법은 없다. 그래서 독서는 유일무이한 학습법이자 자기계발법, 그리고 자기경영법이다. 그럼에도 책읽기를 하는 이들은 적다. 그렇기 때문에 책읽기는 시작만 하면 남들보다 앞서는 수익 보장 투자법이라고도 할 수 있다. 리스크도 없으니 이만 한 좋은 투자처가 과연 또 있을까?

그러나 이를 뒤집어 생각해보면 살벌하기 짝이 없는 말이 된다. 책을 읽지 않는 것은 그 자체로 퇴보하는 것이라는 의미이기 때문이다. 책을 읽지 않는 기간이 사회생활 초년부터 이어질수록 이미 경쟁 순위에서 그 기간만큼 밀려 있다고 보아야 한다. 인생 전체로 보면 책을 읽지 않는 것은 다른 것으로 만회가 되는 일부분일 뿐이다. 그러나 사회생활에서 독서란 경쟁의 관점에서 보면 다른 노력으로 쉽게 대체 불가능한 의무이자 생존조건이다. 읽지 않는 만큼 밀리는 것이 현실이다. 단적으로 당신이 사장이라면 어떻겠는가? 출근하면서 한 손에 책을 들고서 매일 지식을 보충하는 직원이 있다면 전혀 그렇지 않는 직원과 비교해서 당연히 높이 평가하지 않을까?

결국 책은 읽으면 좋은 것이 아니라 생존을 위해 읽어야만 한다. 자고 일어나면 새로운 지식이 등장하는, 이른바 지식사회에서 새로운 지식으로 자신을 항상 업그레이드하는 것은 생존조건 중에서도 가장 기본적인 것이다. 1, 2년 단위로 자신의 직업 및 전공지식을 총체적으로 업데이트하는 것이 필수인 세상이 됐다.

세계적인 미래학자이자 경영학 석학인 피터 드러커는 "지식노동이라는 새로운 일은 육체노동자가 습득하지 않은 능력, 더구나 습득하기 어려운 능력을 필요로 한다"고 말한다. 그러면서 "이론적, 분석적인 지식을 습득하고 적용할 능력, 일에 대한 새로운 접근법과 사고방법을 필요로 하는 일"이라고 지식노동에 대해 정의했다. 그리고 여기에서 가장 중요한 점이 바로 '계속적인 학습능력이 요구된다는 점'이라고 강조했다.

"지식사회에서는 모든 사람들이 4, 5년마다 새로운 지식을 조달하지 않으면 안 된다. 그렇게 하지 않으면 시대에 뒤처지고 만다."

드러커가 말한 이러한 계속적 학습, 그리고 지식사회를 살아가기 위한 새로운 지식을 조달하는 방법이 독서뿐임은 설명할 필요조차 없다.

또한 무조건 읽기만 하면 되는 것도 아니다. 생존을 위한 공부용 독서는 스스로 부딪쳐 시행착오를 겪어 자기에게 맞는 요령을 만드는 과정이 필요하다. 이제부터는 누구의 도움도 없이 혼자서 책을 읽어야 한다. 사회적 독립이란 곧 혼자서 정보를 취합하고 분석해서 자기에게 제출하는 처지가 되었음을 뜻한다. 그것이 누구이든 그 방법은 책을 읽는 것뿐이다.

3. 공부의 즐거움

진짜 공부에 빠지는 희열

공부가 싫은 이유는? 바로 시험을 보는 게 힘들어서다. 시험봐서 점수를 매기고 등수를 따지지 않는다면 공부의 스트레스는 어쩌면 상당 부분 사라질지도 모른다. 공부는 또한 그 자체로 노동이다. 긴장상태로 의자에 정좌해 불편함과 맞서 싸워야 하는 고된 작업이다.

이것이 우리가 생각하는 공부의 모습이다. 이는 분명 사실이지만 동시에 사실이 아니다. 학생이나 학자와 같이 공부 자체가 업인 사람들이 아니라면 이 공부란 것에 대해서 부담을 덜고 생각해볼 수 있다. 보통 직장인들이나 사업을 운영하는 사람들이라면 매번 어김없이 돌아오는 시험의 압박 속에서 의무적으로 수행하는 공부는 필요 없다. 물론 어떤 공부를 하느냐에 따라서 시험이 병행될 수도 있겠으나 그것은 어디까지나 본인의 선택 여하에 따라서 결정되는 것이다. 즉, 아이러니하게도 학생의 신분을 벗어던짐과 동시에 우리는 '진짜 공부'를 할 수 있다는 말이다.

진짜 공부란 자기 직업에 보탬이 되는 것들이나 세상 사는 데 필요한 것을 깨닫고 익히는 것이다. 그런데도 공부라고 하면 지레 과거의 빡빡한 공부의 모습만 연상하고 그렇게 따라한다. 그렇기 때문에 자기계발 공부가 어렵고 부담스럽다는 오해가 커진다.

평범한 사람들의 세상 사는 공부는 그 어떤 책이라도 읽기 시작하는 바로 그 순간 시작된다. 이 공부가 좋은 점은 그냥 아무 책이나 읽어도 진짜 공부가 되는 점이다. 이것저것 가리지 않고 손에 잡히는 대로 읽어도 어차피 자신에게 필요한 것만 취하게 된다. 또한 모든 책에서 자기 나름대로의 교훈을 얻어내기 때문에 '과연 내가 제대로 책을 읽는가?' 또는 '제대로 공부하고 있는 걸까?' 하는 걱정을 할 필요가 없다. 책을 읽는 것만으로 이미 당신의 머리와 가슴속으로 필요한 것들이 저절로 주입되고 있을 것이다.

자신을 위한 진짜 공부, 학창시절 이후의 공부는 시작이 거의 90퍼센트를 차지할 만큼 중요하다. 자신에게 공부가 필요하다는 것은 누구나 인식한다. 그렇지만 책읽기로 공부를 시작하는 단계로 나가지 못하는 것은 책읽기가 곧 공부란 사실을 모르거나 책읽기에 대한 확신이 없어서다. 그러나 일단 읽기 시작하면 독서가 곧 공부 자체임을 쉽게 확인할 수 있을 것이다.

책으로 공부를 시작한 책쟁이들은 한결같이 "학교 다닐 때 하는 공부가 이렇게 재미있었다면 얼마나 좋았을까?" 입을 모은다. 남이 시키는 공부와 자기가 찾아서 하는 공부의 극명한 차이다.

독서 공부의 최고 매력이자 장점은 공부를 하면서 동시에 휴식도 된다는 점이다. 다른 공부에선 얻을 수 없는 효과다. 누워서 잠을 청하기 위해서 읽어도, 시간을 보내기 위해 소설책을 읽어도 얻는 것이 있다. 상황과 모드에 따라 책을 달리해가며 용도에 맞게 읽는 것이 가능하다. 책의 이런 기능은 공부가 필요해서 실용적 독서를 시작한 이들에게는 여유와 휴식을 주고, 휴식을 위해 한가한 책읽기를 시작한 이들에게는 지적 욕구를 자극해 공부용 독서로 이어지게 해준다. 이는 책을 읽기 시작하면 저절로 관심 대상이 넓어지기 때문이다. 모든 책이 살아가는 데 필요한 참고서란 사실을 알게 됨으로써 그것을 통해 얻은 지식과 감동이 가리키는 쪽으로 눈길을 돌리게 된다. 이 모든 과정은 의도하지 않아도 저절로 일어난다. 책을 읽음으로써 자기를 발견하고, 이 자기발견이 곧바로 공부와 이어지게 되는 순환원리다.

사회생활이란 시험 과목과 범위가 정해지는 학교 공부와 달리 모든 지식을 총체적으로 동원하고 종합해서 스스로 판단하고 문제 해결법을 찾아 풀어야 하는 인생 종합시험이다. 이 시험을 잘 치르기 위한 공부는 새로운 생각과 정보를 꾸준히 접하면서 자기 생각과 태도를 늘 갈고 다듬어 예리하게 만드는 것뿐이다. 당신이 읽고 싶은 모든 책들이 이 공부에 필요한 참고서다. 읽으면 공부가 되면서 동시에 휴식이 된다. 이게 바로 죽어도 책을 읽어야만 하는 이유다.

4. 전문지식

대학등록금 1할로 새 전공이 생긴다

대학 전공대로 직업을 갖게 되는 이들은 의외로 드물다. 거의 대부분의 사람들이 학교에서 배운 것과는 전혀 다른 업종과 분야에서 일하게 된다. 당연히 자기 직업에 대한 전공지식이 부족해 고생하고 고민하게 된다.

직장에 들어간 뒤 자신을 업그레이드하기 위해 가장 먼저 떠올리는 방법은 대학원 진학, 또는 직장인을 위한 교육을 받는 것이다. 할수만 있다면 최선인 방법이다. 그러나 시간과 금전적 비용 문제를 생각하면 직장인들에겐 매우 비효율적인 공부법이기도 하다. 학벌 세탁과 같은 다른 의도가 있는 게 아니라 단지 전문지식을 늘리기 위한 목적이라면 이보다 훨씬 저렴하고 효율적인 방법이 있다. 이 또한 바로 책읽기다.

실제로 대학전공 수준의 전문지식을 얻는 것은 그리 어렵지 않다. 전략적이고 집중적인 독서를 통해서 대학에 다니는 것보다 훨씬 쉽고 저렴하게 공부할 수 있다. 체계적인 독서는 대학을 한 번 더 다닌 것 이상의 성과를 낸다. 책만으로 혼자서 대학교육의 효과를 거둘 수 있느냐고 묻는다면, 대답은 '그렇다'이다. 자신의 의지가 있다면 얼마든지 대학이나 대학원 수준의 전문지식을 얻어낼 수 있다. 중요한 것은 익히려는 분야에 대한 충실한 사전 취재와 체계적인 계획이다. 같이 공부하는 동료나 스승 없이 혼자서 책과 대면하는 것은 간단한 일이 아니기 때문이다.

책읽기로 자기계발을 하겠다는 마음을 먹었다면 '책으로 대학 졸업증 따기 프로젝트'를 세워 도전해보기를 권한다. 독서 초반 강한 목표가 있다면 긍정적인 효과를 기대할 수 있다. 공부 지향 책읽기나 자기계발 책읽기를 하면 책과 친해지기 쉽기 때문이다. 실제 책을 즐겨 읽는 이들은 처음에 강한 지적 동기로 시작했다가 처음 생각한 것보다 훨씬 더 많은 소득을 책으로 얻는 데 놀랐다고 말한다. 한 2년 정도 꾸준히 읽었더니 대학시절 읽은 책의 몇 배를 읽었다는 이들도 많다. 그냥 취향대로 읽는 독서가라도 조금만 전략적이고 체계적으로 독서를 하면 어렵잖게 대학을 한 번 더 다닌 만큼의 지식을 습득할 수 있다.

그러면 독서만으로 대학 졸업생 수준의 지식을 얻으려면 과연 얼마나 책을 읽어야 할까? 실제로 대학생들이 졸업할 때까지 읽어야만 하는 책은 몇 권일까? 대학을 졸업한 사람들 모두가 알고 있듯 대학 4년 동안 교육받는 지식의 양은 사실 엄청나게 과한 수준은 아니다. 아니, 오히려 예상보다 훨씬 적다. 대학 4년 동안 실제 수업을 받는 시간을 계산해보면 쉽게 알 수 있다.

보통 4년 동안 대학을 다니면서 수강하는 전공수업 과목의 수는 25개 안팎이다. 수강 수업별로 교재와 관련도서를 합쳐 평균적으로 2~3권 정도의 책을 읽게 되므로 25개 과목을 모두 합치면 70~80권, 완독은 하지 않더라도 몇 십 쪽 정도는 읽고 참고하게 되는 책까지 더하면 넉넉잡아 100권 정도다. 따라서 특정 분야를 책읽기만으로 전공자 수준이 되겠다고 하면 100권을 읽으면 충분하다. 전문가인 교수들의 수업을 들으며 공부하는 것과 책만 보면서 공부하는 경우 이해도에 차이가 나는 점을 감안해 50권쯤 더 읽는다 해도 모두 150권이다. 150권이면 충분히 학사 수준의 전공지식을 얻을 수 있다. 거기에 전공과 연관되는 교양서적으로 50권을 더하자. 그럼 200권이 된다. 그렇다면 일주일에 한 권씩이면 4년, 일주일에 두 권씩 읽으면 2년으로 충분하다.

이번에는 책의 성격과 내용을 들여다보자. 대학 전공자 수준을 갖추기 위해서 읽어야 하는 책들을 편의상 세 가지 종류로 분류해 살펴보겠다.

우선 책 전체를 꼼꼼하게 완독하고 필요에 따라서는 여러 번 반복해서 읽어 거의 자기 것으로 만들어야 하는 책들이 있다. 바로 핵심교재가 되는 기본서들로, 이렇게 읽어야 하는 책은 줄잡아 30~40권 정도다. 두 번째로는 첫 번째 책들처럼 여러 차례 읽을 필요는 없어도 꼼꼼하게 읽어야 할 책이다. 거의 완독해야 하는 책들이다. 대략 50~100권 정도다.

세 번째는 완독까지 하지는 않아도 흐름과 개념을 파악해놓아야 하고 몇 십 쪽 정도를 찾아가며 읽어야 하는 책들이다. 역시 50~100권쯤 읽어야 한다. 이런 세 가지 책을 다 합쳐 150~200권 정도를 읽으면 대부분의 문과계열 전공 학부 졸업자 수준이 되었다고 할 수 있다.

하지만 이공계열 전공일 경우 필수 독서량과 독서법은 조금 달라진다. 이공계 학과들의 수업 특징은 문과계열보다 전공 비중이 더 높다는 점이다. 요즘 인문계열 학과들은 전공 필수과목의 비중을 점점 줄이고 학생들에게 선택권을 더 넓게 주어 전공 간의 통섭을 중시하는 편이다. 2000년대 이전 학과 운영방식과 가장 크게 달라진 부분이다. 전공 선택과목이나 교양과목들의 비중이 더 커져서 큰 맥락에서 전공을 이해하는 것을 중시한다. 그렇기 때문에 독서 측면에서 보면 인문계열의 경우 전공 필수 책의 수는 줄어드는 대신 폭넓게 이해하기 위해 더 많이 더 넓게 연관 분야의 책을 읽어야 한다.

하지만 이공계는 특성상 이런 변칙이 적용되기 어렵다. 이공계 학부수업은 거의 정해진 기본교재들을 충실히 따라가는 방식이 계속 유지되고 있다. 독서방식도 기본교재들을 충실히 완독하고 되풀이해가며 복습하는 식이다. 대신 기본 필독교재의 수가 적다. 그래서 40~50권 정도의 기본교재를 확실하게 읽으면 전공자 수준의 지식을 갖추게 된다. 만약 이공계 출신으로 대학시절 전공 말고 또 다른 전공을 책읽기로 공부하겠다면 읽어야 할 책의 숫자는 크게 줄어든다. '열역학'과 같이 겹치는 기본 개론 분야들이 많기 때문이다.

결국 문과와 이과의 이 같은 차이를 감안하더라도 결국 누구나 책 150권 정도를 체계적으로 읽으면 어느 정도의 대학 전공자 수준에 오르게 되는 것은 마찬가지라고 할 수 있다. 실제 많은 대학생들은 취업준비 등으로 책읽기에 집중하기 어렵다. 전공 관련 책을 100권 이상 읽는 학생의 비율은 실로 극소수다.

따라서 일반인이 체계적인 독서로 일생 동안 서적을 천 권 이상 읽는다면 대학 졸업장을 최소 4장 넘게 따는 셈이다. 아무리 비전공자라고 해도 특정 분야의 책을 150권가량 읽으면 대학 전공자 못지않다고 말한다 해도 무리가 아닐 것 같다.

실제 대학교수들에게 학사 정도의 전공지식을 얻으려면 몇 권이나 읽으면 되는지 물어봤다. 대부분의 교수들은 한 분야에 관한 책 100권이면 충분하다고 답했다. 학교에서 체계적으로 전공하지 않는 것을 감안해 50권을 더한다고 해도 150권 정도만 읽으면 학부 졸업생 수준의 지식을 얻고도 남는다는 것은 앞서 우리가 예상한 바와 같았다.

그런데 '과연 책읽기만으로 대학공부를 할 수 있을까?' 라는 의문을 던질 수도 있을 것이다. 이번에도 대답은 역시 '그렇다'. 체계적인 정보나 틀이 없다는 우려가 생길 수도 있겠지만 분야를 정해 관심을 갖고 알아보기 시작하면 어렵지 않게 기본정보와 요령을 얻을 수 있다. 모든 분야의 공부는 모두 책이 기본이며 각 분야별로 전문가들이나 먼저 경험한 이들이 시행착오 속에서 뽑아낸 순서와 방법이 어느 정도 정해져 있기 때문이다. 이 과정에서 읽어야 하는 필독서는 예상보다 많지 않다. 먼저 공부하고 있는 사람들의 방식을 엿보며 체계적으로 독서한다면 혼자서도 얼마든지 정규 교육과정 못잖은 성과를 얻을 수 있다.

물론 가볍게 소일거리나 즐기기로 읽는 책이 아니라 차분히 공부하듯 정독해서 책 150권을 읽는 것은 쉬운 일이 아니다. 하지만 마음먹고 몇 년에 걸쳐 읽겠다고 생각하면 책 100권 읽는 것은 사실 누구나 도전해볼 수 있고 누구나 달성할 수 있는 숫자다.

그럼, 아예 대학원 졸업 수준까지 도전하려면 얼마나 더 읽어야 할까?

대학원 석사 수준의 지식을 습득하는 데 읽어야 할 책의 숫자는 대학 졸업생 수준을 갖추기 위해 읽어야 할 책의 양보다 오히려 더 줄어든다. 대학원 석사 과정의 특성상 연구주제가 한정적이기 때문에 한정적인 책들을 집중해서 읽기 때문이다. 따라서 석사 수준의 지식을 독서로 마스터하려면 학부생 과정을 마스터하는 데 필요한 책의 절반 정도만 더 읽으면 된다. 물론 책의 권수는 적은 대신 심도 있게 읽어야 한다.

다시 말해 순수하게 독서로 대학과 대학원 수준 정도의 지식을 습득하겠다면 그 분야의 필독서로 꼽히는 책들을 300권 정도를 정독으로 읽으면 된다고 해도 과언이 아니다.

자기 업무가 바뀌어 책으로 새 전공을 익힌 대기업 부장 장효택 씨의 경우를 보자. 공대 출신인 장씨는 정유회사에 입사해 전공을 따라 엔지니어로 10년 정도를 근무했다. 그러다가 갑자기 관리업무 쪽으로 발령이 났다. 새로 맡은 업무는 변화경영이었다. 이과 출신인 장씨에게 문과적인 마인드가 필요했고 상경계 지식을 익히는 것이 그에게는 급선무였다.

장씨는 책으로 벼락치기 공부를 할 수밖에 없었다. 그는 매주 2권 정도의 책을 읽었다. 전략과 경영혁신, 마케팅, 변화관리, 심리학 책은 물론 자기계발서도 틈틈이 읽었다. 장씨 스스로 바뀐 업무에 어느 정도 적응했다고 생각하기까지 걸린 시간은 1년 정도였다. 책으로 공부하지 않았다면 전공을 바꾸는 게 훨씬 어려웠을 것은 물론이며 적응기간도 몇 배는 걸렸을 거라고 그는 말한다.

장씨의 사례에서도 볼 수 있듯이 전공을 바꾸는 수준의 독서는 100권 정도로 충분하다. 당신이 공부하고 싶은 분야를 정해 150권 정도를 읽었다면, 이미 당신은 대학을 한차례 졸업한 수준이라고 볼 수 있다. 여기에 빠르게 등장하는 새로운 정보를 책으로 수시로 업데이트하는 독서습관을 들인다면 생활인으로서 완벽한 자기계발 및 자기경영 프로그램을 자기 안에 이식했다고 할 수 있다. 더욱 중요한 성과는 스스로 독서 수준을 한 단계 높인 것이다. 이 정도면 이미 당신은 독서전문가다. 그 다음은 배우며 즐기는 새로운 차원의 독서를 시작하는 것뿐이다.

5. 간접경험

경력을 다지려면 책읽기로 경험을 늘려라

독서로 얻을 수 있는 가장 커다란 이점은 뭘까? 단언컨대 그것은 바로 간접경험이다. 책이 매력적인 이유이자 책을 읽어야만 하는 가장 중요한 이유라고 할 수 있다. 내가 경험할 수 있는 것은 이미 남들이 경험한 것이다. 어차피 겪게 될 것들이 어떤 것인지 알고자 한다면 아직 직접경험하지 못할 것들을 남의 경험담을 통해 간접경험하는 것이 최선이다.

간접경험이 중요한 이유는 꿈을 만들어주기 때문이다. 남의 경험이나 생각을 책으로 접하는 것만으로도 자신을 살펴보고 자기가 진정 원하는 것을 찾게 해준다. 그래서 자신의 발견은 꿈의 발견, 역할모델의 발견으로 이어진다. 책읽기 말고 꿈과 역할모델을 찾을 수 있는 방법을 찾기는 실로 어렵다. 책으로 남의 삶을 읽어보고 자기 삶과 비교해봐야 비로소 지금 내 삶이 어떠한지 알 수 있고 앞으로 어떻게 살아야 할지 고민할 수 있게 된다.

생활 속에서 간접경험을 할 수 있는 방법은 두 가지다. 경험자를 직접 만나 이야기를 듣는 것, 그리고 다른 하나는 경험자가 쓴 책을 읽는 것이다.

경험자의 육성으로 듣는 것은 면담이나 강연으로 가능하다. 생생하고 확실하게 간접경험할 수 있고 바로 질문과 답변을 통해서 즉각적 피드백이 가능하다는 것이 장점이다. 반면 책을 읽는 것은 감성적 측면에선 직접 듣는 것보다 생생함이 덜하다. 그렇지만 책이 주는 장점은, 훨씬 정교하고 깊이 있게 경험을 가져올 수 있다는 점이다. 오히려 자신의 것으로 소화하기에는 책읽기가 더 효과적일 수 있다. 게다가 얻을 수 있는 간접경험 정보량에서는 당연히 책이 강연보다 훨씬 낫다. 그래서 현실적으로는 책이 타인의 경험을 대신하는 것 중 가장 효율적이고 효과적인 방법이라 할 수 있다.

'북코치'란 독특한 명칭을 내세워 프리랜서 독서전문가로 활동 중인 권윤구 씨는 이렇게 말한다.

"언제나 지금 내가 고민하고 있는 문제에 대한 해답을 나보다 먼저 고민해서 찾았던 사람들이 있다. 해결해야 할 문제가 있으면 이미 다른 사람들이 한 고민을 책으로 찾아보면 된다. 해답에 딱 맞는 책을 찾을 수도 있고 아닐 수도 있는데, 결론적으로는 모두 도움이 된다는 점이 중요하다. 그런 책들을 찾는 과정에서 다양한 책을 읽고 다양한 해답을 얻을 수 있다. 이 점이 책을 읽는 가장 큰 이유다."

가령, 회사에 다니고 있는 당신이 언젠가는 창업을 하고 싶다고 해보자. 그런데 도대체 언제쯤 독립하는 것이 좋을지, 어느 정도 준비가 되었을 때가 그만둘 때인지 알 수가 없다. 아직까지 직접 실행해보지 않은 것이니 고민스러운 것이 당연하다.

그렇다면 당신과 같은 고민을 했던 사람들을 만나 들어보는 것이 최선이다. 그런데 생판 모르는 경험자들을 찾아가 만나는 것은 여간 어려운 일이 아니다. 그런데 이렇게 고생하지 않고도 이들의 이야기를 들을 수 있다. 책을 읽으면 된다. 직장생활을 하다 나와서 사업에 성공한 사람들의 자서전이나 수기를 읽는 것보다 더 좋은 조언은 없다. 큰돈을 내고도 듣기 어려운 값진 컨설팅을 책 한 권 값으로 자세히 받아볼 수 있다.

자기의 처지와 관련된 경험이 아니더라도 책에 들어 있는 남들의 다양한 경험은 그 자체로 훌륭한 자료가 된다. 남들이 겪은 상황에 자신을 대입해보며 인생에서 벌어지는 여러 가지 상황에 대해 가상체험을 할 수 있어서다. 책에서 다른 사람들이 겪은 경험과 생각을 만나게 되면 마음속에서 자기 목소리가 나오게 된다. 또 책을 읽으면서 새롭게 눈뜬 자기 목소리와 이야기를 나누면서 남의 경험은 당신의 것이 된다.

직접경험만이 진정한 경험은 아니다. 책으로 습득한 간접경험은 젊은 직장인들의 가장 큰 약점인 경험 부족을 메워줄 수 있는 최고의 보약이다. 특히 주목해야 할 것은, 책으로 얻는 간접경험은 특정한 개인적의 특별한 체험이 아니라 누구나 겪게 되는 일이나 문제에 대한 구체적이면서 검증된 해결방법이란 점이다. 업무나 개인적 희망을 추진하는 데 있어 벌어질 수 있는 변수들을 미리 점검하는 사전 학습효과의 가치는 실로 중요하다. 미리 경험한 사람들의 이야기를 통해 여러 가지 시나리오별 대응방안을 그려볼 수 있다.

원하는 것을 이루기 위해서 첫 번째 해야 할 일은 자신이 원하는 일로 성공한 사람들의 책을 찾아 읽어보는 것이다. 컴퓨터 보안 분야의 선구자로 한국 컴퓨터 산업의 수준을 한 단계 올린 기업가 출신인 카이스트의 안철수 교수는 자신이 기업을 경영하기 전에 기업경영에 대한 책을 읽었더라면 기업을 10배는 더 크게 키웠을 것이라고 말한다. 책이 주는 간접경험의 사전 학습효과를 나중에 절감하고 안타까워한 것이다.

경험이란 결국 시간 싸움이다. 남들보다 많은 시간을 거친 사람들이 경험이란 비교우위 아이템으로 자신을 무장한다. 경력이 짧아 불리한 젊은 세대가 이를 극복하는 길은 책이라는 사실을 명심하자. 시간과의 경쟁에서 지름길을 찾는 유일한 방법이다. 책으로 경험을 인위적으로 늘려 자신을 무장하는 이들만이 연공서열을 뛰어넘을 자격을 얻을 수 있다.

6. 꿈

진짜 자기 삶을 만들다

취재내용을 정리하면서 깜짝 놀란 대목이 있다. 나와 똑같은 꿈을 갖고 있는 사람이 있어서였다. 책을 읽는 사람들은 누구나 같은 것을 경험하게 된다는 사실을 이 책을 쓰면서 새삼 실감한 순간이었다.

책을 뒤늦게 읽기 시작하면서 내겐 새로운 꿈이 생겼다. 어린이 도서관을 만드는 꿈이다. 나는 어릴 적 책이 많지 않아서 늘 새로운 책에 대한 갈증이 컸다. 주변에 책 많은 친구들이 적어서 빌려보는 것도 어려웠다. 집 주변에 도서관이 있다면 책을 실컷 볼 수 있을 거라는 생각에 어린이 도서관을 세우기로 꿈을 정했다. 크지 않아도 좋으니 주택가에 있는 단독주택을 하나 사서 어린이 책을 채워 개방하는 것이다. 아이들이 친구들과 방바닥에서 뒹굴면서 책을 맘껏 읽다가 엄마의 손을 잡고 돌아가는 모습을 상상해보면 정말 행복해진다. 이제 이 꿈은 내 일생 최대의 목표가 됐다. 동네는 어디라도 상관없다. 아이들이 책을 보고 싶을 때 볼 수 있는 곳을 마련하는 것이라면 어디든 좋으니까.

그런데 김서연 씨도 나와 똑같은 꿈을 가지고 있었다. 김씨는 한 동화책에서 자기 집을 도서관으로 개방한 사람의 이야기를 보고 자신도 그렇게 해보고 싶어졌다고 한다. 책을 읽다보면 국적과 성별을 떠나 누구나 비슷한 꿈을 갖게 되는 것을 알 수 있었다. 김씨에게 꿈을 선사한 책은 《도서관》이란 어린이책이었다. 책을 굉장히 좋아한 주인공이 온 집안이 책으로 차자 자기 집을 아예 도서관으로 만들어 이웃들에게 개방해서 모두가 책을 볼 수 있게 했다는 줄거리다.

의외로 꿈이 없는 사람들이 많다. 낭만적이고 한가해보이는 꿈은 진정한 꿈이 아니라고 생각하기도 한다. 그렇다고 구체적인 목표를 분명하게 세운 것도 아니다. 꿈이란 어린 시절에만 갖는 것이 아니다. 독서는 나이와 처지를 떠나 꿈이 주는 행복함을 되살려준다.

김서연 씨는 꿈을 갖게 된 이후로 삶이 바뀌었다고 말한다. 삶 자체가 바뀌지 않아도 삶 속에서 자신을 행복해주게 만드는 소중한 힘을 하나 건질 수 있다. 그게 바로 꿈이다. 그런 꿈을 새로 갖게 되면 꿈이 없던 이전과 꿈이 생긴 이후의 차이를 실감할 수 있다. 아무리 사소해도 꿈은 그 자체로 삶 속의 북극성이 되어 사람들의 좌표가 된다. 꿈이 생긴 다음에 이를 이루기 위해 밟아야 하는 목표가 생기고 해야 할 것들이 보인다. 그런 실행작업에 착수하지 않더라도 꿈이 생김으로써 얻는 심리적 효과는 기대 이상이다. 잊고 살았던 부분을 다시 얻은 즐거움만으로도 꿈은 큰 만족을 제공한다. 꿈을 조금씩 이루는 즐거움은 그 다음에 절로 따라붙는 부록이다. 꿈을 간직하고 있다는 것만으로도 삶이 진실해지는 것을 느끼게 될 것이다.

꿈을 갖는 것은 아주 간단하다. 책을 열심히 읽으면 저절로 생긴다. 진짜 자신에게 소중해보이는 것은 일부러 찾아서 생기는 것이 아니라 많은 것을 보고 듣고 생각하는 과정에서 발견되는 것이다. 책은 본능적으로 꿈을 찾게 만들어주는 통로다. 자신이 원하는 것이 무엇인지 어렴풋하다면 손이 가는 대로 책을 집어들면 된다. 계속 읽다보면 바라던 꿈이 책과 정신 속 주파수가 맞아 떨어져 그 모습을 드러낼 것이다. 진짜 자신이 원하는 꿈인지 아닌지는 절로 알 수 있다.

어떤 책을 읽어야 자신을 파악할 수 있고 자기 꿈을 찾을 수 있을지 너무 고민할 필요는 없다. 남들이 많이 읽는 책이 아니라 자기에게 필요한 책을 먼저 읽는 것이 중요하다. 자기가 감성적으로 메말랐다고 느껴지면 감성을 적셔줄 책을, 어학실력을 보충하고 싶다면 어학책을, 여행을 떠나고 싶다면 기행문을 읽으면 된다.

이 단계를 지나면 책읽기가 진일보하면서 맞춤형 독서로 발전한다. 자신에게 중요하고 의미가 있는 것을 감 잡게 되면서 큰 차원에서 독서 구상이 생긴다. 책으로 직장생활의 슬럼프를 극복했다는 신용협 씨는 "직장인의 가장 큰 문제이자 어려움, 숙명이 '삶의 목표가 없고 뭘 해도 만족하지 못하는 점'인데 이를 극복하고 자기 좌표를 잡는 데 책만 한 것이 없다"고 강조한다. 그는 이렇게 덧붙인다.

"자기가 하려는 일의 목적을 알게 되면 그 다음은 실행할 차례다. 목적을 알게 되면 실행은 오히려 더 어렵지 않게 할 수 있게 된다. 목표가 생기니까 관련이 있는 것을 책에서 짚어내고 활용하게 되기 때문이다."

　살다보면 목표가 없어 불안해진다. 성적 올리기, 좋은 대학 가기, 취직하기 같은 모두가 함께 추구하는 목표들을 따라 생활하던 학창시절을 끝마치고 사회에 나오면 그 다음에는 자기가 진짜 원하는 것을 찾는 인생이 시작된다. 확실한 목표 없이도 삶은 시간에 따라 흘러간다. 대신 삶을 자기 스스로 꾸려나가지는 못하게 된다. 목표가 없기에 남들이 설정해주는 지시를 꿈 대신 생활의 방향으로 설정하게 되기 때문이다.

　자신이 무엇을 해야 할지 아는 사람보다는 모르고 살아가는 사람들이 더 많다. 자기 삶을 자기 것으로 만들고자 한다면 목표, 곧 꿈을 갖는 것이 가장 먼저다. 꿈이 '짠' 하고 자기 앞에 나타나주기를 기다리기엔 인생은 너무 짧다. 꿈이 없어 불안하다면, 무엇을 자기 꿈으로 삼을지 모르겠다면, 일단 책부터 읽어야 한다. 자기 삶을 진정 자기 것으로 만드는 거대한 변화의 시작은 책읽기라는 간단한 출발 속에 있다.

7. 성장

지금의 내 안에 미래의 나를 키워라

기업의 최고경영자에게 가장 중요한 업무가 무엇이냐고 물었을 때 그들 대부분의 대답은 일치한다. 바로 '인재양성'이다. 정확히는 자신의 뒤를 이을 최고경영자를 키워 기업이 계속 발전할 수 있게 만드는 것이다. 사장의 임무는 앞으로 수익을 창출할 새 사업 아이템을 찾는 것 못잖게 차기 경영자를 찾고 키워내는 것이라는 말이다. 새로운 사업을 찾아내 키울 사람이 바로 차기 경영자이기 때문에 이 두 과제는 본질적으로 같은 문제라고 할 수 있다.

그러면 이번에는 우리 자신을 하나의 회사라고 가정해보고 다음 질문에 답해보자.

- 당신은 경영자적 자질이 있는가?
- 자신의 미래를 경영할 경영자적 자질을 현재 키우고 있는가?
- 자신의 미래를 위해 효율적으로 자기경영을 하는 데 충분히 투자하고 있는가?

●지금의 일을 하지 않아도 여러분은 자신과 가족을 먹여 살릴
   수 있는 새로운 가능성을 키우고 있는가?

이 질문들에 자신 있게 답할 수 있는 사람은 아마 극소수일 것이
다. 원하는 수준을 갖추지는 못해도 이런 필요성을 인식하고 대응책
을 고민이라도 하는 것은 직장인의 필수적인 요건이다. 하루라도 빨
리 효율적이고 충실하게 자신을 키우려면 자기경영을 구상하고 시도
해야 한다.

자기경영의 출발은 현재 자신에 대한 점검이다. 다시 스스로에
게 질문해볼 차례다.

●당신은 어떻게 업무지식을 얻고 있는가?
●당신이 최근 반년 사이 자기 업무에 관해 새롭게 배운 개념이
   나 생각은 몇 가지나 되는가?

이 질문들에 어느 정도 대답할 수 있다면 이미 자기경영을 시작
한 셈이다. 제대로 대답하기 어렵다면 지금 바로 자기경영에 대한 구
체적인 계획을 세워서 실행에 옮기기 시작해야 한다. 전혀 대답할 것
이 없다면 심각한 빨간불이 켜진 것이다.

자기경영을 하려면 바뀌는 세상에 맞춰 자신에게 새로운 자질과
능력을 끊임없이 수혈하면서 지식을 유지해야 한다. 더욱 중요한 것
은 세상을 보는 관점, 참고할 만한 타인의 생각, 그리고 이런 것들이

종합된 흐름을 파악하는 것이다. 이를 어떻게 할 수 있을까? 다행히 방법이 많지 않기 때문에 고민할 필요는 없다. 책과 신문을 꾸준히 읽는 것이다. 대통령부터 대학생까지 그 누구라도 이 두 가지 방법을 통해서 훌륭히 자기경영을 위한 지식 습득을 해나갈 수 있다.

자기경영을 위한 독서는 자기 분야에서 새로 나오는 신간 도서를 주기적으로 점검하는 것이 기본이다. 새로운 흐름과 이슈, 개념들을 소개하는 신간들을 모두 읽어볼 수는 없지만 최소한 어떤 책들이 나왔는지, 어떤 책들이 주목받고 있는지는 알아둬야 한다. 새로 나온 책들이 갖고 있는 문제의식과 주제를 파악해 자기 분야의 최전선에 흐르는 경향을 놓치지 않도록 해야 한다. 책의 핵심내용들만이라도 파악하고 싶다면 신문의 서평들을 주기적으로 스크랩하는 것도 좋다.

자료로 요긴한 책들은 나왔을 때 사놓는 것이 최선이다. 실제 쓸모가 있는 자료들은 다양한 자료를 엮고 편집하고 가공해서 부가가치를 높인 것들이다. 이런 고급자료들은 신문이나 인터넷 검색에서는 접하기 어렵고 결국 책에서 얻을 수 있다.

독서로 하는 자기경영은 단순히 자신을 단련하는 것 이상의 의미가 있다. 독서는 그 자체로 자기경영인 동시에 변화에 대처하는 힘을 키워주는 변화경영이다. 독서가 본질적으로 계속 변화하는 정보를 업그레이드하는 것이므로 절로 변화에 강해지게 된다. 사람은 나이가 들수록 안정을 추구하는 경향이 강해진다. 많은 사람들이 변화를 따라가기 부담스럽고 귀찮아하며 안정을 우선시하지만 독서를 계속하는 사람은 변화에 발맞춰 지식을 보충하므로 상대적으로 훨씬 더 유연해지게 된다. 이런 차이는 조직생활을 하는 사람들에게는 더욱 중요한 차별성으로 축적된다.

변화에 낙오되지 않으려면 세상이 바뀌는 속도를 따라잡거나 추월해야 하는데, 이는 대단히 어렵다. 하지만 자신이 스스로의 기준에서 조금이라도 변화했다면 이는 큰 기쁨을 준다. 외부 변화의 속도에 너무 연연해할 필요는 없다. 자기 나름의 속도를 정해 꾸준히 책을 읽으며 변화의 흐름을 지속적으로 따라간다는 정도로 목표를 정하는 것이 좋다. 무조건 책을 읽는 것, 그 자체가 더 중요하다.

굳이 자기경영이라는 부담스런 목표 없이 그냥 책을 읽는다는 생각으로 읽어도 좋다. 책읽기는 목표를 두지 않더라도 읽는 그 행위만으로 생각과 삶을 변화시킨다. 그런 변화가 이미 자기경영이다. 독서 자기경영의 최고 소득은 이렇게 책을 읽어 변한 마음가짐으로 일을 하게 되는 데 있다. 빠르게 변하는 시대에 맞게 나 자신을 스스로 키우는 것이다. 자신의 부족함을 자각하고 나를 혁신할 수 있다. 평범한 직장인들이 이런 느낌과 자신감을 얻을 수 있는 유일한 수단이기에 책은 반드시 읽어야만 한다.

8. 사고력

두뇌를 유연하게 만드는 소설 읽기

책을 읽는 사람들은 크게 두 부류다. 우선 실용적인 책, 정보가 되는 책, 도움이 되는 책을 주로 읽는, 자기계발 중시형 독자들이다. 그리고 소설처럼 감정을 순화해주는 책을 통해 감동과 재미를 더 추구하는 감정 중시형 독자들이 있다. 양쪽 모두에 해당하는 독자들도 상당수지만 이 두 가지 중 한쪽 성향이 두드러진 독자 유형도 많다.

자기계발을 위해서 읽는다는 독서철학이 분명한 이들은 문학책과 거리가 먼 경우가 많다. 무언가를 배우는 데 직접적인 도움이 되는 책들을 선호하기 때문이다. 지식과 정보를 주는 책이 아니면 읽는데 들이는 시간이 아깝다고 생각하는 탓이다. 그런데 이런 독서성향은 어쩌면 고정관념일 수도 있다. 정확히 말하면 소설책의 가치, 그 실용적 측면에 대해 제대로 생각하지 못한 판단일 수 있다는 뜻이다.

독서달인들을 취재하면서 재미있는 현상을 발견할 수 있었다. 실용적인 독서를 추구했던 사람들이 어느 정도 독서력이 쌓이면 자연스럽게 소설을 읽기 시작하는 점이었다. 이들의 표현을 빌리자면 "책을 계속 읽었더니 저절로 소설에 대한 갈증을 느끼게 되더라"는 것이다. 어느 날 갑자기 아무 관심도 없던 소설을 읽게 되고, 그 뒤 예상치 못한 소설의 재미에 빠져 갑자기 봇물 터지듯 소설을 읽기 시작했다는 이들이 많았다. 왜 이런 걸까?

이는 뒤늦게 문학의 재미, 정확히는 자신의 문학 취향을 발견한 것으로도 볼 수 있다. 그러나 전에는 몰랐던 소설만의 장점에 눈뜨게 되는 것이 더 큰 이유일 것이다. 삶의 연륜이 쌓여 인생의 다양한 맛을 알게 되기 때문이다. 이는 또한 소설에서 필요한 것을 뽑아낼 수 있는 능력이 커졌기 때문이라고도 바꿔 말할 수 있다. 읽는 것이 삶에 실질적으로 유용하다는 것을 깨닫게 되었다는 말이다. 소설이란 그저 순수하게 즐기기 위한 것이 아니라 쓸모가 있는, 그러니까 실용적인 책이기도 하다.

책쟁이들은 소설이 우리가 생각하는 것보다 훨씬 실용적이라고 말한다. 가장 비실용적이라고 여겨졌던 소설이 읽어보니 오히려 가장 현실과 가까이 있는 실전 지침서란 점을 알았다는 말이다. 그들은 소설을 꼭 읽으라고 권한다. 젊은 독서가들의 경우 실용적인 책들을 선호하여 소설을 읽지 않는 경향이 강한데, 자기계발을 하는 데는 소설 역시 꼭 필요하다고 독서달인들은 조언한다.

그 이유는 소설이 여러 가지를 다양하게 생각하게 하는 힘을 길러주기 때문이다. 때로는 애매모호하고 명확하지 않은 이야기 속 상황에 대해 독자들은 계속해서 의문을 가지고 생각해보게 된다. 이런 과정을 거치면서 독자들은 깊은 사고 과정을 거치며 생각의 날카로움과 폭이 깊고 넓어진다. 질문력을 키워 말랑말랑한 사고력이 생긴다.

세계적인 경영 컨설턴트이자 경영 저술가로 미국의 최고경영자들에게 특히 인기가 높은 톰 피터스도 바로 이런 이유 때문에 소설을 읽는다. 바쁘기로 둘째가라면 서러울 그는 뜻밖에도 소설책을 아주 즐겨본다. 그리고 자신이 소설책을 읽는 것은 스트레스 해소나 취미가 아니라 가르침을 얻을 수 있기 때문이라고 본인의 저서 《미래를 경영하라》에서 밝힌다.

"대부분의 경영학 서적들은 답을 제시한다. 반면에 대부분의 소설들은 위대한 질문을 던져준다. 그것이 내가 가르침을 얻기 위해 소설을 즐겨 읽는 이유다."

소설은 질문을 던져주기 때문에 생활 속에서 벌어질 수 있는 여러 가지 상황을 가상으로 경험해보는 가장 훌륭하고 손쉬운 시뮬레이션 훈련법이다. 소설을 읽으면서 '나라면 저 상황에선 어떻게 할까?' '저런 식의 대처도 가능하겠군' 등을 생각해보는 것이 소설 읽는 재미이자 소설이 가진 실용적 가치다. 이러한 소설의 장점은 나이가 든 세대일수록 더욱 중요하다고 강조했다. 20대보다는 30대, 40대들이 더욱 소설의 재미와 실용성을 재발견하는 경우가 많았다.

소설가들에게 가장 중요한 능력은 '관찰력'이라고 할 수 있다. 주변 사람들을 통해 사람들의 성격과 유형을 잘 관찰해 현실적인 캐릭터를 만들어내는 것이 소설의 관건이다. 소설가가 고민해서 만들어낸 인간상들의 이야기 속에서 인간관계에 대해서 생각해보게 하고, 나아가 독자들로 하여금 자신의 태도와 소통방식, 대처습관에 대해 깊이 고민하게 된다. 독서의 본질인 간접경험을 얻으려면 소설을 새로운 관점에서 바라보며 읽어야 한다.

9. 쉼표

책읽기로 삶에 훈풍이 불다

사람은 습관으로 이루어진다. 생활 속 거의 모든 결정들이 습관의 연장선이다. 어떤 상황에서 무엇을 고를 때 자신이 가장 익숙한, 자신이 해왔던 방식으로 선택한다. 새로운 선택은 극히 드물다. 익숙지 않은 순간이 오면 기존 습관과 관성의 연장선에서 조금만 응용해 가장 익숙한 것으로 고를 뿐이다. 습관이란 그래서 무서운 법이다.

그러면 왜 나쁜 습관은 고치기 어려운 것일까? 습관의 비밀은 습관을 이루는 방식에 있다. 금연은 그런 습관의 작동방식을 알 수 있는 좋은 예다. 담배를 끊기 어려운 이유는 아주 간단하다. 평소 생활습관은 모두 그대로 유지하면서 담배 피는 습관만 쏙 빼서 없애버리겠다고 생각하기 때문이다. 마치 컴퓨터에서 필요 없는 파일을 삭제하듯 일상에서 흡연이란 습관만 지우려는 것인데, 바로 이런 생각이 금연을 실패하게 만든다.

담배를 피우는 습관은 생활 속의 다른 모든 습관들과 알게 모르게 단단하게 연결되어 있다. 이렇게 연결된 여러 가지 습관의 결합체가 흡연이다. 흡연자들은 생활 전반이 담배를 피우게 부추기는 습관들로 이뤄져 있을 가능성이 높다. 음주, 불규칙한 생활, 기름진 음식 섭취, 커피와 같은 카페인이 많이 든 음료를 좋아하는 삶의 습관 등이 모두 흡연과 연결되는 요소다. 이처럼 흡연을 유도하는 여러 가지 생활 습관들을 그대로 놔둔 채 담배만 끊겠다는 것은 애초부터 오만하기 짝이 없는 도전일 수밖에 없다. 결국 담배 하나를 끊는 것이 아니라 담배를 중심으로 연결되어 있는 생활 전반을 새롭게 개편해야 금연에 성공할 수 있다. 안 좋은 습관들은 반드시 서로 연결되는 탓이다.

나쁜 습관이 다른 나쁜 습관들과 쉽게 연결되듯 좋은 습관은 다른 좋은 습관들과 친하다. 좋은 습관을 하나 가지면 다른 좋은 습관을 훨씬 쉽게 자기 것으로 만들 수 있다. 예상보다 빨리 생활 전체가 긍정적이고 풍성하게 바뀌게 된다. 이렇게 삶을 바꾸는 가장 손쉬운 습관이 독서라고 독서달인들은 말한다. 책쟁이들의 이야기를 듣다보니 실제 독서는 여러 좋은 습관으로 계속 이어지는 생활 개선 기폭제임을 알 수 있었다. 책을 읽으면서 공부를 하고 글쓰기도 시작해 커뮤니케이션 능력이 향상되고 대인관계가 좋아지는 결과로 이어지는 것이다.

작은 습관 하나는 결코 작지 않다. 도움이 되는 습관 하나가 결국은 생활 전체를 바꾸는 놀라운 힘을 낸다. 생활의 모든 부분은 습관이란 열쇳말을 통해 인과관계로 이어지기 때문에 하나를 바꾸는 것은 줄줄이 이어지는 수많은 것들을 바꾸는 시작이 된다.

책읽기 역시 하나의 습관일 뿐이다. 그런데 다른 습관들과 차이점이 있다. 훨씬 힘이 세다는 것이다. 그래서 처음 습관을 들이기 어려울 뿐 습관이 되고 나면 그 어떤 습관보다도 강력한 힘을 발휘해 생활의 중심 습관으로 자리 잡는다. 빠듯하고 반복되는 지루한 생활 속에서 가장 쉽게 정신적인 재미와 즐거움을 얻을 수 있는 습관이기 때문에 한번 빠져들면 그 어떤 나쁜 습관보다도 중독성이 강하다.

책읽기 습관이 몸에 배면 생기는 가장 좋은 점은 무엇일까? 대부분의 책쟁이들은 '여유'라고 말했다. 책을 읽는 시간이 늘어나면 다른 일을 할 시간이 빠듯해질 것 같다고 생각하겠지만, 실제 경험한 사람들은 아예 정반대라고 말한다. 오히려 책을 읽음으로써 저절로 생활에 여유가 생긴다는 것이다. 독서를 하면서 집중도가 높아지고 생활의 밀도가 촘촘해지기 때문이다.

이렇게 여유가 생기면서 일상도 책읽기를 중심으로 새롭게 짜인다. 책읽기를 통해서 생활 전체가 리노베이션되는 것이다. 예전에는 그냥 무료하게 보내던 자투리 시간들이 독서로 오히려 가장 집중력 높고 즐거운 시간으로 바뀌게 된다.

또한 주요한 일정과 일정 사이에 잠깐 머리를 식혀주는 독서는 생활에서 중요한 '모드 변환'이 필요할 때 특히 유용하다. 잠이 덜 깨고 아침 준비를 제대로 못하고 허겁지겁 나와 지하철에서 옅은 잠을 청하다가 회사에 와서 부랴부랴 업무를 시작하는 것과, 지하철 안에서 책을 읽으며 뇌를 부팅해 충분히 예열한 상태로 회사업무를 시작하는 것 사이에 얼마나 큰 차이가 있을지 한번 가늠해보라.

대부분 사람들이 책을 잘 읽지 못하는 것은 틀림없이 읽을 시간이 없어서다. 그러나 자신이 만약 항상 시간이 모자라 헉헉대며 숨가쁘게 살고 있거나 업무의 주인이 되지 못하고 업무에 휘둘리며 살아가고 있다고 생각된다면 오히려 당장 책읽기를 시작해야 한다. 그래야 삶에 여유가 생긴다고 독서가들은 입을 모은다.

독서는 바쁜 시간을 더 바쁘게 만드는 것이 아니라 바쁜 생활을 정돈해주는 마법을 지녔다. 자신의 모든 것을 독서로 얻었다고 말하는 자기계발 전문가 공병호 박사의 지적은 책을 읽지 못하는 이들의 본심을 정확하게 찌른다.

"바빠서 책을 읽을 수 없다고 하는데, 오히려 솔직한 이유는 바쁘다기보다 책읽기가 생활의 우선순위에 들어 있지 않기 때문이다."

생활의 우선순위에 책이 일단 들어간다면 놀라운 효과를 실감할 수 있다.

"책을 적게 읽을수록 내 생활이 없어지고, 책을 많이 읽을수록 내 생활을 더 많이 가질 수 있다. 책을 읽어 여유가 생긴 덕분에 마음가짐이 달라졌기 때문이다. 책을 읽어야 지치지 않을 수 있다"고 책쟁이 한 명은 말했다. 삶에 지칠 때 책이 위안과 여유를 주어 삶에 활력을 공급해준다는 것이다. 바로 그런 이유 때문에라도 책을 계속 읽게 된다고 한다.

경험자들의 메시지는 분명하다. 삶을 새롭게 시작하고 싶다면 책부터 읽어라. 독서는 생활의 모든 것을 새로 만들어주는 마법의 프로그램이다. 한번 설치하면 자동으로 작동해 생활의 운영체계를 바꾼다. 평생 부지런한 사람이 되는 데 실패해왔다면 아침형 인간이 되려는 어려운 도전을 다시 되풀이할 필요는 없다. 지하철로 출퇴근하면서 독서를 주기적으로 하는 것만으로도 달라질 수 있다.

10. 겸손

독서가 주는 최고의 선물

젊은 독서가 손종수 씨. 자신의 성격을 고치고 싶어했던 손씨는 책을 읽으면서 많은 부분이 바뀌었다고 한다. 가장 큰 선물은 그가 세상을 긍정적으로 보게 된 것이라고 한다. 긍정적인 태도가 생기면서 성격에도 놀라운 변화가 왔다. 예전에 비해서 훨씬 겸손해진 것이다.

"책을 읽으면 그 속에 멋지고 대단한 사람들이 굉장히 많아요. 그런 사람들 이야기를 책으로 접하게 되니까 더 긍정적인 사고로 세상을 보게 되고 절로 언행을 더욱 조심하게 되는 것 같습니다."

20대는 자기를 조금이라도 알리고 싶어 몸부림치기 쉬운 나이다. 잘 모르기에 용감하고 그래서 실수하는 것이 20대다. 20대에게 겸손이란 언행에 대해 다시 한번 되돌아보게 만들어 실수를 줄이고 경쟁력을 높여주는 최고의 덕목이라고 할 수 있다.

독서는 읽는 이에게 여러 가지 미묘하면서도 새로운 변화를 가져다준다. 가장 예상치 못한 독서의 효과로 꼽히는 것이 '겸손'이다.

겸손처럼 얻기 힘든 미덕도 없다. 겸손이란 여유에서 나오는 까닭이다. 능력과 품성 양쪽 모두에 여유가 있어야 진정한 겸손함을 유지할 수 있다. 평범한 생활인들에게 여유는 가장 유지하기 힘든 마음의 상태다. 여유와 자신감이 있어야 겸손해지는 법이다.

손씨의 경우가 보여주듯 독서는 사람을 저절로 겸손하게 만드는 강력한 메커니즘을 지니고 있다. 책을 읽으면 독자는 자신이 몰랐던 이야기, 몰랐던 지식, 몰랐던 관점을 접하면서 자신의 인식과 지식이 좁고 작다는 것을 알게 된다. 저자와 저자가 들려주는 이야기에 대해 감탄하면서 절로 스스로의 부족함을 실감한다. 이 과정에서 자연스럽게 겸손함이 발동한다. 시야가 넓어지는 것도 겸손함을 만들어준다.

물론 독서 초기에는 겸손함이 아니라 오히려 새로 알게 된 사실들을 자랑하려는 욕구가 생기기 마련이다. 이는 자연스러운 현상이다. 이후 꾸준히 독서를 해나가면 자랑에서 겸손으로 넘어가는 것이 일반적이다. 책을 통해 자신이 살고 있고 알고 있는 세계가 전부가 아니라는 것을 깨닫게 되면서 아는 것이 늘어날수록 겸손해진다.

직장인 책쟁이들은 책읽기를 시작한 뒤 사람을 대하는 태도가 좋아졌다고 말한다. 자신이 부족하다는 것을 자각하고 겸손해진 결과다. 가족과 직장이란 좁은 세계에 묻혀 살다보니 자신이 잘난 줄로 착각하고 살았던 것에 가벼운 충격을 받았다는 이들이 많았다. 이런 충격이 자기계발 욕구를 자극한다는 점에서 책은 '가장 적은 비용으로 최대 수익을 내는 펀드 상품'이라고 비유한 독서가도 있었다.

책으로 얻는 겸손함은 사람을 소극적으로 만들거나 위축시키는 겸손함이 아니다. 자신감으로 여유를 갖게 되어 나오는 외유내강형 겸손함이다. 자신의 부족함을 자각하고 책읽기로 내공을 쌓아가면서 내적으로 충만해지는 정반대의 변화가 일어난다. 겸손함이 자신에 대한 긍정에서 나오기 때문이다.

부족하다는 것을 알고 이를 채우려는 태도는 다시 자기를 긍정하는 새로운 차원으로 뻗어나간다. 이는 도전과 변화로 이어진다. 남들이 나와 다른 것을 알고 그들처럼 되고자 하는 욕구에 따라 자기를 발전시키고 싶어한다. 그러면서도 외적으로는 겸손함으로 무장하게 되어 외유내강의 품성으로 향한다.

겸손이 여유를 가져다주는 선순환 작용은 직장생활 자체의 질을 결정한다. 직장생활 가운데 마음의 여유는 연봉 수천만 원의 차이에 맞먹는 중요한 요소다. 많은 사람들이 월급은 적어도 마음 편한 직장을 원한다. 하지만 마음의 여유를 갖게 되면 어떤 직장에서도 평정심과 자기 원칙을 유지할 수 있게 된다. 돈으로는 살 수 없는 귀중한 가치다.

40대 독서가 백승협 씨는 '낀 세대'라면서 늘 불안해하는 동년배 직장인들과 달리 책으로 여유와 자신감을 얻고 있는 간부급 직장인이다.

"내 삶에 책읽기가 없었다면 나는 내부에는 알맹가 없고 겉만 화려해 보이려고만 했을 것 같다. 늘 조바심으로 자리를 지키는 데 급급해 유능한 후배를 키우지 못했을 것이다. 하지만 책읽기를 통해 나는 여유가 생겼다. 나보다 능력 있는 친구가 있다면 더욱 키워주고 싶다. 그런 친구들에게 내 자리가 늘 도전을 받지만 그래도 괜찮다. 나도 꾸준히 책으로 배우고 있으니까."

책이 겸손함을 선사한다는 점은 젊은 세대들에겐 더욱 중요한 부분이다. 타인을 관찰하고 이해하기보다는 자신에만 관심을 갖기 쉬운 젊은 층에게 주변을 돌아보고 겸손해야 할 필요성을 깨닫게 해주는 것이 책읽기를 통해 가능하기 때문이다.

사회생활 초반에는 세상을 사는 데 필요한 것들을 누가 먼저 인식하느냐에 따라 많은 격차가 벌어지기 쉽다. 사회 초년병들에게 겸손이 특히 성패를 가르는 결정적인 요소가 되는 경우가 많다. 겸손은 반성과 긍정에서 나온다. 책을 읽음으로써 자기 직업에 대한 공부, 자기 미래에 대한 공부를 얼마나 했는지 자신에게 묻고 반성하게 된다. 또한 자기 자신에 대한 믿음을 스스로 다시 한번 확인하면서 더 겸손해질 수 있다. 젊은 독서가들은 이렇게 겸손을 갖추는 과정에서 경쟁자들보다 더 빨리 자기 발전의 기본 동력을 만들어내는 승부의 모터를 얻고 있었다.

진정한 경쟁을 즐기려면 책을 읽어야 한다. 그래야 자신감과 여유로 먼 미래를 보며 승부를 걸 수 있다.

11. 자기애

|

책은 나를 긍정하게 한다

겸손과 짝을 이루는 가치가 긍정이다. 여유와 긍정은 겸손의 벗들이다. 여유에서 긍정이 나오고 그것이 다시 마음의 자유로 이어진다. 긍정은 모든 감정과 의지에 영향을 주어 가능성을 성과로 바꾸고 불안을 의욕으로 바꾸는 기능을 한다. 긍정은 모든 마음 상태의 한가운데 자리 잡아 다양한 것들을 연결해준다. 책읽기가 주는 여러 효과 중에서도 긍정은 가장 중요하다. 긍정이 발휘하는 가장 확실한 기능은 바로 모든 부분에서 자신감을 증폭시켜 현실로 만들어주는 것이다. 책읽기는 긍정하는 힘을 얻는 가장 확실한 방법이다.

책읽기가 변화 욕구를 자극해 자기계발과 자기경영을 하게 만드는 것은 바로 자신을 긍정하는 데서 시작된다. 긍정의 작동은 자기 자신에 대한 긍정, 그리고 자기가 몰랐던 세계에 대한 긍정적 인식과 발견이라는 두 가지 측면에서 일어난다고 볼 수 있다.

책읽기는 기본적으로 긍정을 수반한다. 책을 읽으면 자연스럽게 세상을 긍정적으로 보게 된다. 그 이유는 간단하고 명쾌하다. 앞서 말했듯이, 책에서 자신이 몰랐던 것들을 접하면 우선 독자는 겸손해지게 된다. 그 다음에는 새로 알게 된 것들을 알고 싶어하게 되고 또 새로 알게 된 것을 바탕으로 자신을 발전시키고 싶어한다.

그리고 이 과정에서 자신이 올바른 방향으로 성장하고 있음을, 그리고 앞으로 더욱 성장할 가능성을 지니고 있음을 확인하면서 자기 긍정에 이르게 된다. 자기의 부족함을 깨닫는 것이 실제 생활에서는 자신을 위축시키기는커녕 더 긍정적이고 발전적으로 이끌게 되는 것이다. 남들보다 책을 더 읽어 조금이라도 더 지식을 갖췄다는 자부심도 한몫한다. 책으로 얻은 긍정은 또한 자기 존재감을 강화해준다는 점에서 그 어떤 심리적 치료보다도 훌륭한 내면적 효과를 낸다.

책을 읽어 자신을 긍정하게 되면 자신에게 맞는 열쇳말을 찾을 수 있게 된다. 관심이 가는 열쇳말 중 반복되는 것들을 서로 연관지어보면 결국 자신에게 관련되어 꼭 필요한 것들임을 깨닫게 된다. 이런 과정에서 자신을 긍정할 수 있는 힘을 발견한다면 책읽기는 그것만으로도 충분한 보상을 한 셈이다. 긍정할수록 편견에서 자유로워지고 너그러워진다.

자신을 긍정하는 태도는 독자에게 마음의 평화를 함께 가져다준다. 마음이 평화로울 때 사람은 조화와 상생을 생각한다. 그래서 긍정은 곧 자기 만족감뿐 아니라 공공에 대한 공헌의지를 자극해 나눔의 정신을 갖고 실천하게 이끌기도 한다.

12. 공유

책읽기는 나눔이다

책읽기가 '나눔'이란 가치와 가장 쉽게 연결된다는 사실은 책을 읽지 않는 이들에겐 뜻밖으로 들릴지도 모르겠다. 책읽기는 본질적으로 나눔과 관련이 깊다. 책을 읽으면 무언가를 나누고 싶어지기 때문이다.

취재한 책쟁이들 중에는 독서로 가장 많이 변화된 점이 이 나눔이란 가치를 발견한 것이라고 대답한 사람들이 많았다. 책을 읽는 것만으로도 무언가를 나누고 싶어진다는 것이다. 그런 점에서 나눔은 독서 최고의 미스터리이자 판타지라고 할 수 있다. 한번 나눔에 눈을 뜬 책쟁이들은 지식이든 책이든 그리고 가능하다면 무엇이든 나누고 싶어했다. 나눔을 시작한 다음부터는 나눔을 생활의 일부라고 인식하고 있었다.

독서로 생기는 나눔은 일반적인 나눔과 다르다. 지식이나 책을 나눔으로 해서 가지고 있던 것들이 줄어드는 것이 아니라 공유하게 되어 배로 늘어난다. 소유권이 이전이 되는 것이 아니고 함께 소유하는 것이다. 책이 지닌 독특한 속성 덕분이다.

많은 평범한 독서가들이 책읽기가 몸에 배면 책을 선물로 즐겨 나눠주는 책 나눔, 그리고 블로그나 독서클럽 활동을 통해 지식과 느낌을 나누는 사고의 나눔을 자발적으로 시작한다. 물론 두 가지 모두를 함께하는 비율도 높다.

자신이 알고 느끼게 된 것을 글로 써서 인터넷에 올리는 글 나눔은 책을 통해 새롭게 업그레이드된 자신을 표현하려는 자연스런 욕구이자 남에게 자기가 얻은 교훈과 정보를 아무런 대가 없이 알리는 증여 행위다. 금전적 이익이나 요령은 대부분의 사람들이 혼자서만 알고 있으려고 하지만 책으로 얻게 된 지식은 오히려 사람들에게 나눠주고 싶어진다.

'상록독서회'란 독서모임 회장을 맡고 있는 정화양 씨는 책읽기를 즐기게 된 뒤로 "내가 알게 된 깨달음의 기쁨을 지속적으로 추구하는 습관, 그리고 이를 주변 사람들과 나누고 싶은 열정이 생겼다"고 말한다. 삶의 태도가 바뀌면서 절로 느끼게 되는 충만감, 그리고 다른 사람들에게 비치는 긍정적 효과가 얼마나 소중한 것인지는 새삼 말할 필요가 없을 것이다.

책이란 물건 자체를 선물하는 책 나눔은 이런 글 나눔에서 더 적극적으로 나아간 형태라고 할 수 있다. 역시 자기가 얻은 소중한 지식과 간접경험을 주변 사람들에게 책을 통해 전하는 것이다. 책 선물은 주는 사람이 생각하는 이상의 효과를 낸다. 책을 선물하는 사람의 입장에서 책 나눔은 부담 없는 가격에 좋은 선물을 할 수 있는 기회다. 반면 받는 사람에게 책은 다른 선물보다 더 의미 있고 가치 있게 받아들여진다.

책은 우선 다른 선물과 달리 주는 사람의 철학, 품격, 개성 등을 훨씬 더 강렬하고 명쾌하게 설명해주는 작용을 한다. 책만큼 우아하고 품위 있는 선물도 없다. 누구나 부담 없이 좋아하며 호의로 받아들일 수도 있다. 그러면서도 책은 선물하는 사람에게 다른 선물보다 강한 각인 효과를 준다.

그런데 많은 사람들이 책을 좋은 선물 아이템으로 여기면서도 막상 책을 선물하는 것에 자신이 없어 주저하는 경우가 많다. 그러나 결코 걱정할 필요가 없다. 거꾸로 남이 자신에게 책을 선물했다면 기분이 어떨지 생각해보면 된다. 책 선물을 싫어할 사람은 없다. 입장을 바꿔 생각해보면 왜 책이 좋은지 쉽게 수긍할 수 있다.

책을 선물하기로 마음먹었다면 어떤 책을 선물해야 하느냐가 고민거리다. 그러나 역시 '주는 사람 마음대로'가 최선이자 유일한 정답이다. 자신이 읽어보고 좋았던 책은 남들에게도 좋다. 읽어서 재미있었고 자신의 주관과 철학에 맞았던 책을 고르면 된다.

젊은 독서광 손종수 씨의 책 선물법을 들어보자. 손씨는 사람들이 평소 깨닫지 못하는 것에 대한 책을 선물용으로 권한다. 그처럼 자신만의 책 선물 원칙을 만들어 선물용 책을 골라보는 것도 재미있는 경험이 될 것이다.

책 선물을 즐기는 명사로는 언론인 출신인 삼성전자 이인용 부사장이 있다. 이 부사장은 삼성전자를 담당한 기자가 업무가 바뀌어

떠날 때 책을 선물한다. 그가 선물하는 책은 미국의 '땅콩 박사' 조지 워싱턴 카버에 대한 책이다. 이름도 없는 흑인 노예의 자식으로 태어나 식물학자가 된 카버는 땅콩을 연구해 온갖 유용한 발명품을 수백 가지나 만들어낸 놀라운 인물이다. 그가 더욱 놀라운 것은 자기가 개발한 것들을 아무런 대가 없이 사람들에게 나눠줬다는 점이다. 그런 이유로 카버는 미국인들에게 가장 사랑받는 식물학자다. 책을 통해 처음 카버란 인물을 알게 된 기자들은 이 책을 선물한 사람과 카버를 평생 기억할 것이다. 내가 새롭게 알게 된 책을 선물하면 읽는 이도 나처럼 새로운 독서경험을 하게 되고 그 책으로 생긴 인연의 끈으로 그와 이어지게 된다.

군이 책을 선물하지 않아도 얼마든지 나눔의 기쁨을 느낄 수 있는 방법도 있다. 온라인 독서클럽에서 활동하는 것이다. 운영자나 골수멤버 수준으로 활동할 필요도 없다. 가끔 들여다보면서 댓글을 다는 것만으로도 얼마든지 경험과 지식을 나누는 즐거움을 얻을 수 있다. 가장 사소하지만 확실하게 나눔을 교감하게 되는 방식이다.

인터넷 독서클럽을 운영하는 이들은 클럽을 운영하는 것이 힘들기는커녕 즐겁다고 말한다. 그리고 그 가장 큰 이유로 댓글을 꼽았다. 댓글을 달면서 느낌과 지식과 즐거움을 나눌 수 있기 때문이라는 것이다. 그래서 운영자로서 하는 수고가 즐거워진다고 한다.

책에 관심 있고 지적 열정과 취향이 비슷한 사람들끼리 모여서 이렇게 책 이야기를 나누고 댓글을 달고 자기 경험과 느낌을 공유하면서 얻는 가장 큰 기쁨은 뭘까? 지식과 정보는 나누면 나눌수록 더 많이 얻을 수 있다. 그래서 책읽기는 나눔으로 발전하고 나눔은 다시 소통과 만남으로 이어질 수 있다.

빡빡한 삶 속에서 자신을 돌아보고 남들에게 도움이 되는 존재가 되는 방법이 독서라는 사실은 경험을 해보면 쉽게 깨달을 수 있다. 사람들이 책을 쓰는 이유도 역시 이런 나눔 때문이다. 자신이 경험한 것, 자신이 알게 된 것을 책으로 나누는 것이다. 책에는 나눔의 유전자가 담겼고 이 유전자는 책을 읽는 사람에게 전해진다. 나눔은 삶을 되돌아보게 한다. 나눔은 자기가 가진 것을 떼어내는 것이지만 이 과정에서 새로운 에너지를 되돌려 받는 형이상학적 교환행위다.

13. 소통력

|

남과 대화가 가능한 사람으로

사회생활을 오래 할수록 부딪치게 되는 근본적인 고민이 바로 소통의 문제다. 자기가 원하는 바를 정확하게 알리는 것은 너무나 간단해보이지만 실은 가장 어려운 문제다. 남들에게 자신을 이해시키는 것은 살아가는 한 늘 고민하게 되는 영원한 난제다.

이렇게 자신을 알리기 어려운 것은 남을 제대로 이해하지 못하기 때문에 생기는 '작용-반작용'의 결과이기도 하다. 남들을 깊이 이해할 수 있어야 자신을 남들에게 효과적으로 알릴 수 있다. 그것이 바로 소통이 중요한 이유다.

소통력은 결국 남의 말을 빨리 정확하게 이해하는 이해력, 그리고 자기 생각을 조리 있게 글과 말로 남에게 전달하는 전달력의 문제다. 책읽기는 본질적으로 이 두 가지를 동시에 익히면서 다듬을 수 있는 최고의 수련법이라고 할 수 있다.

40대 맹렬 독서가 백승협 씨는 책읽기야말로 소통력을 향상시키는 가장 좋은 방법이라고 자신 있게 권한다. 자신이 그 놀라운 변화를 경험했기 때문이다. 직장에서 연차가 올라갈수록 백씨가 점점 더 많이 고민하던 것이 바로 소통의 문제였다. 남들과 대화하면서 자기가 진짜 말하고자 하는 바를 제대로 말하고 있는지, 남들에게 잘 이해를 시키고 있는지 자신이 없었다고 한다. 그런데 뜻밖에도 이 고민이 책읽기를 시작하면서 저절로 풀렸다. 소통력을 높이려고 책을 읽은 것이 아니라 직장인으로서 지식을 갖추고 업무에 필요한 정보를 얻으려 책을 읽었던 것인데 덤으로 커뮤니케이션하는 데도 큰 도움이 되는 예상 밖의 소득을 건졌다는 것이다.

직장 간부급으로서 백씨가 처음 집중적으로 읽기 시작한 책은 당연히 경제경영서였다. 그 뒤 첫 번째 변화가 왔다. 직장 상사, 동료들이 그가 작성한 문서를 보고 훨씬 더 이해가 잘된다고 말하기 시작했다. 정말로 신기했다. 책을 읽기 시작한 것만으로도 생각을 정리하고 표현하는 능력이 향상된 것이다. 그 스스로 느끼기에도 자신의 발표력과 커뮤니케이션 능력이 부쩍 좋아졌다.

이런 변화는 프레젠테이션을 해보면 실감할 수가 있었다. 기획서나 기획안을 만들 때 줄거리를 만들 수 있게 된 것이 가장 큰 변화였다. 백씨는 또한 열쇳말을 뽑아내는 힘이 좋아진 것도 책읽기의 소중한 선물로 꼽았다. 직장인이라면 늘 고민하기 마련인 파워포인트 작업에도 자신감이 생겼다. 그러나 무엇보다도 가장 눈에 띄게 바뀐 것이 있었다. 일상에서 나누는 대화가 변하기 시작했다.

"저도 놀랄 때가 있어요. 제 말에 설득력이 강해진 것을 실감하니까요. 당장 어떤 책을 읽고 바로 답이 나오지 않더라도 책에서 읽은 내용들이 서로 연결되어 나중에 설득력 있는 이야기로 나오기도 하는 겁니다. 이건 정말 놀라웠어요."

백씨의 경험은 독서가 어떻게 소통력을 절로 키워주는지 잘 보여준다. 그러나 이뿐만이 아니다. 독서는 소통에 대한 욕구도 함께 키워준다. 자연스럽게 지식의 나눔, 그리고 새로운 사람과 사귐에 관심을 갖게 만드는 것이다. 책을 집어드는 것 자체가 이미 저자와의 소통이라고 할 수 있다. 저자의 이야기를 통해 자신이 모르는 점이나 자신에게 필요한 점을 발견해 자기를 재발견하는 게 독서의 목적이고 독서를 통한 소통의 시작이다.

독서를 통한 자기 재발견 역시 자신과 소통하는 행위다. 이로써 내면의 소통력이 커진다. 이것은 남들과 소통하는 데도 큰 영향을 미친다. 책을 통해 얻는 지식 자체가 타인에 대한 이해를 더 깊게 만들어주며 책을 읽으면서 강화된 언어감각이 소통기술을 더 정교하게 다듬어준다. 그런 점에서 책읽기는 그 자체가 소통이다. 이렇게 책으로 소통하게 되는 것은 가장 차원이 높은 자기계발일 것이다.

책읽기가 즐거운 이유 중의 하나가 소통하는 즐거움이다. 소통의 즐거움은 스스로 유연해짐을 느끼는 것이다. 다른 사람들의 생각이 어떤지 알게 되는 것 자체로 소통력은 향상된다. 남들의 생각을 읽고 파악해 대처하는 과정에서 더 유연한 소통력을 가질 수 있다. 책을 읽으면서 독자는 저절로 이런 힘을 배양해나간다. 우선 책을 읽는 것만으로도 남들과 이야기할 때 더 많은 정보를 제공할 수 있는 힘을 얻는다. 그에 따라서 더욱 심도 있는 효과를 얻을 수도 있다. 직접 만나지 않아도 타인의 생각과 그 속에 담긴 시각을 책으로 정리해서 가늠할 수 있는 힘을 키우게 된다.

책을 읽으면서 자신을 긍정하게 되는 것도 소통력과 연결된다. 긍정은 사람을 너그럽고 겸손하게 만든다. 긍정에서 나온 자신감이 소통하는 데 두려움을 없애준다. 반복된 독서로 타인의 생각에 대한 이해가 깊어지면 다양한 관점에서 사람을 파악하게 되고, 그래서 마음에 들지 않았던 사람과도 이면의 이해를 통해 충돌 없이 긴밀한 소통이 가능해진다. 자연스럽게 대인관계의 폭이 확대되고 타인과 공감하는 힘이 강해진다.

이런 능력을 향상시키는 데는 역시 소설이 요긴하다. 소설 속에서 벌어지는 다양한 상황을 접하면서 자신을 여러 인물과 상황에 대입해보는 과정을 자주 하다보면 타인을 관찰하는 힘이 늘어나고 인간관계 속 대처법들을 간접경험할 수 있다. 이 과정에서 감정을 순화하는 것은 덤이다.

결국 소통력을 키우고자 한다면 책읽기가 가장 만만한 훈련법이다. 부담 없이 소설을 읽는 것만으로도 감정관리와 소통력 훈련 시뮬레이션을 경험할 수 있다.

40대 책쟁이 장효택 씨는 독서가 뜻밖에 가져다준 재미있는 소통 증진 효과를 들려줬다. 아이들이 책을 열심히 읽는 아버지의 모습을 보면서 '책을 읽는 아빠는 열린 사람' '대화가 가능한 사람'으로 생각해준다는 것이다. 실제 장씨와 자녀들을 이어주는 가장 확실한 끈이 바로 책이라고 한다. 같은 책을 읽은 것만으로 아버지와 아들 사이에 대화거리가 생긴다.

"아이들이 제가 읽은 책을 꺼내서 읽는 모습을 보는 것만으로도 즐겁습니다. 제가 책을 많이 읽으면 읽을수록 아이들도 제 영향을 받아 더 많은 책을 읽을 테고, 그러면 저와 아이들이 무한한 이야깃거리를 놓고 이야기하게 될 것 아닙니까? 그렇게 연결되는 것이 정말로 즐겁습니다."

젊은 20~30대들에게나 독서가 도움이 된다거나 중년 이상에겐 자기계발을 위한 독서가 필요 없다고 생각한다면 이는 정말 큰 오해다. 책은 직급이 높을수록, 연차가 높을수록 더욱 확실한 효과를 준다. 남들에게 지시하고 가르치고 평가해야 하는 사람일수록 책읽기로 소통력을 향상시켜야 함은 물론이다. 사회생활 베테랑으로 점점 경력이 올라갈수록 소통력은 더욱 중요하게 인생에 영향을 미친다.

14. 인간관계

책은 벗을 이어주는 끈이다

"같은 책을 읽었다는 것은 사람들 사이를 이어 주는 끈이다."

에머슨의 이 말처럼, 같은 책을 읽은 사람들은 정서적으로 공통
분모를 지녀 하나로 이어지는 것 같은 묘한 유대감을 갖게 된다. 같
은 책을 읽은 사람을 만나고 그와의 대화 속에서 공통점을 찾았을 때
느끼는 희열이나 즐거움이야말로 독서가 주는 가장 큰 재미일지도
모른다. 경험을 공유하고 나누는 것은 사람들을 묶어주는 가장 진한
인연이다. 그래서 생활 속에서 다른 사람들과 가장 공유하기 쉬운 공
통분모가 책이다.

문제는 책읽기를 즐기는 사람들은 늘 적다는 데 있다. 그래서 독
서가들은 늘 외로움을 느끼게 된다고 아쉬워했다. 다른 독서가들과
만나 책에 대해 정서를 공유하고 싶은 갈증을 강하게 느끼지만 통할
사람을 찾기가 쉽지 않은 탓이다.

실제 어느 조직, 어느 그룹에서나 책을 열심히 읽는 사람들의 비

율은 10퍼센트 안팎에 머무르고 있다고 해도 과언이 아니다. 그 수가 적다보니 책읽기를 좋아한다는 공통점을 발견하면 훨씬 더 쉽게 진해지게 된다.

학교를 졸업하고 사회에 나오면 누구나 친구를 새로 사귀기가 힘들다. 하지만 책은 한 집단 안에서 가장 부담 없이 동질성을 느끼게 해준다. 그런 점에서 책읽기는 같은 책을 읽었거나 같은 지적 취향을 가진 이를 서로 연결해 사회에서도 새 친구를 사귀게 해주는 통로가 될 수 있다. 수많은 인터넷 클럽들 사이에서 독서클럽이 압도적으로 많고 가장 활성화되어 있다는 점이 이를 잘 반영해준다. 책모임을 즐기는 직장인들은 모두 모임에 참가하기 전에는 같은 느낌을 교감할 사람이 없다고 생각했지만 막상 찾아 나서보니 예상보다 쉽게 책에 대해 이야기할 사람을 찾을 수 있었다고 말한다.

책을 매개로 사람들과 사귀는 것이 즐거운 점은 서로의 지적 성장에 도움이 되는 자극을 주고받기 때문이다. 책에 관심 있고 지적 열정과 취향이 비슷한 사람들끼리 모여서 이야기하는 속에서 더 많은 지식과 정보를 서로 나누게 되고, 이런 시간이 늘어나는 것 자체가 삶에 활력이 되어준다.

책읽기가 사람을 더욱 유연하고 폭넓게 만들어 사귐에 강하게 만들어주는 측면은 예상 이상이었다. 다양한 이야깃거리가 생겨 자연스럽게 사교와 소통력이 강해지는 덕분일 것이다. 만나본 책쟁이들 가운데서도 사람을 만나는 것이 업무인 사람들은 한결같이 책을 읽어 사람들을 사귀는 힘이 커졌고, 그런 만남을 통해 즐거움을 얻고 있다고 말한다. 외근직, 영업직, 그리고 민원이나 대고객 업무를 담당하는 직종 종사자들에게는 책이 가장 확실한 업무능력 향상 수단이었다.

책 읽는 이들이 새로운 동호회를 만들고 서로 교분을 나누기 좋아하는 것은 업무 이외의 순수한 인간관계에 대한 갈망 때문이다. 스포츠동호회 등과는 달리 독서동호회는 반드시 무언가를 같이 해야만 하는 부대낌이나 부담이 없다. 책읽기의 속성처럼 기본적으로 여유로움을 바탕으로 느슨하면서도 정서적으로 섬세하고 편하게 자기 기분을 조절하며 교감할 수 있다. 그래서 독서모임들이 인기가 높은 것이다.

우리가 만나본 책쟁이들 가운데 상당수가 온라인 또는 오프라인까지 아우르는 독서클럽을 직접 만들어 운영하는 이들이었다. 이들 대부분은 자신이 모임까지 만들게 되리라고 전혀 예상하지 못했다고 한다. 나서서 사람 모으고 조직하기 좋아하는 '총무형' 또는 '회장형' 인간이 전혀 아니었다. 오히려 수줍어하고 조용한 편인데 이상하게도 자기가 나서 책모임을 만들고 운영하게 되었다는 이들이 많았다. 인터넷이란 공간을 통해 자연스럽고 부담 없이 교감하면서 교분이 쌓이기 때문에 이런 일이 가능한 것이다. 남들과 공통의 지적 관심사에 대해 이야기하면서 다른 사람들의 생각을 들어보고 공감하고 흥미와 의문을 느끼면서 친해진다. 이런 과정을 통해 모임에 나가서 새로운 인연을 맺게 되는 식이다.

취재하며 만난 한 독서가는 "내가 원하는 스타일의 사람들, 나와 비슷한 지식수준을 갖춘 사람들, 그리고 내게 지적 자극을 주는 고수들이 같은 취미로 모인 커뮤니티는 독서클럽뿐인 것 같다"고 독서클럽의 매력을 분석했다.

책은 또한 그 자체로 사교력을 키워준다. 같은 독서가들끼리의 사귐뿐 아니라 직장 내 인간관계 속에서 소통력과 통찰력을 강화시킨다. 독서 자체가 남의 정리된 생각을 읽는 것이어서 책에서 접한 생각의 유형들, 사람들의 타입들을 무의식적으로 머릿속에서 정리하게 된다. 이런 경험이 많이 쌓이면 다른 사람을 보는 틀이 다양하고 정확해져 분석적으로 주변 사람들을 이해할 수 있는 힘이 커진다.

한번 생각해보자. 내 주변에 술친구 말고 책친구가 한 명이라도 있는지, 그리고 내게 어떤 책을 읽어보라고 추천해주는 말을 하는 사람이 있는지 말이다. 만약 직업이 사람을 만나는 일이라면 독서는 이런 인생의 벗을 찾는 문제가 아니라 생존의 문제가 된다. 독서가 바로 새로운 사람들과 공통분모를 찾고 교분을 나누고 좋은 관계를 맺어 폭넓은 인적 자산을 늘리는 필수 수련방법이기 때문이다. 실제 영업 등 대외관계 업무를 하는 독서가들일수록 책의 중요성을 강조했다. 독서를 하지 않고서는 사람들을 만나는 직업에서 성공하기 어렵다는 이야기다.

왜 그럴까? 사람을 만나는 것이 직업인 사람들은 대부분 고객을 만나 설득하는 일을 하게 된다. 이런 직업은 특정 부류의 사람들을 집중적으로 만나는 경우와 다양한 사람들을 폭넓게 만나는 경우로 나눌 수 있다. 이 두 가지 모두 독서의 도움으로 자기 업무의 완성도를 높여야 한다.

당연히 특정 집단을 주로 만나는 경우는 이들의 전공과 직업에 대한 책, 그리고 이들의 공통 관심 분야에 대한 책들을 읽어 지적 수준과 상대에 대한 이해를 높여야 한다. 고객과 대화가 통하지 않으면 업무 자체에 바로 지장이 생기기 때문이다. 이곳저곳에서 들은 정보와 흐름을 전하는 것만으로는 부족하다. 업무로 만난 사람들이 속한 분야의 현황을 책에서 읽은 정보와 시각으로 포장하는 능력이 필수적이다. 한 수 가르쳐주거나 또는 한 박자 빨리 알려줄 만한 정보력이 이 분야에 있는 사람들을 만날 때 성공의 관건이 된다. 책으로 늘 새로운 정보를 얻고 있다는 점 자체만으로도 상대에게 도움이 되거나 신뢰감을 주는 계기가 될 수 있다.

폭넓은 계층과 상대를 만나는 일을 하는 직종의 경우도 마찬가지다. 이 경우 특정 분야에 대한 전문적 지식을 얻어야 하는 앞의 경우보다 심도는 얕아도 대신 다양한 화제와 정보로 이야기를 나눌 수 있는 팔방미인형 업무자가 되어야 한다. 따라서 어떤 면에서는 더욱 어려울 수 있다. 폭넓은 독서로 많은 이들과 대화 가능한 능력을 갖춰야 하는 것은 당연하다. 사무실 안에서 근무하는 사람들에게 책이 미래의 무기라면, 바깥을 뛰는 이들에게 책은 지금 당장 생존을 위한 무기가 된다.

15. 자아성찰

서평으로 나의 내면을 들여다보다

앞에서 직장인이 책을 읽어야 하는 14가지 이유를 살펴봤다. 이런 것들은 모두 이어져 하나의 그물망을 이룬다. 독서 자기경영을 위한 이 그물망을 더욱 효과적으로 갖추는 방법이 있다. 바로 글쓰기다. 글쓰기는 최고의 독서법이다. 읽은 것을 다시 써보고 정리할 때 책에서 얻은 지식과 간접경험은 확실한 자기 것이 된다.

독서가들의 글쓰기 기본은 역시 서평이다. 서평 쓰기는 책을 읽고 변화한 자신에게 말을 걸어보는 독서 이상의 행위다. 서평이 더해질 때 책읽기는 한 단계 업그레이드된다. 제대로 책읽기를 한 사람들의 경우 서평 작업을 하는 것까지를 독서의 단계로 보는 경우가 많다. 물론 책을 열심히 읽는 이들 중에서 서평을 특별한 작업으로 생각하고 시도하지 않는 경우도 많다. 지나친 겸손인 동시에 독서가 주는 최고의 즐거움 하나를 놓치는 것이기도 하다. 서평은 책을 읽은 뒤 생각의 지평이 넓어진 자기 자신을 확인해 독서를 완성시키는 책읽기 최고의 이벤트이자 개인이 즐기는 최고의 지적 게임이다. 직장인이 책읽기를 반드시 해야 하는 이유 가운데 하나도 바로 이 서평을 통한 자아성찰, 즉 자기와의 대화가 가능하다는 점이다.

그럼에도 불구하고 사람들이 서평 쓰기를 겁내고 부담스러워하는 것은 학창시절 경험한 독후감의 압박 탓이다. 학교에서 학생들에게 독후감을 강요하는 바람에 생긴 최악의 부작용이다. 어린 학생들에게 책읽기를 즐겁게 가르쳐주기는커녕 책읽기 자체를 꺼리게 만드는 가장 고루한 방법인데 여전히 고쳐질 줄 모른다. 요즘도 인터넷에는 독후감 판매 사이트들이 성행하고 있다.

얼핏 서평은 독후감의 연장선처럼 생각되기 쉽다. 또한 '책을 평가한다'는 '서평'이란 단어의 묘한 뉘앙스 때문에 상당한 지적 분석과 전문적 글쓰기가 필요할 것 같다는 오해를 하기 쉽다. 그러나 독서고수들은 한결같이 서평은 부담을 가질 필요가 전혀 없다고 말한다. 책읽기에 대해 나름 한 가닥씩 지론을 가진 책쟁이들이 이렇게 단언하는 것은 책읽기가 서평 쓰기 때문에 결코 부담이 되어서는 안 되며, 독자 스스로가 즐거워하는 이벤트가 되어야 하기 때문이다.

그런데 정작 서평을 억지로 써서는 절대 안 된다고 말하는 책쟁이들 자신은 한결같이 모두 서평을 쓰고 있었다. 그리고 메모 수준의 글쓰기나 가벼운 글 정도도 어엿하고 훌륭한 서평이라고 평가하는 점은 모두 일치했다. 이들이 학자나 저술가도 아닌데 거의 대부분 책을 읽은 뒤 책에 대한 글을 쓴다는 사실은 의미심장하다.

책읽기가 습관이 된 사람들이 짧은 글이나마 글쓰기를 시작하는 이유는 본질적으로 책읽기와 글쓰기는 하나로 통하기 때문이다. 책을 읽고 나면 자연스럽게 글을 쓰게 된다는 말이다. 책에 대해 떠오르는 것을 그저 적어나가는 것으로 글쓰기가 시작되고 있었다. 그 이유는 기본적으로 책읽기가 일종의 '대화'이기 때문이다. 독서는 다양한 대화가 이어지는 과정이다. 먼저 책을 읽기 전에 자신과 대화한다. 자신이 읽어야 할 책인지 사야 할 책인지, 자기 관심사와 취향에 따라 내면에서 책에 대한 문답을 주고받은 뒤 독서에 들어간다.

일단 읽기 시작하면 저자와 독자 사이의 대화가 시작된다. 기본적으로 책읽기는 남의 생각과 지식을 읽는 것이다. 다시 말하면 저자가 말하는 것을 글로 듣는 일이다. 물론 독자가 꼭 책 내용에 대해 의문을 제기하거나 비판할 필요는 없다. 그냥 책의 내용을 따라만 가도 그것 역시 대화의 한 방식이다. 무의식적으로 편하게 읽어나가도 저절로 대화가 진행된다. 책에서 접하는 내용에 대해 끊임없이 묻고 판단하고 평가하며 입력하는 작업이 자동적으로 펼쳐진다. 조용히 전두엽에서는 치열한 논리 공방 또는 수용이 상상을 뛰어넘는 빠른 속도로 진행되는 것이다.

쓴 사람과 읽는 사람의 이런 자연스런 대화가 바로 책읽기의 본질이자 목적이자 가장 귀중한 효과다. 그런데 이 대화를 마무리 짓는 하이라이트이자 마무리가 책읽기를 마친 뒤 쓰는 서평 또는 메모, 아니면 독후감으로 불러도 되는 그 모든 종류의 글쓰기다. 책읽기를 마친 뒤 글을 쓰면 책읽기 전의 나와 책을 읽고 난 뒤의 나 사이에 새로운 대화가 벌어진다. 그렇기 때문에 서평 쓰기는 책 읽는 전체 대화

과정 가운데 가장 많이 생략되지만, 실제로는 책 읽는 과정 속의 모든 대화 가운데서 가장 중요한 부분이라고 할 수 있다.

책을 읽은 뒤 독자는 인생관이 바뀌는 최고의 변화부터 단순히 새로운 단어와 개념을 머리에 보태는 수준까지 반드시 변화 과정을 겪는다. 서평 쓰기란 그런 변화 상태에서 자발적으로 쓰고 싶은 욕망이 강할 때 가능한 일이다. 조금이라도 미루면 결국 독서 직후의 상태로 되돌아가지 못한다. 그래서 책을 읽은 뒤 곧바로 서평을 쓸 때 가장 솔직하고 확실하게 자기 자신과 대화할 수 있다.

유명 강사들의 강연에는 공통점이 있다. 강연 맨 끝부분에 그날 강연에서 특히 강조한 주제를 최대한 짧게 다시 한번 요약 정리를 해주는 것이다. 이렇게 마무리 부분에서 같은 내용을 되풀이를 하는 데는 이유가 있다. 청중들에게 강연의 메시지를 전달하는 데 가장 좋은 방법이기 때문이다. 청중들은 새로 들은 이야기를 억지로 머리에 집어넣은 상태다. 너무 많은 이야기를 한꺼번에 들어 혼란스러워지기 쉽다. 그래서 마지막에 강의의 핵심을 다시 한번 들려줘 청중들이 머릿속에 확실하게 핵심 개념을 기억할 수 있게 하는 것이다.

서평도 마찬가지다. 책을 읽고 난 뒤 갑자기 새로 입력된 정보량에 잠시 과부하가 걸려 있는 머리를 재가동시켜 핵심을 정리하는 역할을 한다. 동시에 책을 읽으면서 일었던 사소한 문제의식이라도 스스로 다시 한번 점검해보게 한다. 이 자가점검 작업은 인상 깊었던 구절이나 기억할 만한 구절 한 줄을 적는 것만으로도 충분하다.

이렇게 책 읽고 난 뒤의 글쓰기로 독자와 저자의 대화는 마무리

된다. 저자의 생각을 접한 뒤 자기의 생각으로 재해석 또는 평가한 다음, 글쓰기를 통해서 저자의 생각을 다시 한번 정리해 완전히 자기 것으로 만들어낸다. 맹자가 독서의 비결로 말한 '내 뜻으로 다른 사람의 뜻을 생각해본다' 라는 '이의역지以意逆志'와도 상통하는 부분이다.

서평을 써보기 시작하면 이런 이치를 온몸으로 체감하게 된다. 글 쓴다는 것은 결국 자신을 표현하는 일이다. 책을 읽는 중요한 이유가 읽으면서 생각하기 때문인데, 서평 쓰기는 그 이상의 생각을 머리에서 꺼내는 작업이다. 글쓰기는 자신이 몰랐던 자신을 찾는 작업이 되어 한 개인의 새로운 언어를 만드는 작업으로 이어진다.

이런 메모나 글쓰기가 습관이 되면 자기 자신에 대한 분명한 관찰과 파악이 가능해진다. 서평 속에서 반복되는 열쇳말이 나오기 마련인데, 이렇게 겹치는 개념들이 바로 자신과 연관되는 부분이다.

그리고 서평이 가장 매혹적인 이유를 말하고 싶다. 서평이 습관이 되면 재미가 하나 더 생긴다. 나중에 자신의 서평을 볼 때마다 '내가 이때 이런 생각을 했구나' 새삼 놀라는 재미다. 일기는 몇 년 뒤 다시 읽으면 창피하게 느껴지기 쉽다. 반면 서평은 자신의 생각이 얼마나 커졌나 확인할 수 있어 뿌듯함을 준다. 이 즐거움은 느껴보지 않은 사람들은 절대 알 수 없다. 자기 생각의 변화를 자기 눈으로 확인하는 것은 언제나 신기하고 보람 있는 경험이 된다. 그리고 자기 사고의 유연함 또는 확고함을 점검하는 수단으로도 탁월하다.

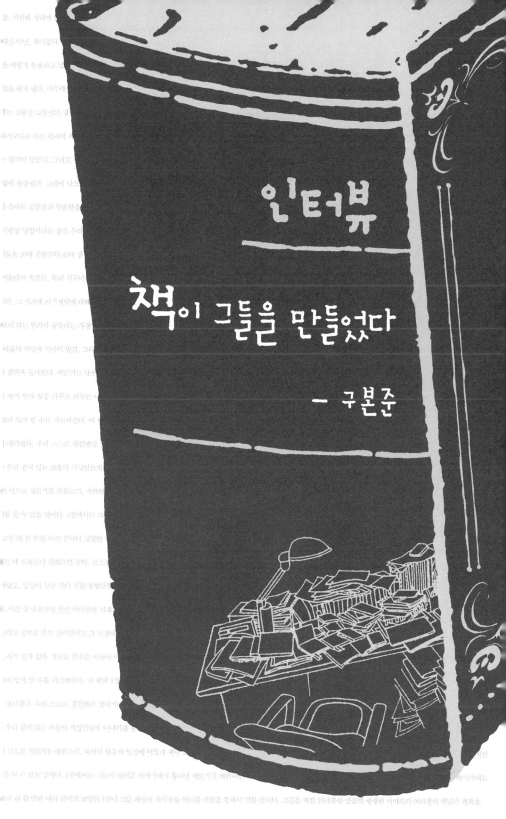

인터뷰

책이 그들을 만들었다

— 구본준

'왜 책을 읽어야만 하는가?' 이 질문에 대해 우리는 2장에서 책으로 직접 자기계발에 매진하고 있는 독서가들을 인터뷰하여 그들의 경험과 조언을 들어보았다. 그리고 3장에서는 그들의 인터뷰와 우리 두 기자의 평소 생각을 정리해서 직장인이 반드시 책을 읽어야만 하는, 그리고 또 제대로 된 책읽기를 배워야만 하는 15가지 이유를 정리했다. 하지만 이 뻔하고도 당연한 질문에 이것만으로는 조금 부족한 것 같았다.

책과의 인연이 좀더 오래되고 더 깊이 있는 이야기를 듣고 싶다는 갈증이 가시질 않았다. 물론 얼마나 깊이 있는 대답을 얼마나 많이 할 수 있는지는 저마다가 가진 생각의 폭과 깊이에 달려 있다. 다만 우리는 좀 다른 얘기를 들어보고 싶었다. 평범한 보통 사람들이 아닌 정말로 책과 함께 인생을 살아온 전문가들은 어떤 생각을 가지고 있을까? 우리는 숨어 있는 독서달인들을 만나서 우리의 생각까지 정리한 후에 이런 내용들에 대해서 다시 한번 지식전문가들에게 검증받고 확인하기로 했다.

평범한 직장인들은 자신의 눈높이와 크게 다르지 않은 책벌레들의 얘기를 듣고서 책읽기에 대한 동기부여적인 면과 기술적인 면을 배울 수 있을 것이다. 그러나 그 외에 책에 대한 철학이나 책읽기의 의미와 비결, 그리고 그 당위성에 대해 전문가로서 책읽기를 장기간 하고 있는 사람들을 만나 깊이 있게 정리해야 할 필요가 있다는 생각이 들었다.

그래서 우리 시대 '책의 구루'라고 불릴 만한 저명한 지식인, 책으로 실제 자기경영에서 성공한 명사들을 찾아가 책이란 것에 대해 우리가 생각해야 할 것, 그리고 그 책을 어떻게 삶에서 활용해야 하는지 물어보았다. 이들이 들려주는 경험담과 조언 속에는 본문에서 얻은 내용 이외에 시기적으로는 더 길게, 그리고 좀더 가시적인 성과를 한차원 더 높인 독서의 보편적 가르침을 담고 있다. 여러분이 그들의 생생한 목소리를 들어볼 수 있도록 그들과의 인터뷰 전문을 담았다.

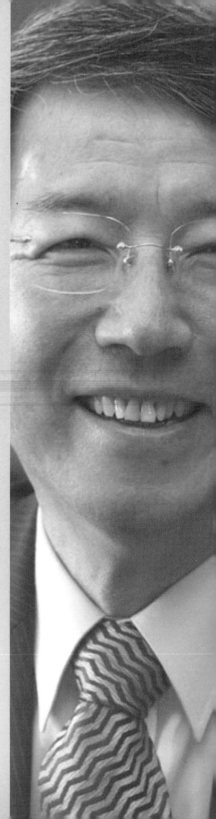

읽기만 해도
논쟁에서 이기는
책이 있다

정
운
찬

먼저 찾아간 대가는 정운찬 교수(서울대 경제학부)였다. 그는 경제 학자지만 야구해설까지 했을 정도로 마니아적 기질이 강하며 지식의 스펙트럼이 넓다. 딸깍발이 학자가 아니라 유연하고 합리적인 사고로 유명한 우리 시대의 대표 지식인이다. 게다가 정 교수는 2년 동안 간행물윤리위원회의 좋은 책 선정 위원으로 활동했고, 과거 서울대 총장 시절에 서울대에 글쓰기 과정을 적극적으로 도입하는 등 읽기와 쓰기 교육에 특히 주안점을 두어온 점도 인상적이었다. 그래서 첫 번째 책의 구루로 그를 인터뷰하기로 했다.

정 교수는 처음 만나자는 요청에 자신은 책 전문가가 전혀 아니라며 극구 사양했다. 거창한 인터뷰가 아니라 책읽기의 선배로서 살아오면서 독서를 통해 느낀 점을 후배에게 편안히 이야기하듯 들려 달라고 설득했다. 그는 그냥 책읽기에 대한 이야기와 평소 책에 대해 생각하는 바를 부담 없이 말하는 정도라면 응하겠다며 결국 인터뷰를 수락했다.

말끔한 신사풍의 정 교수는 연구실을 찾은 나를 반갑게 맞아주었다. 그의 연구실은 온갖 책들로 공간 전체가 빈틈 없이 메워 있으면서도 동시에 깔끔하게 잘 정돈되어 있었다.

정 교수는 책에 대한 자신의 지론이자 철학을 소개하는 것으로 이야기를 시작했다.

정운찬 교수(이하 정) | 제가 신입생들에게 늘 해주는 말이 있어요. "사람은 세 가지를 많이 만나야 한다"는 이야기죠. 그 세 가지란 바로 '책, 여행, 사람'입니다. 이 세 가지를 많이 만나야 한다는 것은 신입생뿐만 아니라 모든 사람들에게 통하는 이야기로, 저 자신도 지금껏 이 세 가지를 많이 만나기 위해 노력하고 있습니다. 특히 그중에서도 책은 으뜸이죠. 책을 읽으면 전에는 몰랐던 세계를 접하게 되고, 호기심을 갖게 되고, 그래서 질문을 하게 돼요. 이 질문을 하는 과정에서 전과는 다른 생각을 하게 되고, 이것이 새로운 아이디어가 되어 개인의 창의력으로 이어집니다. 창의력을 만들어내는 다른 좋은 방법은 독서 외에 따로 없습니다.

구본준 기자(이하 구) | 요즘 인터넷으로 세상이 바뀐 지금 정보와 지식에 대한 개념이 크게 바뀌었고 그 중요성이 더욱 커졌죠. 그렇다면 책읽기에 대한 무게가 예전과 비교해 좀 달라졌을 것 같아요.

정 | 지식도 지식 나름입니다. 요즘에는 책을 읽을 필요가 없을 것 같죠. 인터넷이 다 해주니까. 하지만 책이 유기농 음식이라면 인터넷은 인스턴트 식품이에요. 인터넷 지식은 단편적이어서 한계가 분명해요. 책을 통해 지식이 쌓이는 것은 읽으면서 생각을 하기 때문인데, 인터넷은 그런 점에서 도움이 되지 못해요. 책을 읽는 것은 결국 저자와의 소통이죠. 그게 지식을 얻는 과정에서 가장 중요하거든요. 독서 이외의 방법으로 정보를 얻을 수는 있어도 그런 정보란 결국 누구나 접할 수 있는 단편적인 것에 불과하죠.

구 | 결국 누구나 접할 수 있는 단편적 정보는 그다지 큰 가치가 없는

정보가 되어버렸다는 것이죠? 그런 정보는 이제 개인들에게 필수적 요소가 못 되겠군요.

정 | 창조형 인적자본 시대에 암기형 인적자본은 이제 불필요해졌고, 이것이 바로 인터넷이 등장하면서 생겨난 가장 근본적인 변화죠. 또 독서의 개념에 새로운 사항을 하나 추가하길 바라요. 독서의 대상에는 신문을 반드시 포함시키는 인식을 가지라는 것이죠.

구 | 신문이요?

정 | 네, 아무리 인터넷 시대라고 해도 여전히 신문만 한 것은 없기 때문이에요. 책과 신문, 두 가지를 정보와 지식의 원천으로 삼는 것은 기본 중의 기본입니다. 학자들이라고 전공서적에서만 정보와 지식, 그리고 지혜를 얻는 건 아니에요. 오히려 학자들이 일반 서적에서 배우는 게 더 많죠.

구 | 인상적인 대목이군요. 그렇다면 책은 어떻게 읽는 것이 좋을까요?

정 | 자기에게 맞는 독서법을 찾아가는 과정이 필요합니다. 가장 기본적인 독서습관을 한 가지 가져보세요.

구 | 추천해주실 만한 구체적인 방법이 있나요?

정 | 아주 쉬운 방법인데, 그냥 노트 하나를 가지고 한 줄이건 열 줄이건 메모하는 겁니다. 메모하는 과정에서 그 다음 글을 읽고 싶어지기 때문에 예상 이상으로 두뇌를 자극해서 생각하는 습관을 만들어줍니다. 인터넷 시대라고 해도 여전히 이 이상의 좋은 방법은 없을 거예요.

구 | 음, 독서를 하려고 막연하게 생각하고 있는 사람들에게 동기부여

가 될 만한 독서법을 추천해주세요.

정 | 역시 고전을 읽으라고 말할 수밖에 없어요.

구 | 또 고전이야기로군요?

정 | 아, 뻔하다고 생각할 수 있겠지만 제가 말하는 건 '고전은 지혜의 보석'이란 식의 원론적인 추천이 아니에요. 좀더 실질적인 차원이죠. 고전의 가치를 독자 스스로 발견해서 활용하라는 거예요.

구 | 정말 고전은 피할 수 없군요….

정 | 음, 고전은 누구나 좋다고 하는데 누구나 안 읽는 책이라고도 하지요(웃음). 고전을 읽으면 좋은 점이 두 가지 있습니다. 하나는 남하고 소통할 때 많은 것을 줄 수 있다는 점, 그리고 토론에서 이길 수 있다는 점입니다. 왜냐하면 아무도 고전을 안 읽기 때문이죠. 그래서 읽은 사람이 무조건 이겨요.

구 | 읽는 사람이 이긴다는 말씀이 재미있습니다.

정 | 세계적인 경제학자들인 밀턴 프리드먼과 폴 새뮤얼슨은 두 사람 모두 설명이 필요 없는 경제학계의 석학들로 노벨상 수상자들이에요. 이 두 사람은 오랫동안 토론 상대로 장기간 논쟁을 벌인 것으로도 유명했죠. 두 사람은 1960년대에는 미국의 대표적 시사주간지 〈뉴스위크〉, 그리고 70년대 이후에는 공영방송인 〈PBS〉를 통해 토론을 이어갔어요. 처음에는 새뮤얼슨과 프리드먼이 맞붙었고, 나중엔 새뮤얼슨의 제자인 제임스 토빈이 토론 상대로 나섰어요. 경제학계에선 새뮤얼슨과 프리드먼 모두 유명하지만 특히 경제학계에 미친 영향 면에서는 새뮤얼슨이 조금

더 우위라는 평가를 받아요. 또한 새뮤얼슨은 수재들만 모인다는 하버드 대학에서도 신동으로 꼽혔던 천재형 학자였어요. 그렇지만 오랜 논쟁에서 늘 승자는 새뮤얼슨이 아니라 프리드먼이었어요.

구 왜 그랬을까요?

정 프리드먼이 토론에서 적을 물리치는 데 가장 주효했던 무기 중 하나가 바로 고전에 대한 해박한 지식이었거든요. 프리드먼은 젊은 시절 거의 외우다시피 할 정도로 고전을 섭렵했고, 늘 고전을 논거로 활용했어요. 고전 구절을 들이대며 압박하면 그것을 읽지 않았거나 제대로 알지 못하는 사람들은 반격하기가 쉽지 않습니다. 고전이 그냥 고전이 된 게 아니잖아요? 오랜 세월 검증을 받아온 거거든요. 그래서 이를 인용하는 논리 자체를 반박하기도 어렵습니다. 그러니 프리드먼이 토론에서 늘 이길 수밖에 없었던 거죠.

구 그렇지만 현실적으로 지금의 직장인들에게 고전은 좀 어렵고 비효율적인 책일 수도 있지 않을까요?

정 물론 많은 시간, 사전 지식과 노력이 필요한 경제학의 고전 같은 것을 직장인들이 반드시 읽어야 할 필요까지는 없을 것 같아요. 현실적 한계도 뒤따를 테고요.

구 그렇다면 평범한 직장인들이 어떤 분야의 고전을 어느 수준으로 접하면 좋을까요?

정 어렵지 않은 고전으로 한두 권 읽어보면 세상이 달리 보이는 느낌이 들 겁니다. 그게 고전의 힘입니다. 좀더 높은 수준의 독서를 하려면 고전을 읽을 수밖에 없어요. 그리고 요즘에 많이 출간되는 직장인들을 위한 현대적 의미의 고전을 읽어보길 바라요.

구 가령 어떤 책을 말하는 건가요?

정 교양 차원에서 인식 전환을 위한 독서가 중요해요. 존 갤브레이스의 《불확실성의 시대》 같은 책을 권하고 싶어요. 저는 이 책을 누구나 읽었으면 좋겠어요. 이 책을 읽으면 사고의 틀이 바뀌기 때문이에요. 과거 사고의 틀로는 현대를 이해하기 어렵다는 내용을 다루고 있는데, 여기서 불확실성은 구체적인 사실을 모르는 것이 아니라 사고의 틀이 자주 바뀐다는 의미의 불확실성이라고 할 수 있어요. 이렇게 바뀌는 세상을 어떻게 살아가면 좋은지를 놓고 갤브레이스가 과거로부터 지금까지 경제적 사고의 변천을 정리한 책입니다. 누구나 읽을 수 있을 만큼 쉬워요. 영어 원서로 읽는 것을 도전해보라고 권하고 싶을 정도로 쉽습니다.

구 학자도 아닌 우리 모두가 책을 읽어야만 하는 이유가 있을까요?

정 세상과 지식이 늘 변하기 때문이죠. 자영업자든 월급쟁이든 읽지 않으면 적응하기 힘들고 뒤처지는 세상임을 자각할 수밖에 없어요. 제가 젊었을 때 가장 인상적이었던 말이 있었어요. 올더스 헉슬리가 한 말인데, 'You must know everything of something and something of everything'이란 말이었습니다. '어떤 한 가지에 대해서는 모든 것을 알 정도로 잘 알아라' 그러니까 자기 전공에 대해서는 확실하게 알아야 한다는 이야기죠. 그러면서도

'다른 것들에 대해서도 조금씩은 알아야 한다'는 말입니다. 다시 말해서 폭넓게, 그리고 깊게 알아야 한다는 뜻이죠. 이건 정말 현대의 직장인들이 꼭 알아야 할 말이라고 생각해요.

구 | 외람된 말씀입니다만, 정 교수님의 말씀이 완전히 새롭고 근사한 이야기는 아닌 것 같아요. 그런데 신기하게도 이미 잘 알고 있는 사실에 대해 확신을 심어준 것 같습니다. 인터넷 시대, 암기형 인적자본은 불필요해졌다는 이야기는 익히 아는 변화인데도 표현을 달리하시니 더욱 심각하게 들리고요. 또한 교수님께서 말씀하신 고전에 대한 이야기는 결국 독서 자체에 대한 이야기나 마찬가지란 생각이 들어요. 누구나 읽어야 한다는 것을 알면서도 안 읽는 것이 고전이잖아요.

정 | 그렇습니다. 마찬가지로 책 자체도 누구나 읽어야 할 필요를 느끼면서도 못 읽는 것이죠. 결국 독서의 세계에는 2진법만 존재하겠네요. 책을 읽는 사람과 읽지 않는 사람, 그 차이는 실로 근본적인 차이라고 할 수 있을 겁니다.

"
당신은
대체 가능한 사람이
될 것인가?
"

이어령

두 번째 찾아간 책의 구루는 책에 관한 한 대한민국에서 가장 확실한 전문가로 이구동성으로 꼽힐 만한 인사라고 해도 과언이 아닐 것이다. 종횡무진으로 이어지는 기발한 아이디어 뱅크, 그리고 폭넓은 지식 스펙트럼, 우리 시대 책의 스승으로 불리기에 이어령 교수만 한 이도 없어보였다. 이 교수는 책에 대한 이야기를 듣고 싶다는 인터뷰의 취지에 흥미로워했다. 그리고 흔쾌히 인터뷰에 응해주었다.

사통팔달 달변의 석학이 과연 어떤 이야기를 들려줄지 만나러 가는 길에서부터 궁금했다. 외출중이었다가 약속시간에 정확히 맞춰 사무실로 돌아온 이 교수의 인상은 70대 중반이란 나이가 믿기지 않을 정도로 젊고 정열적으로 보였다.

가장 인상적인 것은 명함에 쓰여 있는 이 교수 이름의 영문 표기 'Lee O Young'이었다. '오! 젊군'이란 말이 연상됐다. 그런데 정말 그 뜻이라고 한다. 그가 젊었을 때 초청을 받아 영국을 방문한 적이 있었는데, 당시 깐깐한 영국 대사관에서 비자를 받으려면 인터뷰를 해야 했다. 그를 만난 영국 대사관 직원이 본국 초청을 받은 한국 학자라면 제법 나이가 있을 것으로 예상했는데 이 교수가 예상보다 젊으니까, "오, 영!" 하고 놀라더라는 것이다. 그러면서 비자 서류에 영문 이름을 어떻게 쓰면 되냐고 묻기에 "당신 말 그대로 '오, 영!'으로 쓰면 된다"고 했다면서 이 교수는 웃으며 전날의 에피소드를 들려줬다. 실제 그의 논문에도 영문 이름은 'Lee O Young'으로 쓴다고 한다.

이 교수를 만나 인터뷰하는 것은 이번이 두 번째였다. 처음 그를 만나 인터뷰했을 때 가장 놀랐던 것은 그의 놀라운 달변과 폭넓은 지식이었다. 익히 들어 알고 있었음에도 마치 질문에 대한 답을 미리 생각해놓은 것처럼 술술 답하는 이 교수를 보니 감탄하지 않을 수가 없었다. 순간순간 이어지는 질문에 자신만의 논리로 온갖 논거를 꺼내와 활용하는 데 막힘이 없었다. 그런 모든 방대한 지식과 생각의 정리 능력은 그의 독서에서 나왔음은 굳이 말할 필요가 없을 것이다.

그는 우선 다분히 학문적이고 고차원적인 이야기로 독서론을 시작했다. 인간과 책의 관계에 대한 근원적인 탐구에 대한 이야기였다. 이 교수는 독서란 것에 대한 보다 인문학적인 정의를 들려줬다.

이어령 교수(이하 이) | 책을 안 읽는 사람들은 책을 읽지 않는 것이 아니라 가장 나쁜 독서를 하고 있는 것이죠. 이렇게 되면 상상력이 없고 상징이란 것을 모르고 은유 같은 것이 없는 사람이 되는 겁니다. 하지만 너무 책벌레도 제 생각에는 그다지 좋지는 않다고 생각해요.

구 | 책을 많이 읽는 게 나쁜 것일 수도 있다? 가장 책벌레처럼 보이는 교수님께서 그렇게 말씀하시니까 의외입니다.

이 | 그렇습니다. 책을 전혀 읽지 않는 것도 나쁜 독서행위의 하나지만, 이것과 책읽기 자체에 함몰되는 책벌레형 독서도 안 좋기는 마찬가지예요. 책을 전혀 읽지 않는 사람들은 생각보다 행위 쪽으로 치우치게 됩니다. 반면 책만 파고드는 사람은 행동은 없고 현실에서 동 떨어진 생각으로만 치우치게 되는데, 그렇기 때문에 이것 역시 나쁜 독서행위예요. 말 그대로 벌레처럼 글자를 파먹는 것과 다를 바 없어요. 진짜 책읽기는 이런 극과 극 사이의 중간에 있습니다. 책을 읽고 그것으로써 행위의 동기를 얻는 거죠. 책읽기는 인식을 바꾸고 실제 행동을 바꾸는 겁니다. 책에 지나치게 밀착해 그 속에서만 사는 것은 짐승이 자연에 밀착하는 것과 마찬가지란 말입니다.

구 | 그렇다면 교수님께서는 현실과의 매개로서 책의 의미를 강조하시는 건가요?

이 | 네, 책은 가장 효율적인 전달매체죠.

구 | 일본의 논픽션 작가 다치바나 다카시는 책이 가장 효율적인 미디

어라고 했어요. 그 이유로 컴퓨터에 포스트잇을 붙일 수 있으며, 밑줄을 칠 수 있으며, 형광펜으로 칠할 수 있으며, 접어서 표시할 수 있으며, 앞쪽과 뒤쪽을 빨리 넘나들면서 뒤져볼 수 있느냐고 반문하죠. 그런 편리성 면에서 컴퓨터조차 책에게는 상대가 안 된다는 건데, 그와 비슷한 생각이네요.

이 | 데이터 정보처리 효과에서 책이 가장 효율적이죠. 정보를 가장 많이 집어넣을 수 있는 틀이 바로 책이란 겁니다. 가령 UCC와 비교해봅시다. 영상에 자막이나 인덱스를 얼마나 덧붙일 수 있겠어요? 그런 점 때문에 영상이란 것은 정보량은 많아도 메시지를 주는 것은 적어요. 반면 책이라는 텍스트는 메시지를 무한정 전할 수 있습니다. 그래서 책을 읽어야만 하는 것은 너무나 당연한 이야기예요. 모든 중요한 정보와 메시지는 책으로 전달할 수밖에 없어요. 책은 늘 자기 곁에 놔둘 수 있다는 장점도 빠뜨릴 수 없고요. 책이야말로 유비쿼터스 매체입니다.

구 | 본격적인 독서론으로 넘어가보고 싶습니다. 이 교수님의 독서법은 어떤지 소개해주세요.

이 | 책을 읽은 후 마음과 행동에 읽기 전과 달라진 점이 없으면 독서가 아니라는 태도로 독서합니다.

구 | 독서 전후로 마음과 행동에 변화가 있어야 한다?

이 | 네, 제대로 책을 읽으면 독자에게 작은 혁명이 이어집니다. 책이란 낯섦, 내가 느끼지 못한 것을 그 낯섦을 통해 접하면서 달라지는 겁니다. 따라서 그런 변화 없이 덮어놓고 교양상식으로, 또

는 취미로 책을 많이 읽는 것은 사실 별 의미가 없습니다. 책을 그냥 소비만 하는 것은 다른 취미, 엔터테인먼트와 다를 바가 없어요. 언어란 우리의 사고가 반영된 것들의 축적이기 때문에 책을 읽고 나면 반드시 의식의 변화가 일어납니다.

구│ 이 교수님도 역시 그렇다는 말씀이신가요?

이│ 그렇습니다. 저는 책을 계속 읽고 있기 때문에 근본적으로 회의주의자가 될 수밖에 없어요(웃음). 계속 새로운 책을 읽으면서 그 영향으로 생각이 바뀌기 때문이죠. 어떤 시를 읽고 나면 그 다음 날 해가 뜨는 게 달라보입니다. 책을 읽으면 일상에서 그런 변화가 생깁니다. 어느 책에서 어떤 언어가 쓰인다면 그 언어는 새롭게 탄생돼요. 그래서 독서란 책에서 그런 언어를 발견하는 것, 언어가 떠오르는 것, 마음속 숨어 있던 생각의 껍질을 벗기는 거예요. 그렇게 하지 않으려고 해도 읽으면서 접한 언어가 저절로 재발견되고 기존 의미와 배반되고 새롭게 태어나는 거죠. 그런 점에서 책읽기는 정말 '전인적全人的 투신'이라고 할 수 있어요. 일상 언어의 총체가 책 속에서 저자의 언어와 부딪치면서 새롭게 이뤄지는 거죠. 그래서 독서가 전인적인 행위라는 거예요. 독서광까지는 아니더라도 누구나 그 강도가 다를 뿐 그런 행위를 연속적으로 하는 것이 바로 진짜 독서입니다. 그래서 재미로 습관적으로 줄줄 읽기만 하는 것은 독서가 아니라는 말이죠.

구│ 좀더 설명해주세요.

이│ 철강왕 카네기 아시죠? 그가 왜 도서관을 그렇게 열심히 지었겠습니까? 어린 시절 그는 가난해서 신문배달을 했어요. 그런데 하루는 그가 이웃인 한 소령의 집에 신문을 배달하는데 그 소령이 어린 카네기를 보고는 "네가 책을 읽지 않으면 평생 배달만 해야 한다. 그러니까 틈날 때마다 우리 서재에 와서 책을 읽어라" 하면서 서재를 개방해주었습니다. 이후 책을 읽고 훗날 재벌이 된 카네기는 어린 시절의 자기처럼 자신이 어떻게 살아야 할지 모르는 사람들에게 빛을 주는 길은 책 밖에 없다고 생각했어요. 그래서 도서관을 지은 겁니다. 그는 다른 기부 요청은 거절해도 도서관을 짓는다고 하면 기꺼이 기부를 했어요. 그 신문팔이 소년이 어디서 꿈을 꾸었겠어요? 무슨 책인지는 몰라도 호구지책으로 신문을 팔던 소년이 그 책을 읽었을 때 그에게 극적인 내면의 혁명이 일어난 거죠.

구 │ 맞는 말씀입니다. 그러나 누구나 자신을 바꾸어줄 운명적으로 주파수가 맞는 책을 만나기 쉽지는 않죠. 그런 책들을 골라 읽을 수 있는 방법이 따로 있는 것도 아니고요. 책 말고 다른 계기로 그런 동력을 얻을 수 있는 방법은 없을까요?

이 │ 책보다 더 좋은 방법이 있죠. 책도 텍스트지만 살아 있는 텍스트, 그러니까 자기가 좋아하는 사람과 대화하는 거예요. 내 안에 있는 것을 포착해주거나 자기를 바꿀 수 있게 지적해주고 지적으로 성장하도록 촉발해주는 멘토가 최고죠. 대신 끈기를 가지고 계속적으로 대화해야 합니다. 옛날 공자나 석가모니의 제자들이 스승과 이야기하듯 대화하는 거죠. 이 방법 말고는 사실상 다른 방식으로는 불가능합니다. 그렇기 때문에 자기계발을 제대로 할 수 있는 최고의 수단이 책이란 거예요.

구ㅣ네, 책보다 더 쉽고 저렴하면서 원래 정보의 모습에 가깝게 대중 곁에 있는 매체가 생각나지 않습니다.

이ㅣ네, 아마도 그렇기 때문에 책은 영원히 없어지지 않을 겁니다. 발터 벤야민은 대중문화의 시대가 도래하면서 아우라가 사라진다고 했습니다. 아우라는 사물이 갖고 있는 오리지널리티를 말해요. 하지만 책이란 것은 아무리 복제해도 그 아우라가 사라지지 않습니다. 그것의 내용 자체가 오리지널이거든요. 책은 모든 것이 진본이에요. 책의 아우라는 바로 그 내용에 있어요. 읽는 이들이 그 아우라를 받아들이기 때문에 책은 전혀 사라지지 않고 오히려 더 돋보이는 겁니다.

구ㅣ이 교수님 자신이 자기계발을 하는 데 책은 어떤 역할을 했다고 생각하세요?

이ㅣ전 대학교와 대학원을 나와서 고등학교 교사를 하다가 교수가 됐어요. 제 직업적 이력으로만 보면 제 인생의 체험이란 정말 좁고 빈약합니다. 그런데도 제가 여기저기 불려다닌 것은 모두 책을 통한 간접경험 덕분이에요. 거기서 상상력이 나온 거고요. 책으로 체험한 것 외의 제 체험은 정말 작고 좁은 세계였어요. 다른 교수들과 제가 조금이라도 다른 점이 있다면 그 차이점은 결국 책읽기에서 나왔다고 볼 수 있죠. 남들보다 다양하게 열심히 책 읽은 것 말고 제가 다른 사람들과 무슨 차이가 있었겠어요?

구 | 그렇다면 이 교수님이 자신을 단련시켜왔던 독서법을 소개해주세요.

이 | 책을 읽다가 내팽개치는 책들이 있어요. "이런 것도 책이냐? 시간이 아깝다"고 말하는 책들인데 사실은 그런 데서 배우는 거예요. 피카소의 그림을 처음 보면 이상하죠. 그런데 그런 그림을 계속 보고 난 다음에는 오히려 사실주의 그림이 오히려 식상해 보이게 돼요. 너무 사실적인 간판장이 그림 같은 것처럼 보이는 거죠. 독서를 하면서 진지한 교훈, 도덕적 경험을 하는 것도 물론 많이 있어요. 그렇지만 킬링타임용으로 보다가 내던지곤 하는 그런 책들을 읽은 경험이 훨씬 많았어요.

구 | 일상에서 경험하는 것을 보다 적극적으로 받아들이는 자세의 차이가 결정적이란 말씀이시군요. 다른 질문을 드리겠습니다. 교수님을 보면 독서 그 자체의 즐거움을 만끽하고 살아가는 분이라는 생각이 듭니다. 교수님 같은 학자가 아니더라도 누구에게나 독서는 필수불가결한 유일무이한 자기계발의 수단이자 인생의 즐거운 재미가 될 수 있음은 분명한 것 같아요. 그렇지만 보통 생활인들에게 그렇게까지 해야 할 이유나 그럴 만한 여유가 있을까요? 학자가 아닌 일반인들이 책을 읽어야 하는지 설명해주세요.

이 | 열정과 목표 없이는 경쟁을 해낼 수 없습니다. 직장이란 곳은 똑같은 사람들이 모여서 똑같은 목표를 위해 일한다는 점에서 다른 집단과 다릅니다. 이런 사람들은 특성도 엇비슷한데 직장에

서 체험하고 얻는 지식도 모두 똑같아요. 일하고 배우는 시간도 같고 시스템도 같죠. 그런 사람들 중에서 개성이 있고 뭔가 다른 것이 있는 사람이라면 그건 그가 읽는 책이 다른 것이에요. 직장인들은 모두 비슷합니다. 심지어 사는 집도, 먹는 음식도 다들 비슷합니다. 그 속에서 직장인들이 자기를 차별화시킬 수 있는 유일한 기회이자 방법은 책 밖에 없어요. 남과 달라야만 하죠. 회사 입장에서 보면 다른 것은 얼마든지 다른 사원으로 보충 가능해요. 하지만 독서를 하는 그 사람의 캐릭터는 다른 사람으로 대체 불가능해요. 'Only One'이 되는 것이죠. 책을 읽고 차별화해야만 제대로 대우받을 수 있어요. 제가 어디 가서 좋은 대우를 받는 것은 모두 책의 힘이에요.

구 아, 그 누구보다도 피부에 와닿는 답변을 해주셨어요.

이 이 당연한 사실을 사람들은 종종 잊어버려요. 독서는 분명 평범한 직장인, 자영업자들에게는 유일무이한 무기이자 의지할 방패가 될 수 있죠. 독서는 하면 좋은 게 아니라, 반드시 해야만 하는 절박하면서도 현실적인 의무죠. 책을 읽고 자신을 다르게 만들어야 비슷한 동료들 속에서 차별화된, 갈아치울 수 없는 존재가 된다는 건 너무도 현실적이면서도 근본적인 독서의 이유예요. 책읽기란 그런 점에서 정말 처절한 것일 수 있죠. 그렇지만 너무도 다행인 것은 책읽기를 제대로 배워서 잘 익히면 그런 처절함 대신 즐거움이란 결과를 얻는다는 사실이에요.

"
처절할 정도로
현실적인
독서의 이유
"

ⓒ 이두용

이
지
성

수십 년 넘게 책을 전문적으로 읽어온 두 석학의 이야기들은 모두 뻔해 보이지만 직접 체험으로부터 얻은 근본적이면서 핵심적인 교훈을 담고 있었다. 그러나 속 시원하게 우리가 먹고살기 위해 어떻게 책을 읽어야 할지에 대해서는 콕 집어 이야기해주는 부분이 부족하다는 느낌도 들었다.

보통 사람들에게 맞는, 책을 읽고 싶어도 바쁘게 살다보니 쉽게 독서습관을 갖지 못한 이들을 위한 날카로운 충고도 필요할 법했다. 그것을 현실로 옮겨서 성장한, 그것도 최근에 결실을 이룬 사람을 찾아보고 싶었다. 그래서 우리는 또 다른 책의 구루를 찾아갔다. 2008년 독서시장에서 최고의 인기 작가로 떠오른 이지성 씨였다.

그를 만나야겠다고 생각한 것은 그가 오로지 책읽기 하나로 자기계발을 하여 작가의 꿈을 이룬 의지의 인물이란 사실 때문이었다. 게다가 요즘 젊은 직장인들에게 그의 책이 실로 대단한 인기를 누리며 큰 호응을 얻고 있다는 점도 눈길을 끌었다. 그의 책 《꿈꾸는 다락방》《여자라면 힐러리처럼》《스물일곱, 이건희처럼》 등은 최근에 출간된 국내의 여러 자기계발서들 가운데서 단연 두각을 보였다. 게다가 이지성 작가는 월급을 받던 직장인 출신이다. 최근 그만뒀지만 그는 원래 초등학교 교사였다. 책으로 자기를 계발해 자기계발서를 써서 성공한 작가. 직장생활을 하면서 자기 목표를 따로 세워 성공하기는 쉽지 않다고 생각해온 직장인들에게 이 작가만큼 현실적이고 사실적인 조언을 해줄 수 있는 사람이 또 있을까?

그의 성공 비결은 그의 책 《꿈꾸는 다락방》으로 유추해볼 수 있다. 이 책은 '진정으로 꿈꾸면 꿈은 이루어진다'는 주제를 담고 있다. 꿈꾸면 누구나 성공할 수 있다는 법칙을 그는 자신이 만들어낸 'R=VD'란 공식으로 주장한다. '생생하게vivid 꿈꾸면 dream 꿈이 실현된다realize'는 뜻이다. 그 자신이 직접 이 공식을 증명해보인 인물인 셈이다.

실제 그를 직접 만나보니 그는 꿈이 자신을 배반하지 않을 것이란 믿음 하나로 자신을 몰아붙여 정진한 의지의 화신 같은 인물이었다. 30대 중반이란 나이보다 훨씬 젊어보이는 잘생긴 외모에 차분한 말투의 이지성 작가는 자기 주관이 뚜렷한 달변가였다.

이지성 작가(이하 이) 제가 작가의 꿈을 꾸기 시작한 것은 스무살 때였어요. 그러나 정식으로 책을 낸 서른까지 시련을 되풀이했죠. 한 원고로 80곳의 출판사에서 퇴짜를 맞기도 했고 재능이 없으니 딴 길을 찾아보라는 충고도 들었어요. 하지만 저는 꿈을 놓지 않았고 2천여 권이 넘는 책을 읽고 150권에 가까운 책을 필사하면서 작가가 될 날만을 기다리며 자신을 벼렸어요.

구 작가나 전문인들 말고 그냥 평범한 모든 소시민들에게 책읽기의 의미가 뭘까요?

이 책읽기는 취미가 아니라 생존이에요. 생각해보세요. 취업난이 워낙 심하다보니 지금은 좋은 대학을 나와서 대기업에 들어가는 정도를 성공이라고 합니다. 그런데 그렇게 남들 부러워하는 곳에 취직한 사람들이 30대 중반이 되기 전에 절반 이상 나와요. 남은 사람끼리 모여서 경쟁하다가 40대 중후반에 또 절반 이상이 회사를 나옵니다. 그들은 나와서 주로 자영업을 하는데, 이 자영업을 하는 사람들의 70퍼센트가 경제적으로 이전보다 못한 상태로 떨어지는 상황입니다. 자영업으로 성공할 수 있는 비율이 그냥 회사에 다닐 때보다 더 낮은 거죠. 지금은 극단적인 자본주의 시대, 너무나 무서운 사회예요. 이런 세상에서 생존을 가능하게 하고 성공으로 이끌어주는 것은 책밖에 없어요.

구 차가운 현실을 냉철하게 바라보라는 메시지가 분명하시네요.

이 아마도 저 스스로 현실을 접하기 때문일 테죠. 자기계발 작가가 된 후로 40대도 아닌 30대 분들이 회사에서 해고됐다며 찾아와

하소연하고 상담하려는 이들이 많아요. 강연회에 나가도 30대들의 불안한 현실을 실감하죠.

구 | 회사들이 조금이라도 사람을 줄여 원가를 절감하려고 혈안이 된 요즘 같은 세상에서도 회사들이 붙잡으려는 사람들은 대체 어떤 이들일까요?

이 | 아이디어맨, 기획자들, 곧 해결책을 뽑아내거나 새로운 일을 만들어내는 사람들일 겁니다. 이런 사람들의 공통점이 바로 책에서 아이디어를 얻는다는 점이 중요하죠. 대한민국에서 샐러리맨으로 산다는 것이 얼마나 위험하고 대책 없는 일인지 한번 생각해보세요. 회사를 떠나면 눈앞이 불투명한 사람들이 허다해요. 취직했다는 것은 그 순간부터 퇴출을 향해 달려가는 것일지도 모릅니다.

구 | 정말로 살벌한데요?

이 | 그 해결책이 바로 책읽기라는 점을 하루 빨리 깨달아야 해요. 해결책은 정말 그것 하나뿐입니다. 구체적인 독서전략을 세워서 10년 뒤의 미래에 촉각을 세워 준비하는 겁니다. 당장 오늘 해야 하는 일을 잘해내면서 한편으로는 장기 생존 목표를 세워 이 두 가지를 병행해야 생존을 넘어 성공으로 갈 수 있어요. 이 계획을 짜야 합니다. 계획 짜는 것도 역시 책읽기를 통해서 가능합니다.

구 | 결국 가장 중요한 것은 의식의 변화란 말씀이시군요.

이 | 사고방식을 바꿔야 생활태도를 바꿀 수 있기 때문이죠. 무엇보다도 성공하고 싶다는 열망을 갖는 것이 가장 중요해요. 성공하려

는 의지가 없으면 생존할 수 있는 길이 보이지 않기 때문이죠. 성공에 대한 열망을 먼저 품고 그런 후에 어떤 사람처럼 성공할 것인가 철저하게 역할모델을 찾아내는 것이 다음 단계예요. 자기가 꿈꾸는 분야에서 성공한 사람들의 책을 먼저 읽어보세요. 그 사람들이 내 나이에 어떻게 생각했고, 어떻게 일했고, 어떻게 인간관계를 맺었는지, 그리고 직장에서 내 위치에 있을 때 상하관계는 어땠으며, 어떤 책을 읽었는지까지 최대한 파악하는 거죠. 이런 정보를 지속적으로 모으는 게 중요합니다. 최소 20명 이상을 알아봐야 합니다. 그리고 자신과 비교해보세요. 그러면 자신이 뭘 보충해야 하는지 보입니다. 자기가 뭘 잘못하고 뭐가 부족하니 어떻게 해야 할지가 나오겠죠. 물론 개성과 현실에 맞게 변형은 필요합니다. 투자자가 되는 것이 꿈이면 미래에셋으로 성공한 박현주 대표의 책을 읽어야죠. 자영업자로 성공하고 싶다면 성공한 자영업자들의 책을 읽는 것이 책으로 자기계발하는 출발점입니다.

구 ┃ 자기계발이란 개념을 먼저 확실하게 이해하는 것이 자기계발의 진정한 시작일 것 같은데, 자기계발의 의미에 대해서 이 작가님은 어떻게 생각하세요?

이 ┃ 많은 직장인들이 자기계발의 정확한 개념을 분명하게 알지 못하고 있습니다. 대기업에 강연하러 가서 어떻게 자기계발을 하고 있느냐고 물으면 대부분 대답이 비슷해요. 말랑말랑한 자기계발서 좀 읽고 피트니스클럽에서 운동하고 영어공부를 한다는 거죠. 이런 것들이 자기계발이라고 생각하는 겁니다. 하지만 이런 것들은 진정한 의미에서 자기계발이 아닙니다.

구 | 그러면 진정한 자기계발은 뭐죠?

이 | 피트니스는 피트니스일 뿐이고 영어는 영어일 뿐입니다. 자기계발서를 읽는 것은 독서행위이지 그 자체로 자기계발이 아닙니다. 자기계발서를 읽는 것이 자기계발이라면 자기계발서를 열심히 읽은 사람들이 모두 성공해야죠. 그러나 그런 사람을 보셨어요? 영어공부는 영어를 전문적으로 쓰는 통역사나 학원강사가 아닌 일반 사람들에게는 직업적 목표가 아니라 수단일 뿐이에요. 그건 자기계발이 아니죠. 결국 제가 생각하는 자기계발의 첫발은 사고방식을 바꾸는 겁니다. 자기가 생각하는 틀을 바꾸는 것, 그게 자기계발입니다. 가령, 평범한 회사원이 있다고 쳐봅시다. 의지도 약하고 비전도 뚜렷하지도 않고 생활은 반복되는 그런 보통 사람이 자기 의지로 어느 순간 성공한 사람의 사고방식으로 바뀌는 것, 정주영이나 빌 게이츠 같은 사람들처럼 생각하게 되는 것, 그게 진짜 자기계발이란 거예요.

구 | 성공하는 사람의 사고방식으로 탈바꿈하는 것이 진정한 자기계발이란 거군요. 이게 직장인들이 책읽기를 배울 때 가장 먼저 알아야 할 사항이겠죠. 성공하는 사람의 사고방식으로 자기계발에 성공한 모범 사례를 꼽는다면 누가 있을까요?

이 | 박현주 대표의 자서전이나 인터뷰 기사를 보면 그가 어떻게 성공했는지 알 수 있어요. 투자자로 성공하고 싶어서 성공한 투자자

를 직접 찾아가 배우고 당시 가장 유명한 투자전문가를 찾아가서 자신을 직원으로 써달라고 요청하기도 했습니다. 가장 확실하게 자기를 계발하는 방법이죠. 하지만 이런 방식은 박현주 대표처럼 특별한 분들의 이야기고, 우리 같은 사람들은 그렇게 직접 찾아다니며 배우기 어렵죠. 그러니까 결국 성공한 사람들을 간접적으로 만날 수 있는 책을 읽어야 하는 거예요. 따라서 진짜 자기계발을 하게 해주는 자기계발 교재란 처세나 업무의 특정한 기술을 알려주는 자기계발서들이 아니라 성공하려는 이들의 모델이 될 법한 진짜 성공을 해본 사람들의 생각과 경험을 들려주는 자료예요. 곧 역할모델이 될 만한 사람들의 자서전이나 평전, 그리고 책이 아니더라도 인터뷰 기사나 특강 영상 같은 것들이 오히려 진짜 훌륭한 자기계발 교재입니다.

구 자기계발을 위해서 자기계발서만 집중적으로 읽는 직장인들이 많은데요. 이런 독자들에 대해서는 어떻게 생각하세요?

이 정말 어리석은 독서예요. 자기계발서를 전혀 읽지 말라는 건 아니에요. 그것들도 읽으면서 수필집이나 소설 같은 문학이나 인문사회과학 서적을 함께 읽어야 부족한 부분을 메워줄 수 있을 거란 말이죠. 처세서 같은 자기계발서들이 아니라 성공적인 사고방식을 배울 수 있는 이런 진짜 자기계발서들, 그리고 인문학의 '문사철(문학, 사학, 철학)' 세 가지를 함께 읽어야 해요. 인문학 문사철을 읽으라는 것은 아주 분명한 실용적인 이유가 있습니다. 사무직에 있더라도 결국 하는 일은 본질적으로 누군가를 위한 것이잖아요? 영업직은 말할 필요도 없고요. 다 사람을 상대하는 일입니다. 문학은 인간의 마음을 알려주는 것이고 역사는 인간이 걸어온 길과 앞으로 걸어갈 길, 철학은 인간의 생각을 알려줍니다. 그러니까 인간 자체를 알려주는 것이 인문서인 문사철입니다. 이 책들이 빠지면 편향된 책읽기가 되는 겁니다.

구 | 책으로 자기계발한 본인의 실제 경험담을 들려주세요.

이 | 저처럼 한심한 사람도 책읽기 자기계발로 꿈을 꾸고 그 꿈을 이룰 수 있다는 것을 경험했어요.

구 | 베스트셀러 작가로서 너무 겸손한 거 아닌가요(웃음)?

이 | 절대 아니에요(웃음). 스무살 때 처음 작가가 되겠다고 생각하고 글을 쓰기 시작했어요. 성적도 좋지 않았고 전공도 작가가 되는 쪽이 아니었어요. 주위의 강권으로 지방의 교육대학에 들어갔었거든요. 지금이야 교대의 인기가 좋지만 그때만 해도 지방 교대에 대한 인식이 아주 좋진 않았어요. 원해서 하는 일도 아니고 졸업하면 곧바로 선생님이 되어서 정해진 삶을 살아야 한다고 생각하니까 20대 초반에 인생이 끝난 듯한 느낌까지 들었어요. 아주 지질한 대학생이었죠. 정말 되고 싶은 것은 작가인데 자신은 없었던 그런 상황이었어요. 그때 스마일즈의 《자조론》이란 책을 읽었어요. 스스로 자신을 바보 같다고 느끼던 제게 '하면 된다'라는 황당한 믿음을 심어준 책이 바로 그 책이었죠.

구 | 이 작가님에겐 '내 인생의 책'이었네요.

이 | 제가 생각해봐도 전 안 될 것 같은데 그 책의 저자가 '난 된다'고

애기해줬어요. 정말 하늘에서 내려온 동아줄 같았죠. 제게 할 수 있다고 말해주는 사람은 그 누구도 아닌, 그런 책들의 저자뿐이었어요. 그런 용기를 주는 책들을 목숨처럼 붙들고 틈만 나면 읽었어요. 문학이 감동을 주고 철학이 생각하는 법을 알려줬다면 이런 책들은 제 현실에 들어와서 인생을 바꿔줬어요.

구 │ 젊은 세대들은 지금부터 어떻게, 어떤 책들을 읽어야 할까요?

이 │ 작정하고 책을 읽어야 합니다. 최소한 일주일에 두 권 이상을요. 이상적으로는 네 권을 읽으면 좋겠지만 쉽지 않을 듯해서 두 권입니다. 그러나 분명 네 권씩 읽는 사람들도 있습니다. 목숨 걸듯 책을 읽는 사람들이 결코 적지 않습니다. 한번 생각해보세요. 누구나 식상생활을 똑같이 하는데, 머릿속에 책꽂이 하나가 들어 있는 사람하고 도서관이 들어 있는 사람이 경쟁하면 누가 살아남겠어요? 아주 당연한 겁니다. 그러니 머릿속에 도서관은 아니라도 적어도 서재 정도는 만들어놔야 대처를 할 수 있습니다.

구 │ 최소한이라고 하는 두 권도 사실은 만만찮아보여요.

이 │ 그런 나약한 생각을 가차 없이 부숴버려야 해요. 의지가 중요하다고 말씀드렸잖아요(웃음). 일을 대충해도 괜찮고 책을 읽지 않아도 상관없을 수도 있습니다. 하지만 리더의 영역에 들어가고 싶다면, 아니 그 정도까지는 아니어도 이 잔혹한 자본주의 시대에 자신과 가족의 존엄을 지키고 싶다면, 정말 열심히 독서를 해야죠. 자기 자신과 가까이 있는 주변만 둘러보면 안 됩니다. 책을 많이 읽는 사람들이 우리 생각보다 훨씬 더 많습니다. 대학생들이 무협지만 도서관에서 빌려본다고 하는데, 그렇지 않은 젊은 사람들이 많습니다. 그들이 바로 리더가 되는 거죠. 책을 읽지 않으면 그런 사람들 밑에서 부려지는 일만 하게 됩니다. 왜냐하면 나이는 어리지만 그들은 책을 통해 더 많은 경험을 쌓아 연륜이 생기거든요.

구 | 특히 30대, 서른살 직장인들은 어떨까요?

이 | 요즘 주변에 서른살 직장인들을 보면 참 불쌍해요. 정신을 바짝 차려야 할 30대들이 너무 많죠. 지금 20대들은 30대들과는 전혀 다른 세대예요. 20대들 중에는 학창시절부터 적극적으로 미래를 준비해온 현실적인 친구들이 많아요. 지금 30대들 가운데 그 누가 20대였을 때 투자동아리 만들어서 직접투자를 해보고, 경매동아리를 만들어서 땅을 보러 다녔겠어요? 지금 20대들은 그렇게 한단 말이죠. 자기계발동아리를 만들고, 그것도 아주 분화되어 각자의 특기를 갖춰 활동하고 있어요. 지금 30대들 중에 몇 년 뒤 그런 세대들하고 제대로 경쟁할 만한 사람들이 많지 않아요. 지금 대학생들을 만나보면 정말 대단한 친구들이 많죠. 최고경영자를 인터뷰하면서 이야기를 듣고 미래를 꿈꾸고 경매며 투자며 미리미리 뛰어들어 직장에 들어가기 전부터 경제적 지식을 무장하고 있어요. 그래서 30대들을 보면 불쌍해요. 그런 사실조차 모르고 눈과 귀를 닫고 있는 사람들이 많으니까.

구 | 세상이 얼마나 처절하고 팍팍한지를 강조하는 이 작가님의 절실한 충고가 처음에는 부담스럽게 느껴질 정도였습니다. 그러나

현실이 그러니 책을 읽지 않으면서 생존을 기대하지 말라는 충고가 더 솔직하고 직접적으로 도움이 되는 조언이란 생각이 듭니다.

이 ｜ 책이 진짜 도움이 되는 이유는 용기를 주기 때문입니다. 자영업을 하든 회사를 다니든 누구나 알게 모르게 실패와 부딪치고 종종 열등감에 빠지게 돼요. 이런 힘든 현실에서 사람은 보통 두 가지 방법 중 하나를 선택합니다. 우선 첫 번째는 술이죠. 그런데 술을 마시면 그걸로 끝이에요. 다음 날에도 힘든 현실은 반복되죠. 다른 하나는 바로 책읽기예요. 책을 읽으면 자극을 받습니다. 내가 꿈꾸는 영역에서 성공한 사람들이 나보다 더 크게 실패한 경험을 보면서 이 대단한 사람들도 실패를 했다는 걸 알고서 다시 일어서서 그 사람들이 꿨던 꿈을 같이 꾸게 해주는 거죠. 그러면서 자연스럽게 진취적이 됩니다.

구 ｜ 작가님이 경험한 이야기라서 열정이 흘러넘칩니다. 현실적으로 책을 읽기 시작했지만 인생의 동반자를 만난 기쁨도 목소리 안에 담겨 있어요. 사랑스런 동반자가 되어주는 것, 그런 것이 인생에 또 몇이나 있을까요? 독서 당위론을 말씀하시는 작가님의 이야기는 살벌했지만, 동시에 독서를 만끽하는 사람들만의 즐거움과 행복을 엿볼 수 있어서 아주 반가웠습니다.

"
독서 없는 프로페셔널?
생각조차 할 수 없다
"

승효상

네 번째 찾아간 사람은 아마도 책에 대한 이야기를 해줄 인물로 보통 쉽게 떠오르지 않을 명사일지도 모른다. 바로 건축가 승효상 소장이다. 베니스 비엔날레 건축전에서 한국 커미셔너를 맡는 등 현재 가장 활동적이고 유명한 건축가로 손꼽히는 이다.

건축가는 일반인들에게 친숙한 직업이 아니다. 책이라는 것과 직결되는 직업도 아니다. 오히려 책에서 멀찌감치 떨어져 있는 직업처럼 느껴질지도 모른다. 지식과 정보를 다루는 지식인이 아니라 영감과 직관으로 건축물을 만들어내는 예술가라고 생각하기 쉽다. 그러나 실상은 반대다. 내가 기자로서 여러 건축가를 만나보면서 놀랐던 것은 그들 가운데 독서광이 꽤나 많다는 점이었다. 그리고 그래야만 성공하는 건축가가 된다는 것을 그들을 보면서 실감할 수 있었다.

건축가들이 책을 읽어야 하는 이유는 여러 가지다. 우선 가장 피부에 와 닿는 이유를 먼저 꼽아보자. 건축가는 늘 남을 설득해야 한다. 자기가 생각하는 좋고 훌륭한 집은 어떤 것인지, 그런 건축 아이디어가 어떤 의미가 있고 어떤 강점이 있는지, 그런 집을 디자인하는 건축가 자신은 어떤 강점과 철학을 지니고 있는지 건축주에게 인식시켜야 한다. 쉽게 말해, 예술가적 능력과 기질 못잖게 영업력도 필요하다는 이야기다.

건축주에게 건물을 짓는다는 것은 일생일대의 거대한 경제적 이벤트다. 인생에서 가장 많은 돈을 쓰는 중요한 일인 만큼 건물에 대해, 건물을 짓는 컨셉과 목적, 쓰임에 대해 그 누구보다도 많은 복합적인 고민을 한다. 건축가는 그런 건축주의 여러 가지 의문에 해답을 제시할 수 있어야 하고, 건물은 물론 건물과 연관된 여러 분야의 흐름과 이슈를 잘 파악해서 이론적으로 정리하고 있어야만 한다. 이를 위해 세간의 다양한 정보와 흐름을 파악하는데 책읽기가 중요함은 사실 당연한 노릇이다.

그러나 그 이전에 건축가의 사유와 철학이 건물의 스타일과 기능을 만들어낸다는 점에서 건축가에게 독서는 필수불가결한 자기계발과 단련법일 수밖에 없다. 이렇게 늘 책을 읽기로 소문난 건축가가 승효상 소장이다.

다른 전문가나 다른 건축가가 아닌 그를 책읽기의 스승으로 만나려 했던 것은 그가 어떤 인터뷰에서 "서재란 내 건축의 에너지"라고 했던 말이 인상적이었기 때문이다. 그는 인터뷰에서 "서재를 보면 수천 명의 사람이 나를 도와주고 있다는 생각이 들기 때문에 힘도 나고 용기도 얻는다"고 말했다. 서재에 꽂힌 수많은 책들과 정서적으로 교감하며 책들이 자신을 응원한다고 느낀다는 사람이라면 정말 책을 좋아하는 사람이란 생각이 들었다. 인터뷰를 요청하자 책에 관한 이야기여서인지 그는 바로 수락하며 약속날짜를 잡았다.

직접 찾아가본 그의 서재는 인상적이었다. 건축사무소 건물 1층을 사무실로 쓰는 그는 사무실의 3분의 2 이상을 간이 도서관처럼 꾸며놓고 있었다. 이 많은 책들 속에 파묻혀 자신을 응원하는 용기를 얻는다는 그가 절로 부러워졌다.

구 | 마치 건물 자체가 작은 도서관 같습니다.

승효상 소장(이하 승) | 저는 책이 없으면 건축을 못하거든요. 독서는 너무나 당연한 자기계발법이어서 독서를 하지 않는 것은 상상할 수조차 없어요. 건축은 제 집이 아니라 남의 집을 짓는 일입니다. 다른 사람의 삶을 알지 못하면 건축을 못해요. 건축이 공학이니 예술이니 하는 것은 부차적인 문제입니다. 건축을 할 때는 본질적으로 다른 사람의 삶을 이해하는 것이 중요합니다. 그런데 다른 사람의 삶을 이해하려면 자기 주변을 보는 것만으로는 부족합니다. 결국 책을 보면서 다른 사람의 삶을 들여다봐야 합니다. 책은 지금 살고 있는 사람의 삶, 이미 죽은 사람들의 삶, 그리고 앞으로 닥쳐올 삶까지 알려줍니다. 그 속에서 삶에 대한 이해뿐만 아니라 제 생활에 대한 자극까지 얻습니다.

구 | 소장님께서는 원래부터 독서광이었나요?

승 | 네, 어려서부터 독서광이었어요. 중고교시절 독서반에서 활동했죠. 그렇지만 제가 진짜 독서를 해야 한다고 깨달은 것은 인생 최대의 갈림길을 만났을 때였어요. 젊은 시절 저는 당대 최고였던 김수근 건축가 밑에서 촉망받는 신진 건축가로 출발했어요. 저는 서른여덟에 제 이름을 걸고 사무실을 차리며 독립했죠. 김수근이란 거대한 배경은 사라졌고 오로지 저 홀로 서야만 했습니다. 사실 이젠 탈출하고 싶다는 생각에 회사를 나왔어요. 그런데 막상 회사를 나와보니 너무 혼란스러운 겁니다. 제 이름을 걸고 '승효상의 건축'을 해야 하는데 그 방법을 모르겠던 거예요.

그때 저를 승효상으로 돌아가게 해준 것이 바로 책이었어요.

구 | 그때 읽은 책이 무슨 책인가요?

승 | 마티 매기드가 쓴 《다이얼로그 인 더 보이드》란 외서예요. 아직 국내에는 번역되지 않았죠. 이 책은 《고도를 기다리며》를 쓴 새 뮤얼 베케트와 조각가 자코메티의 이야기를 다룬 아주 짧은 책 인데, 이 책을 읽고 나서 저는 온몸에 전율을 느꼈어요. 연극 〈고 도를 기다리며〉의 무대미술을 자코메티가 했습니다. 그 과정에 서 두 사람이 어떻게 작업을 했느냐를 다룬 책인데, 저자는 두 위대한 예술가의 공통점이 바로 실패에 대한 두려움이 거의 강 박관념 수준이었다는 점을 꼽습니다. 그런데 그 두 사람의 그런 강박관념이 그때 저에게 정말 끔찍하게 와 닿았습니다. 아주 사 소한 문제 하나를 가지고도 그들이 얼마나 고민하는지 놀랐습니 다. '아, 프로들이 저렇게 고민하는구나. 프로들이란 저런 존재 구나' 처절하게 실감한 거죠.

구 | 승 소장님의 독서법에서 가장 큰 특징은 무엇인가요?

승 | 저는 거의 난독 수준의 다독을 해요. 최대한 이것저것 읽죠. 특히 다른 사람의 삶에 관한 것이라면 어떤 책이든 유심히 보는 것이 철칙입니다.

구 | 의외입니다. 직업적 특성상 좀더 직무 연관성이 있는 책을 주로 읽으실 것 같은데요.

승 | 그런가요? 그렇지만 저는 젊은 사람일수록 이것저것 활자화된 것을 가리지 말고 읽으라고 권하고 싶어요. 책을 읽는 것은 결국

자신에게 필요한 양분을 가리는 능력을 키우는 것이 목적이자 과정인데, 어떤 책의 어떤 내용이 자신에게 필요하고 도움이 되는 것인지 가려내는 능력은 교육을 받는다고 생기는 게 아니라 스스로 읽으면서 생기는 판단력이기 때문이에요. 이런 선별능력은 시행착오 정도가 아니라 악전고투 속에서 얻을 수 있는 것이기 때문에 특히 젊을 때 이것저것 많이 읽어보는 것이 좋다고 봐요.

구┃다독하는 것 외에 읽기의 기술적인 면에서는 좋은 방법이 또 있나요?

승┃책을 읽을 때는 저자의 입장으로 읽으려고 노력하는 것도 중요해요. 저는 언제나 '저자가 왜 이 책을 썼을까' 곰곰이 생각해보면서 책을 읽어요. 이렇게 저자의 관점을 유추해보면 책에 대한 이해가 더 빨라지거든요.

구┃저자와 감정 일치를 하라는 말씀이신가요?

승┃아니에요, 그것은 절대 아닙니다. 오히려 제가 강조하는 중요한 독서원칙은 따로 있습니다. 오히려 책에 너무 깊이 빠져들지 않고 한발 물러서서 보는 '거리 두기'죠. 닥치는 대로 읽되, 책에 나온 내용을 객관화, 타자화해서 읽는 것이 중요해요. 저자의 견해에 무조건 동화되기보다는 거리를 두고 바라보면서 과연 그 견해가 타당한지 따져보는 것이 책을 이해하는 능력을 키우는 가장 좋은 방법이죠.

구┃승 소장님은 예술분야나 전문직종에서 본인의 브랜드로 일을 하다보니 결국 책읽기와 더 가까워질 수밖에 없을 것 같아요.

승ㅣ 저처럼 이름을 걸고서 자기 브랜드로 일하는 사람이 아니더라도 반드시 책을 읽어야 해요. 회사와 같은 조직에서 일하더라도 결국은 자기 이름으로 일하는 것이기 때문이죠. 자기 정체성을 제대로 확인하는 것이 자기계발이라고 생각합니다. 그리고 자기 정체성을 찾는 방법은 결국 책읽기뿐입니다.

구ㅣ 책으로만 자기계발을 하기에는 조금 부족할 수도 있을 것 같은데요. 책읽기 외에 승 소장님만의 자기계발법이 또 있나요?

승ㅣ 제 자기계발법은 세 가지예요. 책읽기, 영화 보기, 여행하기. 독서의 약점을 보완하는 방법으로 영화와 여행을 활용하는 거죠. 책읽기와 함께 영화 보기를 병행하는 건 건축가로서 가보지 못한 곳, 다른 곳의 풍경을 영화가 모사해주기 때문이에요.

구ㅣ 시각 이미지를 늘 접해야 하는 건축가다운 자기계발법이라는 생각이 듭니다. 그럼 여행은 어떤가요? 아무래도 여행 중에 새로운 건축물을 실제 두 눈으로 보고서 많은 도움을 얻나요?

승ㅣ 꼭 그렇지만은 않아요. 제가 여행을 즐기는 것은 오히려 건축을 보러가는 것과는 연관성이 덜해요. 특히 요즘에는 아예 건축물을 보는 여행은 하지 않아요. 제게 있어 여행이란, 다른 사람은 어떻게 사는지 보러가는 것일 뿐이죠.

구ㅣ 그렇군요.

승ㅣ 책을 보면 상상하게 되고 그래서 환상이 쌓여요. 그런데 이 환상이란 것은 유약해서 그 자체만으로는 힘이 없습니다. 힘은 현실과 진실에 있죠. 여행은 현실과 진실을 보러가는 작업이에요. 이렇게 책, 영화, 여행은 모두 저를 바꿔주는 것들입니다. 남을 위한 건물을 짓는 제게 객관적으로 보는 힘을 만들어주는 유효한 도구들입니다. 이들 세 가지 자기계발은 현실이 얼마나 아름다운지 알게 해줘요.

구 환상은 힘이 없다? 뭔가 의미심장합니다.

승 아름다운 것과 예쁜 것은 달라요. 현실은 거의 항상 아름답습니다. 환상은 언제나 예쁘죠. 일상에서 느끼는 소소한 아름다움이 진실이고 힘입니다. 자기가 처한 현실이 얼마나 아름다운지 깨닫는 방법으로 책, 여행, 영화만 한 것이 없습니다. 그렇게 아름다움을 자각하는 것이 저에게 에너지를 줍니다. 책이란 제가 현실을 긍정하고 그런 긍정에서 에너지를 얻는 통로예요. 그러면서 자기를 계발하게 되니 책읽기는 자기계발의 왕도이자 그 자체일 수밖에 없죠.

구 설명을 들어보니 무척이나 중요하고 근본적인 문제네요. 세상을 살아가는 힘을 얻는 비결에 관한…. 그럼 일반인들이 우선으로 읽어보면 좋을 만한 책 좀 권해주세요.

승 시대별로 사람들이 어떻게 영향을 받았는지 그 맥락을 보면서 살아가는 방법을 알게 되는 것 같아요. 자기를 포지셔닝하기도 좋고요. 그래서 문화사 관련 책을 읽으면 자신이 어떤 책을 읽고 싶어하는지 스스로 알게 됩니다.

구 그러면 승 소장님처럼 자기 브랜드로 살아가는 전문인들은 일반인들과 어떤 차별점을 두고서 독서를 해야 할까요?

승 │ 일반인들의 독서와 그리 다르지 않아요. 단 한 가지가 다르죠. 전문가가 다른 사람들과 달라야 하는 점은 자기 프레임을 빨리 만들어야 하는 겁니다. 자기가 전문가라면 남들과 다른 분명한 브랜드를 가져야 합니다. 그래서 이를 위한 책읽기를 해야 하죠. 자기 프레임을 만드는 방법은 자기 분야의 본질에 다가가는 방법 말고는 없습니다. '건축을 하면 건축의 본질이란 무엇인가? 자기가 영업을 하면 영업의 본질은 무엇인가?' 이걸 진짜로 고민해봐야 합니다.

구 │ '진짜 고민'이란 말이 와 닿습니다. 과연 자기 직업에 대해 얼마나 절실하게 고민을 해봤는지 생각하게 됩니다. 이번에는 본질을 고민하는 독서는 또 어떻게 해야 하는지 여쭤볼게요.

승 │ 본질에 관련된 책을 찾아야죠. 근본적인 책, 원론서 이런 것을 파고들어야 합니다. 그러다보면 책을 읽는 도중에 고민하는 버릇이 꾸준히 생기게 돼요. 잘못된 답을 얻을 수도 있지만, 그보다 고민하는 과정 그 자체가 더 중요합니다. 이런 고민이 쌓이면 자기 프레임은 저절로 생깁니다. 처음 내건 저의 건축 프레임, 곧 건축론을 세우는 데 3년 정도 걸렸어요.

구 │ 전문가로서, 프로로서 스스로의 논리를 정립하는 데 3년이라면 생각보다 짧은 기간일 수도 있겠네요. 소장님을 만나면서 성공한 사람일수록, 전문가일수록 분야에 상관없이 독서를 의무이자 일상이자 즐거움으로 체화하고 있다는 점을 깨닫게 됩니다. 아름다움을 느끼는 것이야말로 독서만이 주는 선물이라는 말씀도 가슴에 와 닿고요. 그런 에너지로 3년 정도 자기 직업에 대한 본질적인 독서를 시도한다면 프로로서, 전문가로서의 자기 프레임을 갖출 수 있다는 소장님의 경험담은 프로페셔널을 꿈꾸는 모든 이들이 귀담아들어야 할 귀중한 조언인 것 같습니다.

책은 삶을 다시 시작하게 한다

● **구본준** ●

우리의 긴 여행은 끝났다. 평범한 직장인들에게 자기경영의 한 방법으로 독서를 얘기하고, 그 당위성을 입증하기 위해 독서의 달인을 직접 만나보았다. 책읽기를 통해서 자신을 키워나가는 이들을 찾아가 독서의 진짜 의미와 효과를 들어보기 위해서였다. 또한 우리나라를 대표하는 책의 구루를 찾아가 우리가 더 알아야 할 숨어 있는 한 수가 무엇인지 청해 들었다. 그들의 이야기는 서로 달라도 결론은 모두 하나로 통했다. 독서란 자기 삶의 가능성을 최대한으로 만들어주는 유일무이한 방법이라는 것이다.

귀중한 시간을 쪼개 우리를 만나준 책의 달인들은 결코 독서법을 가르쳐주려고 입을 열었던 것이 아니었다. 그들은 책읽기를 통해 즐거웠던 경험과 스스로 깨달은 생각을 아낌없이 나눠주려 했다. 재미있는 오락거리이자, 인생의 놀라운 친구이자, 효과 좋은 자기경영법이자, 가장 싸고 쉬운 인생경영 매뉴얼인 책을 공유하고 싶어했다.

당연히 이 책 역시 독자들에게 책읽기를 가르치는 책이 아니다. 우리 두 사람이 책의 달인들에게서 듣고 배운 것들을 정리해 전달하는 책일 뿐이다. 앞으로 이 책을 얼마나 많은 독자들이 읽게 될지 모르겠지만, 이 책과 인연을 맺게 될 모든 사람들 가운데 책읽기에 대해 가장 많이 배운 사람이 누구일지는 자신 있게 말할 수 있다. 바로 이 책을 정리한 나 자신이다.

책을 제법 많이 읽는다고 생각했고, 실제로 어느 정도 꾸준히 책을 읽어왔고, 책에 대한 기사와 글을 써왔기 때문에 나는 나름대로 책읽기에 대해 잘 안다고 생각하고 있었다. 하지만 그런 나의 생각은 오만이었다. 내 의식의 수준과 총합은 형편없었다. 나보다 연륜 있는 독서가들의 이야기는 물론 훨씬 젊은 독서가들의 인터뷰를 정리하면서 나는 수없이 놀라고 배우고 감탄했다.

나는 그저 정리된 지식을 얻기 위해 책을 읽어 왔을 뿐이었다. 초등학생이 숙제를 하려고 전과를 보듯 정해진 해답만을 찾고 있었던 것이다. 삶 속에서 책의 가치를 발견하고 책으로 자신을 경영하는 독서가들은 나와는 비교할 수 없을 정도로 풍부하게 책을 읽어 요긴하게 쓰고 있었다. 나처럼 책에서 정보와 지식만 얻는 물리적인 독서가 아니라 책을 읽으면서 자기 자신과 대화해 새로운 경험과 효과를 직접 만들어내는 화학적 독서를 하고 있었다. 그들이 나에게 가르쳐준 것은 지식에서 행동을 이끄는 진정한 의미의 독서력이었다.

그들의 이야기를 듣고 나는 두 가지 확신을 갖게 됐다. 하나는 우리의 존재는 우리가 읽은 것으로 이루어진다는 것, 그리고 우리가 책으로 자신을 경영하기도 하지만, 우리도 모르는 사이 책이 먼저 우리를 경영하기도 한다는 것이다. 책의 힘은 놀랍다. 한 작가는 이렇게 말했다.

"편도 차편을 끊어서 떠나는 여행자는 여행이 끝나면 다시는 인생이란 마차를 탈 수 없다."

그러나 우리가 책을 들고 있다면 그 책이 아무리 어렵고 이해하기 힘들어도 언제든 처음으로 되돌아가 다시 읽을 수 있다고 말한다. 어려운 부분을 이해함으로써 그것이 열쇠가 되어 인생을 이해하게 되기 때문이다. 책은 인생을 이해하게 만들어 우리에게 언제나 다시 시작할 수 있는 힘이 되며 그 힘을 받아들이는 것만으로도 자기경영은 시작된 것이다.

지식 결핍증에 걸린 서른살을 위하여
● 김미영 ●

독서고수들을 만나 이야기를 듣는 것은 값지면서도 한편으로는 쓰라린 일이었다. 사신에 대해 반성에 반성을 거듭하지 않을 수 없었기 때문이다. 가장 크게 뉘우친 점은 그동안 내가 너무 게을렀다는 것이다. 기자로 일하면서 동시에 나를 계발하고 발전시켜야 한다는 생각이 막연하게 있긴 했지만, 나는 스스로 세운 목표를 너무 쉽게 깨뜨리곤 했다. 조금만 바쁘고 힘들어도 일 년에 50권을 읽겠다는 목표를 대수롭지 않게 허물어버렸다. 그렇게 책읽기에 대한 의무감은 나의 머릿속에서만 맴돌았다. 늘 자신에게 핑계 대기에 바빴고 그걸 스스로에 대한 위로라며 타협했다.

'그래, 난 너무 바쁘고 경제적 여유도 없잖아. 공부며, 책읽기며 사정이 좀 풀리거든 그때 하자.'

그렇게 나와의 약속을 미뤄왔다. 다른 사람이 나와의 약속을 그렇게 깨뜨렸다면 나는 과연 어떻게 반응했을까? 그런 사람을 어떻게 평가했을까?

책의 고수들은 역시 달랐다. 그들은 바쁜 일상에도 불구하고 자신과 미래를 가꾸는 데 바지런을 떨었다. 그들은 자신의 삶에 주인의식이 있었고 스스로 삶을 운영하고 자기를 키우는 즐거움을 만끽하고 있었다. 일상이 바쁠수록 그들은 독서를 통한 자기경영으로 어려움을 극복하는 즐거움을 더욱 크게 느끼고 있었다.

가장 놀라운 것은 내겐 괴롭고 바쁜 일상이 그들에겐 오히려 큰 기쁨을 주는 자극이라는 점이었다. 그들의 일상과 내 일상은 겉으로는 똑같은데 그 속은 전혀 달랐다. 왜 내겐 고단한 일들이 그들에겐 활력일까? 삶을 정반대로 바꾸는 그 비밀이 바로 책에 있었다.

취재를 마치며 나는 비로소 책, 그리고 자기계발이란 것에 대해 좀더 깊이 생각해보게 되었다. 자기계발이란 단순히 실용서 몇 권 읽고, 외국어 좀 배우고, 대학원 진학으로 이력서 한 줄 늘리는 것을 말하는 것이 결코 아니었다. 물론 돈과 시간을 따로 들여 학원에 다니는 것도 아니었다. 그런 것들은 진정으로 자기경쟁력을 높이는 방법이 아니었다.

스스로 즐거워하며 자기의 내면과 대화하고 그런 대화를 통해 자기가 원하는 일을 찾고 그 일을 더 잘하는 방법이 무엇인지 찾아가는 것, 그리고 자신의 삶을 더 밀도 있게 채우는 방법이 무엇인지 하나하나 깨우쳐가는 것이 내가 만나본 사람들이 입을 모아 말하는 진짜 자기경영이었다. 그리고 가장 손쉽고 재미있는 자기경영법이 바로 책읽기였다. 책읽기 고수들은 모두 나보다 더 바쁘게 살면서도 책을 읽고 있었고, 그럼에도 불구하고 나보다 더 여유롭게 인생을 즐기고 있었다. "빌 게이츠처럼 바쁜 사람도 주말에는 서너 시간씩 책을 읽는다"고 했던 손종수 씨의 말은 분명 정곡을 찌른다. 세계에서 가장 바쁘다는 빌 게이츠가, 그 성공한 빌 게이츠가, 학자도 아닌 빌 게이츠가 책을 읽는다. 그 이유를 한 번이라도 곰곰이 생각해봐야 할 것이다.

나 역시 성공을 꿈꾸고 있고 가능한 한 오래 직장생활을 하고 회사에서 누구보다도 유능한 존재로 인정받고 싶다. 그러나 책읽기 달인들의 이야기에 자극받아 새삼 되돌아본 내 자신의 현주소는 한심했다. 하루 24시간을 제대로 활용할 줄 몰랐고, 그러면서도 업무에 대한 불평이 많았다. 객관적으로 생각해보니, 나는 결코 좋은 점수를 받을 만한 직장인이 아니었다.

그 이유를 알 수 있었다. 나는 그들처럼 책을 읽지 않았기 때문이다. 책을 읽고 여유를 찾을 수 있었다면, 책을 읽고 겸손했더라면, 책을 읽고 남의 심리를 좀더 생각했더라면 내가 원하는 모습에 지금보다 더 근접한 직장인이 되었을 것이다. 그걸 이제라도 알았다는 그 사실 하나만으로도 이번에 책읽기 달인들을 취재하고 정리할 수 있었던 것은 내게 큰 선물이라고 할 수 있다.

이 책을 쓰면서 나는 독서고수들의 조언을 바탕으로 두 가지 목표를 세웠다. 첫째, 언제 어디서든 책을 가까이 둘 것. 둘째, 남들의 시선에 신경 쓰지 않고 내가 원하는 책을 골라 마음 편하게 읽을 것. 남들이 내가 어떤 책을 읽느냐로 나를 평가할지 모른다는 괜한 부담

감을 떨쳐버리고 읽고 싶은 책부터 읽어보려고 한다. 그 다음에는 책이 가르쳐주는 것을 자유롭게 좇아 나의 미래를 꾸려가는 것이다. 나의 책읽기 선배들이 이미 다 경험한 것처럼 말이다.

새로운 목표를 세웠다는 것만으로 이미 책읽기의 절반은 성공한 느낌이다. 그 즐거운 느낌과 함께 나는 다시 책을 잡기 시작했다. 지식 결핍증에 걸려 있던, 그래서 괜히 우울하고 매너리즘에 빠져 있던 나를 위해 책읽기로 영양 보충을 해야겠다.

서른살 직장인, 책읽기를 배우다

초판 1쇄 발행 2009년 6월 28일   초판 14쇄 발행 2014년 1월 30일

지은이 구본준 김미영 **펴낸이** 연준혁
기획 윤미정

출판 2분사 분사장 이부연
2부서 편집장 박경순
디자인 이세호

제작 이재승

펴낸곳 (주)위즈덤하우스 **출판등록** 2000년 5월 23일 제13-1071호
주소 경기도 고양시 일산동구 정발산로 43-20 센트럴프라자 6층
전화 031)936-4000 **팩스** 031)903-3893 **홈페이지** www.wisdomhouse.co.kr
출력 엔터 **종이** 화인페이퍼 **인쇄 · 제본** (주)영신사

값 12,000원   ISBN 978-89-6086-183-1 03320

국립중앙도서관 출판시도서목록(CIP)

서른살 직장인, 책읽기를 배우다 / 지은이 : 구본준, 김미영. --   서울 : 위즈덤하우스, 2009   p.; cm
ISBN 978-89-6086-183-1 03320 : ₩12000
독서[讀書]
029-KDC4   028-DDC21   CIP2009001647